本书系2019年度国家广播电视总局部级社科研究项目"国际视听媒体融合发展趋势及典型案例研究"（项目编号：GD1937）的研究成果，由中国传媒大学中央高校基本科研业务费专项资金资助。

PHILOSOPHY

人民日报学术文库

海外媒体融合运营

龙思薇　赵新利　陈苏城｜著

人民日报出版社
北京

图书在版编目（CIP）数据

海外媒体融合运营／龙思薇，赵新利，陈苏城著
．—北京：人民日报出版社，2020.12
ISBN 978-7-5115-6790-1

Ⅰ．①海… Ⅱ．①龙… ②赵… ③陈… Ⅲ．①传播媒介—运营管理—研究—国外 Ⅳ．①G206.2

中国版本图书馆 CIP 数据核字（2020）第 239888 号

书　　名：**海外媒体融合运营**
HAIWAI MEITI RONGHE YUNYING

作　　者：龙思薇　赵新利　陈苏城

出 版 人：刘华新
责任编辑：陈　红　周玉玲

出版发行：人民日报出版社

社　　址：北京金台西路 2 号
邮政编码：100733
发行热线：（010）65369509　65369527　65369846　65369512
邮购热线：（010）65369530　65363527
编辑热线：（010）65369844
网　　址：www.peopledailypress.com
经　　销：新华书店
印　　刷：三河市华东印刷有限公司
法律顾问：北京科宇律师事务所　010-83622312

开　　本：710mm×1000mm　1/16
字　　数：323 千字
印　　张：18
版次印次：2022 年 8 月第 1 版　　2022 年 8 月第 1 次印刷

书　　号：ISBN 978-7-5115-6790-1
定　　价：98.00 元

目 录
CONTENTS

重塑融媒基因：海外媒体融合运营

1996 年至今，海外网络融合的实践已有 20 多年，从最初的网络数字化、双向升级，到广电、电信、互联网多种角色和业态的相互渗透，到现在全面进入融媒体产业竞争，海外媒体在融合运营方面的探索比国内更早一步，也形成了更为完善的业务体系和融媒基因。

一、定位：突破原有身份，从"跨媒体"转向"融媒体"

早期的媒介融合是以规模化跨媒体业务的拓展为特点的。所谓"跨业"运营，是让原有媒体在已有物理网络、业务领域的基础上，实现更多的横向同类业务的规模并购，或者沿着产业链上下游，做更多纵向业务领域的拓展。在规模更大、覆盖更全的思维下，相互渗透到对方的领域，形成媒介的集团化发展。于是我们看到，以时代华纳、迪士尼为代表的娱乐内容媒体集团，以康卡斯特、AT&T 为代表的三网融合运营集团，以新闻集团、NBC、BBC 为代表的广电出版媒体集团，以谷歌、亚马逊为代表的互联网媒体集团，以苹果、索尼为代表的终端媒体集团，等等。尽管各类角色都在朝着媒体融合的方向发展，开展了跨媒体运营的业务，但原始业务和新业务之间只是物理性的相加，其实并没有实现真正意义上的化学反应，各自还带着自己的原始基因和行业标签：广电、电信、互联网、终端、电商、社交、视频……

数字时代的"摩尔定律"飞速前行。当内容生产越来越海量，网络传输不断提高，智能化、OTT（Over The Top，越过运营商提供服务）化、DTC（Direct To Consumer，直接面向消费者）化成为可能，让那些满足于传统业务和新业务独立发展、止步于规模最大就能相安无事的巨头，那些在思维方式、组织架构、商业模式上没有做出相应变革的保守派的缺陷暴露出来。效率低下、利益下滑，让早些年还拥有众多网络资产、数字产品的新闻集团迅速衰败，目前已将业务全面回缩到报刊出版。NBC、时代华纳分别被康卡斯特和 AT&T 收购，维望迪、维亚康姆两家也在业务规模上出现了大幅缩减。昔日的传媒巨匠在媒体融合的赛程中几乎折损过半。

取而代之的是哪些机构呢？是 AT&T、康卡斯特，还有全新崛起的平台：奈飞、亚马逊、脸书。如今，我们很难界定它们的角色是传统媒体还是新媒体，也很难区分它们所属的行业是广电、电信还是互联网。因为伴随着媒体融合化的发展，它们在内容生态、渠道分发、商业模式上已经越来越趋于一致，并且从服务观念、运营机制、技术创新等层面形成了自己的融媒体思维，这样的思维正在重塑着它们的基因结构，形成了它们的准则，主导着它们的行动，也让它们的媒体融合从"跨媒体1.0"真正走向"融媒体2.0"。

二、内容：强化主流精品内容的独占优势，注重社会化内容的长尾需求

融媒体环境下，内容生产不再是组织化、专业性机构的专利，会逐渐被社会化、非专业的方式取代。那么传统内容的生产优势必将走向式微吗？不尽然。从海外融媒体机构的内容策略，我们可以看出它们在内容方面其实是沿着"传统精品式内容＋社会化开放式内容"两条主线并行布局的。

（一）强化主流精品内容的独占优势

内容是媒体的核心业务，也是媒体赖以生存的根本。长期以来，对传统精品内容的占有对任何媒体而言，都是建立内容资产、形成竞争壁垒的重要砝码。因此，媒体机构对主流精品内容的追逐不会因为"建立开放内容生态""引入社会化内容资产"的新定位而有丝毫削弱。2018年，康卡斯特在内容方面的总体支出达到210亿美元，AT&T全年的节目运营支出达到267.27亿美元，这两家巨头在内容方面的支出，可以说在全球范围内都是数一数二的。

在具体的操作上，主要采取三种方式：一是资本并购，二是版权采买，三是独立自制。从2006年开始，迪士尼通过并购的方式陆续拿下了皮克斯、漫威、卢卡斯影业，直至2019年3月正式完成对21世纪福克斯的收购，成为全球规模最大且独一无二的IP王国。网络运营商出身的康卡斯特和AT&T，也分别通过并购的方式，将NBC和华纳收入囊中，将其积累多年的内容资产收归己有。索尼公司围绕内容的占有也不仅是收购了哥伦比亚电影公司，还于2018年实现了对百代音乐版权公司的100%收购，通过此次收购，索尼成为世界上最大的音乐出版商。

近两年，内容版权采买成本的增加，让内容积累相对贫瘠的互联网机构深感压力。然而根据尼尔森的统计数据，来自康卡斯特NBC、AT&T华纳传媒的节目和电影占据了奈飞平台观看总时间的40%。可见这些来自传统媒体集团的经典内容在新兴的互联网平台是有多么强大的流量带动力，尽管这些精品内容的版权价格每年都在上涨，但是依旧阻挡不住奈飞、亚马逊的购买热情。亚马逊愿意花 2.5 亿美元拿下《指环王》的电视剧改编权；奈飞在即将丧失《老友记》播放权之际，与索尼影视达成独家协议，以超过 5 亿美元的价格拿下另一部经典美剧《宋飞传》的 5 年流媒体独播权。

随着版权购买的压力愈来愈大，更多的资金流向了内容自制。奈飞内容自制的投入每年都在增长，2018 年这方面的投入高达 80 亿美元。亚马逊在 2010 年成立影视公司 Amazon Studios，近几年每年在原创内容上的投入在 50 亿美元上下，2019 年的投入金额明显增长，达到 75 亿美元，约占上年公司运营利润 124 亿美元的 60%。苹果公司也宣布重金投入 60 亿美元打造原创剧集；脸书也在 2021 年宣布在 2022 年年底投入至少 10 亿美元，甚至 20 亿美元用于内容自制。

（二）注重社会化内容的长尾需求

如果说各大媒体之所以愿意在头部内容上持续投入重金，是因其能满足红海的市场竞争，那么加大社会化内容的生产和投入，则是融媒体环境下海外媒体打造开放的内容创作生态，拓展长尾、多样化需求的重要一步。从信息传播环节的角度来分析，信源、信流、信道、信宿的线性关系在融媒体时代被彻底打破。信源不仅是媒体，用户不但能贡献信息线索的来源、提供内容素材，还能参与到媒体内容的生产中；媒体在一定程度上通过开放的社交平台，以及自有的社交新闻工具，接收来自用户端的信息、完成对用户生成内容的审核，甚至对部分有潜力的用户进行相关辅导和资助。

在信息流传播的过程中，媒体的播出只是信息流的一个节点，并不意味着全部，后续还会有一长串的互动、扩散、裂变，以"人立方"的形态，实现多层次、交互式的传播。并且，在这一过程中，用户不仅完成了信息传递，还会有所属圈层、情绪、态度等因素的渗入，最终形成个性化、场景化的内容分发。

迪士尼在 2014 年收购拥有近 4 亿用户和 6 万多个 YouTube 频道和内容创作者的视频制作商 Maker Studio，并在 2017 年成立迪士尼数字网络部 Digital Network，统一管理旗下 300 多个每月发布 6000 多条原创内容的社交账号和面向全球超过 10 亿的迪士尼粉丝。

BBC 也在 2015 年 9 月发布的新一季《BBC 项目和服务规划》中进一步明确了 BBC 对于开放内容创作生态、吸纳更多个人内容创作者加入 BBC 内容创作平台的构想：BBC 的开放以及"平台化"的思维是在保证内容质量的基础上审慎地引入内容生产者或合作伙伴，并为他们提供技术和工具支持，帮助他们更便捷地在平台上进行内容创作。

不仅是传统媒体，互联网平台在社会化 UGC（User Generated Content，用户生产内容）、PGC（Professional Generated Content，专业生产内容）内容的引入方面也不遗余力：脸书为具有潜力的内容创作者提供资金和孵化服务，定期举办创作者研讨会、"创作者日"（Creator Day）等线下培训和活动，为内容创作者提供互相交流内容创作心得，学习使用脸书更多创作、管理工具的机会，还开发了名为"Creator Studio"的内容管理平台供内容创作者使用，帮助他们管理自己的内容发布、变现和数据分析。

为了提升对中小型内容创作团队的吸引力，亚马逊建立了影视内容分发平台 Prime Video Direct，帮助制片人、分发负责人、个人电影制作者等将作品自助分发到 Prime Video 平台以及亚马逊 Prime 支持的各终端中去。不仅是影视内容，亚马逊也为电子书及有声书创作者提供了自助上传作品到 Kindle Books 及 Audible 的服务。此外，亚马逊旗下的 Amazon Live 以及 Twitch 两大直播社区，也为其带来了大量的 UGC、PGC 内容资源，这些都体现出亚马逊在融媒体内容生态建构上的开发性态度。YouTube 面向 UGC 内容创作者推出了名为 YouTube Creator Academy 的培训平台。该线上平台向内容创作者系统地展现了 YouTube 的运营模式并且提供内容创作、视频剪辑、粉丝运营、营销变现等方面的课程内容及创作资源，给予内容创作者相关指导。无论是刚刚使用的用户还是经验丰富的 YouTuber 都能全天候地进行学习，以提高自己的内容品质。除了官方的课程外，YouTube 还专门为 YouTuber 构建了创作者论坛，YouTuber 可以在论坛中进行讨论和互动。

三、渠道：从管道中心制转向分发中心制

在互联网平台全面走向融合开放之前，对实体网络渠道的占有是媒体机构、运营商不容忽视的一大优势。管道作为基础设施，让新闻信息、公共信息、广告信息、数据信息在有限、可控的环境下到达受众，是具有极大价值的稀缺资源。因此，国内外各大运营商、传媒集团、互联网机构，或自建，或并购，或用其他的创新方式，围绕实体网络进行布局，在规模最大化的产业逻辑下，建立了跨有线、卫星、无线三类物理网络，跨广电、电信等行业网络的多网格局。比如，收购了 AT&T Broadband 和 Sky 的康卡斯特，就实现了从有线电视网的运营跨越到电信宽带和卫星电视领域；比如通信运营商 AT&T 通过对 DIRECTV 的收购，就具备了卫星电视网络服务的能力；还有谷歌、脸书等互联网机构，也在光纤、热气球等领域拓展了网络业务。在以管道为中心的运营逻辑下，谁拥有更大规模、更快速度、更高效率的网络渠道，谁就拥有更大的话语权。

随着网络融合化的进程加剧，OTT 迅速扩散，为网络资源的重新配置提供

了无限可能，让曾经耗费大量投资建立专属管道的运营商、传媒机构的独占性优势逐步消解，形成了巨大的冲击。康卡斯特、AT&T、迪士尼近几年在媒体网络收入方面的下滑就说明了这一点。由此可见，当开放、丰裕、弱实体、强链接的信息平台将稀缺、独占、垄断的实体网络渠道取而代之的时候，单纯依靠网络接入、数据传输、信号落地收费的"躺赚"时代一去不复返了。在全新的融媒体环境下，以分发为中心的运营思维逐渐凸显出来。媒体机构意识到，没有物理的实体网络不再是障碍，只要打造开放的信息传播生态，面向海量的终端，直接连接用户，就能实现信息的传播、内容的分发。因此，在以分发为中心的运营思维下，海外融媒体机构直接通过 OTT TV、流媒体、智能终端开展业务，并将技术重心从网络运维转移到内容的多层级分发、打造智能推荐引擎、终端场景塑造三个层面，多维度提升用户体验的同时，加大对存量内容价值的挖掘。

在内容的多层级分发层面，海外各大融媒体机构在机构的设置上，自有渠道、合作渠道的分配上，都形成了比较完善的体系。迪士尼的媒体网络部（Disney Media Networks）覆盖了 Disney Channel、Disney XD、Disney Junior、ESPN、ABC、Freeform、FOX、National Geographic 以及广播、杂志多个传统分发渠道，还建立了三大流媒体分发平台：Disney +、ESPN + 和 Hulu。迪士尼和全球各大视频网站、网络运营商、机顶盒、互联网电视也都有持续的内容输出。BBC 将 BBCW 整合到 BBC Studio，在全球 22 个市场设有办事处，全面承接 BBC 在全球的内容融资、开发、生产、销售、品牌服务和辅助设施。康卡斯特除了自有渠道之外，与多达 300 个频道，以及其他有线电视服务商、流媒体服务提供商展开合作，康卡斯特高层多次提到公司"用户在哪里，我们的内容就在哪里"的经营理念。

在内容的智能推荐服务层面，亚马逊成立了推荐中心（recommendation center），每年有 10% 的利润投入推荐系统的研发。奈飞基于自有的影视资源数据 + 用户数据 + "微标签"工具的协同，构建了内容个性化推荐系统，还可针对用户个性化的喜好，对首页推荐内容的标题、图像进行个性化设置，给不同的用户推荐的每部剧集都拥有不同的封面图片，以提高用户的点击兴趣。

在终端场景塑造层面，奈飞通过与各地区各渠道的合作，促使其流媒体服务进入更广阔的市场、更多样的终端设备中去，尤其是进入家庭场景中的重要终端电视中去，为用户提供大小屏联动的体验。奈飞还专门推出了认证电视机的项目，对播放奈飞的各款电视机进行测试，包括：奈飞应用是否可以快速启动；当用户再次打开奈飞应用时，应用是否可以记得上次观看的时间点等。亚马逊的 Alexa 现已经拥有 50000 个功能，与 20000 种设备相容，并与超过 3500 个品牌合作，支持的设备涵盖家庭、汽车、办公等多种场景。

四、商业模式：平台经济框架下的融合变现

传统媒体和网络运营商的商业模式，主要表现为对内容的"一次售卖"和将受众注意力转换成广告的"二次售卖"两种模式。在海外媒体融合的进程中，一些传统媒体和运营商仍旧保留了这两种商业模式，来打造自身的融媒体产品，比如直接面向用户的付费流媒体产品，或者继续采用免费内容＋广告的模式在社交账号上开展内容营销。与此同时，随着融媒体上下游产业链的完善和由各类服务角色所构建的整体生态的提升，围绕融媒体平台的"平台经济"模式悄然成型。

平台经济是一种将两个或者更多个相互独立的团体以共赢的方式联通起来的商业模式。海外融媒体运营机构通过打造开放性的融媒体平台，与内容提供商（包括 PGC、UGC 等各类大、中、小型内容创作机构和创作者）、用户（包括个人用户、家庭用户、行业用户）、服务提供商（网络、终端、数据、存储等方面的服务提供商）、第三方合作者（营销、技术、发行方），以及其他利益相关者（比如实体商品开发、园区运营、商品销售等角色）形成链接。通过购买、分成、参股、补贴等交易方式，实现内容订阅、版权发行、服务销售、终端销售、广告销售、电商销售、商品销售、景区游览等多种融合变现方式。融媒体平台所打造的平台经济模式，与传统的一次售卖、二次售卖相比，拥有了更多的角色参与，也拥有了更多渠道的收入来源。

在我们所跟踪的海外融媒体运营案例中，也体现了这一特点。

在面向 C（Consumer，消费者）端的商品销售和服务层面：从电视、电影、流媒体的发行，到 DVD、蓝光、出版物和付费观看，以及乐园主题区的升级改造和商品、APP、游戏等 100 多个类别的商品创新，迪士尼几乎为每一个自研 IP 和收购 IP 都设定了详细的全产业链多轮收入模型。AT&T 的官网专门为旗下的 HBO 开辟了周边商品的电商业务；旗下的时代华纳也打造了自己的在线商城 WarnerBro Shop，专门售卖其 IP 衍生产品。康卡斯特、亚马逊、脸书都在融媒体内容、网络、社交服务的基础上，拓展到智能家居、音箱、家庭视频等终端领域。

在面向 B（Business，企业）端的合作层面：除了内容版权购买/发行、实体商品/园区的开发之外，融媒体对数据采集、计算能力、网络传输、用户画像、智能分发、精准营销的需求显著增加，为相关的技术服务商、工具提供商

创造了商业机会，反过来也进一步促进了融媒体平台在内容、数据、营销、技术方面的进一步融合。

　　比如，迪士尼在营销层面与谷歌合作，把全球数字视频广告、展示广告业务等转移到谷歌广告管理系统（Google Ad Manager）上，建立融合化、统一化的广告管理机制；在数据层面，与甲骨文合作，进行消费者数据的匹配，推出数据驱动定向广告产品——Luminate，为广告主提供基于数据的融合化、定制化、程序化服务组合，广告商一次购买，就可以找到在 ESPN、ABC 和 Freeform等不同平台的目标受众。AT&T 则通过收购程序化广告公司 AppNexus，成立了自己的广告营销平台 Xandr，来统一负责 AT&T 旗下所有媒体品牌和营销资源的广告营销业务。康卡斯特则通过与康卡斯特 effectv、FreeWheel、Watchwith、Adsmart 4 家不同的广告服务商合作，建立了各有侧重和服务特色的营销产品。亚马逊的 AWS，不仅为亚马逊的媒体与娱乐业务提供了从内容制作、存储与管理到分发交付的全流程的解决方案，也为全球其他媒体和内容生产机构提供了基础支持，如奈飞、BBC 都采买了 AWS 的媒体服务。

五、基因再造：海外媒体融合的融媒基因

　　海外融媒体在定位、内容、渠道、商业模式方面的各种实践，反过来也进一步促使它们在技术创新、运营机制、服务理念方面的优化，在重塑的过程中形成了它们的融媒基因。

　　（一）技术基因：技术赋能和工具创新

　　技术是海外媒体融合化进程的初始动力，海外融媒体机构高度重视技术创新，纷纷建立实验室，专门从事技术的孵化、工具的研发。通过技术的赋能，突破已有的业务边界，加快自身融媒体业务多进程、高效率地运行。

　　迪士尼在新成立的 DTCI 板块，专门设立了 DTCI Technology 部门，该部门由数千名业内顶尖技术人员、工程师、设计师、开发人员等组成，分为九个核心团队——业务平台、数据平台、信息安全、媒体工程、媒体服务、产品工程、产品与设计、技术运营和 CTO 办公室。BBC 成立了技术孵化机构 BBC News Lab，专门为 BBC 新闻内容生产提供技术支持，涵盖了人工智能、机器学习、数据算法以及自然语义分析等多个领域，致力于提升 BBC 新闻的生产效率和内容服务质量；还专门成立了虚拟技术实验室 BBC Reality Labs，专门从事 VR 技术和产品的研发以及虚拟现实内容的制作与生产。奈飞也有专门从事内容推荐系统研发的实验室，研究并模拟人类大脑的运作模式，通过人工智能提升影片推

荐系统的准确度。AT&T 旗下的华纳传媒也建立了媒体实验室，主要使用生物监测计量设备和眼球追踪技术，建立了节目、游戏和零售等模拟环境，并通过焦点小组和谈话方式等进行消费者调研，致力于对消费者体验内容的空间和方式进行全方位的行为研究。

同时，技术创新也为融媒体的用户带来更具智能化、终端场景化的用户体验。

比如，在智能语音识别技术方面，亚马逊的 Alexa 已经在防止无端唤醒、远距离语音识别，以及日本和印度人的英语口音识别等方面取得了突破。康卡斯特自主研发的语音遥控系统能识别上千条常规指令，包括换频道、搜索、浏览点播库、设置录制、寻找体育球队及比赛、查看推荐或热播节目等，并且指令库还在不断增加，同时还能支持西班牙语。AT&T 通过与谷歌的合作，开发了智能语音应用，用户还能使用智能语音遥控器来控制智能家电。

比如在 VR 技术方面，康卡斯特在 2015 年 6 月到 2017 年 6 月的两年间，投资了 9 项与虚拟现实相关的项目，领域涵盖 VR 硬件与内容生产，细分场景横跨航空 VR、演唱会 VR、体育比赛 VR 等。脸书收购了 Oculus，并且推出了全新的智能视频通话终端 Portal TV，主打电视大屏端，将智能视频通话带入用户家中最大的屏幕。用户可以在通话过程中自由走动，获得沉浸式视频通话体验。除了通话功能以外，用户可以通过 Portal TV 观看脸书 Watch 上的所有视频内容。如果一个人观看感觉孤单，Portal TV 支持邀请朋友一起观看，用户甚至还可以通过屏幕角落的视频聊天框看到朋友的反应。迪士尼也将 VR 技术融入线上产品和实体乐园，上线了一款名为"Disney Movies VR"的应用，还在位于南加州和佛罗里达州奥兰多的两个迪士尼主题乐园推出全新沉浸式体验项目。

再比如在眼球控制与追踪技术方面，康卡斯特已经推出了 Xfinity X1 眼控服务，让用户可以通过注视基于网络的遥控器上的一个按钮实现换频道、设置录制、搜索内容和 Xfinity 包中的其他附加服务。奈飞也投资了一种名为"状态追踪"的新技术，结合语音、眼球追踪和虚拟现实技术，用于记录观众在观看互动电影时所做出的选择。

此外，还有云 DVR、物联网技术等，也都是目前海外融媒体机构比较热门的技术领域。

技术是中性的，核心原理虽然不变，但迭代速度飞快，如果只存在于实验室环境下，不能直接作用于生产，也无法发挥其真正的价值。只有当产品化和生产系统相结合，才能成为真正可利用、可操作、可评估、可优化的服务工具，提升生产效率，为业务赋能。融媒体内容技术的创新也不仅体现在 3D、4K、

AR、VR、人工智能、360°交互这些外在的酷炫的体验、闪亮的包装上，而且以工具化的形态，嫁接到内容生产、编辑、分发的平台上，为内容的生产者提供更多的便利和服务，为内容的消费者提供更完美的体验和感受，贯穿内容流程的始终，释放技术本身的价值和势能，增强竞争力。

在工具的运用和创新层面，海外融媒体机构在内容生产、广告管理、用户运营、社交服务等方面自主开发或合作导入了各类营销工具和内容工具，包括生产、数据、管理等领域。（具体见表1）这些生产工具的应用，有效匹配了融媒体海量化、智能化的生产力的需求，让内容的创作者在更优化的制度体系下具备更强的内容创作能力，让营销者在更整合、更高效的平台上对接广告主品牌运营、精准营销的需求。

表1　海外融媒体机构代表性的系统工具

工具类型	机构	名称	功能
营销工具	康卡斯特	Watchwith	将机器视觉和内容分析与视频元数据编辑工具相结合，可以更好地理解观看者的情绪状态而知道在视频的特定时刻发生了什么，以及理解视频中发生的与观众和广告商相关的人、地、事和行为，从而提供与节目上下文相关和可寻址的广告
	AT&T	Xandr	一方面为媒体资源方提供广告资源的销售服务，另一方面为广告主提供"一站式"的在线跨屏广告投放服务，完成了在线广告买卖双方市场的构建，充分盘活了AT&T在移动业务、电视业务和流媒体视频业务的数据，实现跨屏的受众监测和用户画像，为广告营销提供数据支持和科学的决策参考
	迪士尼	Luminate	为广告主提供基于数据的融合化、定制化、程序化的组合工具，通过一次购买，就可以找到在 ESPN、ABC 和 Freeform 等不同平台的目标受众
	脸书	Ads Manager	能够让广告主在脸书、Instagram、Messenger 或 Audience Network，即脸书旗下全平台上选择营销目标，同时管理、动态编辑广告的各类条件指标，实时监测广告运行状况、选择具体细分标签生成定制化的报告

续表

工具类型	机构	名称	功能
内容工具	BBC	Journalism Portal	不仅集成了传统新闻编辑系统的所有功能，还嵌入了各种工具型的小应用，供编辑人员随时随地调用，辅助内容生产，充分体现了工具化和智能化的特点。比如抓取工具、聚合工具、搜索工具、提取工具、转换工具、切换工具、剪辑工具、标记工具、模版工具、算法工具、优化工具，以及翻译工具、文字转漫画的漫画工具等
	康卡斯特	MediaCentral	其功能模块包括编辑管理、生产管理、编辑部管理、资产管理等。编辑管理模块能提供灵活易用的音视频编辑工具，提高生产效率。生产管理与编辑部管理模块使每个生产团队成员都连接在一个完全集成的工作流中，该工作流提供对媒体资产的统一视图。资产管理模块可以聚合任何来源的内容，并自动分析内容，从而创建丰富的可搜索元数据索引。基于以上功能模块，MediaCentral 能支持完成一系列的媒体工作流程，包括搜索和浏览媒体、研究网页和社交媒体热点、记录、编辑、审阅和批准，实现自动化、智能化的内容制作、分发、转码和社交媒体发布
	亚马逊	Prime Video Direct	影视内容分发工具 Prime Video Direct，帮助制片人、分发负责人、个人电影制作者等将作品自助分发到 Prime Video 平台以及亚马逊 Prime 支持的各终端中去
	脸书	Creator Studio	为内容创作者建立的内容管理平台，帮助他们管理自己的内容发布、变现、进行数据分析

工具类型	机构	名称	功能
数据工具	迪士尼	ABC all access	其中的 Unified Insights 可以根据内容类型、demo、具体节目进行分类，来呈现用户的观看行为，还提供了用户类型（人口统计特征）、时间等筛选维度。通过该工具，广告主可以直观地看到各个渠道收视率的比例和分布
	康卡斯特	AdSmart	为广告主提供数千种组合受众定向方式，在传统的人口统计学定向以外，还提供更具心理洞察的定向方式，比如是不是新技术采用者定向、搬家意向定向、是否养宠物定向、财务政策定向等，从而可以确保理想的用户能够看到其电视广告，更好地达成营销活动目标。除了详细的固定属性外，广告主还能创建自定义细分的选项

（二）运营基因：运营机制和流程重塑

传统媒体的组织与生产流程强调高度的分工，在一条流水线上简单劳动，无论是内容的采编生产、受众反馈的采集还是广告经营管理，都是执行人员和管理人员围绕各自的科室单独为战，彼此之间缺乏有效的沟通协作，协调成本高且成效低，资源无法充分利用。而融合时代对媒体提出了外在和内在的双重要求，外在的要求是媒体的内容、渠道、经营要做出相应的变革，内在的要求是媒体内部的组织结构、生产流程、生产工具也必须做出相应的调整。

从海外媒体的融媒体实践来看，无论是对内部结构的重组、跨部门建立全新的机构，还是改变内容生产流程、物理办公空间的全面创新，可谓亮点纷呈，为媒体融合的顺利推动提供了保障。BBC 在围绕媒体融合的内容转型过程中，从里至外，包括底层技术架构的建设和平台资源的互通、组织架构的调整和职能分工的细化、"编辑责任制"与其他管理制度的落实、"全媒体记者"的打造与一应俱全的配套设施、跨平台内容采集的聚合化和内容生产分发的差异化。奈飞的内容团队围绕着首席内容官萨兰多斯建立，目前有七位副总裁向他报告工作，涉及的领域从原创节目、电影和真人秀、国际业务到授权电影、电视节目。相比于传统电影公司，节目、电影等影视制作权由公司高层把控，奈飞允许更多人参与版权购买等，形成了"分权式决策"机制，简化了决策步骤，使得奈飞的内容项目比传统电影公司运转得更快。

（三）服务基因：基于 DTC 和社群化的粉丝运营

一家机构的融媒体战略能否成功，最终由市场说了算。当媒体原有的内容生产的中心性优势、内容传输的独占性优势被消解之后，媒体该如何重新定义自己与消费者的关系？如何持续进行客户价值变现？"基于 DTC 和社群化的粉丝运营"成为海外融媒体机构的一大趋势性服务理念。

DTC（Direct – to – consumer）一词由沃顿商学院提出，运用于零售行业，是指不通过零售商或中间商进行铺货，企业直接面向消费者销售商品的模式。迪士尼在其 2017 年的年报中首次采用了这一词，后又成立了 DTCI 部门，为国内外用户提供 DTC 服务。2019 年，BBC 也在北美市场上线了 BirtBox 业务。AT&T 也宣布于 2020 年第一季度推出直接面向用户的"集成了华纳传媒所有优质内容的旗舰型流媒体产品"HBO MAX。康卡斯特也推出了名为"孔雀"（Peacock）的综合性流媒体服务。

DTC 不同于 OTT，OTT 更多是从网络渠道的层面，代表媒体脱离网络运营商的控制，直接连接内容生产和用户终端，实现过顶传球式的网络传输的新型服务模式，而 DTC 则侧重于用户的需求，代表着媒体开始重塑服务观念，重新定义用户关系，以平等的姿态，直接向用户提供产品、聆听反馈、与之对话改进服务的新态度，是对原有集权、单向、枪弹式服务的反思。

除了 DTC，海外融媒体在用户服务层面还有一大特点：社群化。在融媒体1.0 时代，我们更新了传统"受众"的观念，将数字媒体的目标消费者称为"用户"，认为用户更加代表双向传输、更加交互的服务和体验。在融媒体 2.0 时代，随着融媒体平台生态的进一步开放，生产者、运营者和消费者的边界越来越模糊，我们很难界定谁是某个媒体绝对的用户。再加上互联网社交平台的普及，对用户社交态度和行为的影响，让每一个个体的信息需求不再局限于所谓的"大媒体""强平台"，而是转向一些更具个性化、个人化的"自媒体""垂社区"，用户个性化的信息需求不仅通过这些新兴渠道得到了满足，还实现了基于细分兴趣、个人爱好、人生阶段的"圈层"重聚。

现在，我们又到了重新定义"用户"的时刻，笔者更倾向于称其为"群员、粉丝"（community member），媒体要通过内容和服务，给予群员、粉丝更多的情感连接，塑造更多的感性关怀和社群归属感，形成更多的价值共创，形成用户资产。

迪士尼面向全球超过 10 亿的粉丝，打造了 300 多个不同平台、不同风格和主题的社交账号，还开办了 Oh my Disney、迪士尼乐园博客等专门的社交平台，并且从 2009 年开始，每两年为粉丝举办一次 D23 博览会活动，作为对粉丝最盛大的回馈。BBC 成立了专门的社交新闻团队，专门负责社交网络新闻的发布及用户互动，这些社交平台不仅包括热门的脸书、Twitter、Instagram，还包括一些垂类、新兴的社交平台，比如 Periscope、Telegram 和 Yik Yak。与此同时，BBC 还依托社交平台加速新闻内容的短视频化，在 2018 年 1 月推出了短视频平台 BBC IDEAS，提供偏向于公共服务性质的精品短视频内容，满足了青年人的内容消费偏好。奈飞基于 Chrome 浏览器推出扩展程序奈飞 Party，让喜欢某个剧、某个电影的粉丝可以直接通过奈飞的播放界面创建群组聊天，一起追剧。而脸书发展融媒体最大的闪光点就在于它的 Social Video 的战略。正如脸书产品管理总监所说："在思考脸书上的视频时，我们更关注创造使人们更紧密的联系并激发人际交往热情的体验，而不是简简单单的被动观看。"脸书希望做到的是要让人们再次聚在一起看节目，即最大化地利用脸书的社交基因，用社交激发用户观看视频的热情。

第一章

海外传媒集团的媒体融合运营

第一节　迪士尼

一、媒体融合发展历程及现状概述

（一）机构简介

华特迪士尼公司（The Walt Disney Company，简称 Disney）由创始人华特·迪士尼于1923年创立，是一家全球性的多元化娱乐公司。旗下品牌除迪士尼频道外，还包括皮克斯、漫威、21世纪福克斯、ESPN等，主要业务涉及媒体网络、主题公园和消费者产品、影视娱乐以及直接面向消费者和国际多个方面。

在迪士尼近百年的发展历程之中，培养出的强势IP为其带来了源源不断的巨大能量，在此基础上迪士尼不断探索其IP资源的持续运营和增值，朝着融媒体帝国的道路逐步迈进。

（二）发展历程

迪士尼最初名为"迪士尼兄弟动画工作室"（Disney Brothers Cartoon Studio），后改名为华特迪士尼工作室（Walt Disney Studio），在其后近百年的发展历程之中，华特迪士尼一步步创造了米老鼠、白雪公主、灰姑娘、狮子王等多个经典动画形象，建立了属于迪士尼的童话王国。

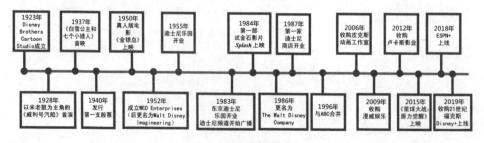

图1　迪士尼发展历程中的重要节点

与此同时，迪士尼的投资版图也在不断扩张，一个娱乐帝国的蓝图也逐步清晰起来。20 世纪 90 年代，迪士尼收购 ABC，同时控制了 ESPN 的大多数股份，从而在内容生产之外拥有了自己的有线电视传播渠道，建立了自己的发行体系。庞大的电视网络资产直到现在依然能够为迪士尼带来丰厚收益。

2006 年，迪士尼以 74 亿美元收购皮克斯，保持了迪士尼在动画市场的绝对竞争力；2009 年和 2012 年，迪斯尼又分别以 42 亿美元和 41 亿美元收购了漫威工作室和卢卡斯电影公司，将漫威拥有的 5000 多个漫画角色以及《星球大战》这类史诗级 IP 收入囊中。这几次收购无一例外都为迪士尼带来了巨大的能量，迪士尼由此也建立了在影视娱乐内容生产领域的绝对优势。

但在过去的十多年中，好莱坞传统的大制片厂体制和产业体系受到了前所未有的冲击，迪士尼也面临着来自以奈飞为代表的流媒体平台的巨大竞争压力。流媒体灵活的订阅制度和丰富的优质内容吸引了大量用户，这些"新贵"的崛起，对迪士尼这样的传统媒体造成了巨大的冲击。因此，面对新业态竞争对手的冲击，迪士尼也在主动求变，积极向融媒体产业布局。2019 年 3 月，迪士尼收购 21 世纪福克斯，收购资产包括 20 世纪福克斯影业、20 世纪福克斯电视公司、FX 有线电视网、国家地理、Sky 电视台 39% 的股权，Hulu 视频网站 30% 的股权以及一些区域体育频道的股权。

收购完成之后，好莱坞一直以来的六大制片厂格局缩减成五大制片厂，迪士尼在内容 IP 资源整合中的优势更加明显，而随着福克斯的 22 个区域体育广播电视并入 ESPN，迪士尼的媒体电视网业务一体化也得到进一步加强。

此外，借助此次对福克斯部分产品的收购，迪士尼也通过改革内部组织架构以及调整业务方向，在流媒体上持续发力，以便于在日益重要的流媒体市场上更好地参与竞争，强化优质内容资源与多元分发渠道之间的相互赋能，在新的融媒体进程之中站稳脚跟。

（三）发展现状

1. 业务架构

迪士尼的业务原本分为媒体网络、影视娱乐、公园和度假村、消费者产品和互动娱乐五大板块。2015 年，消费者产品和互动娱乐两大业务进行合并，成立了消费者产品和互动娱乐部门，形成迪士尼稳定的四大业务架构。但随着媒体融合化发展大势的到来，2018 年 3 月，迪士尼宣布了新的战略性业务重组计划，将原有的四大业务板块重新划分：新组建的直接面向消费者和国际（Direct – to – Consumer and International）部门，组合后的主题公园、体验和消费者产品（Parks，Experiences and Consumer Products）部门，媒体网络（Media Networks）

部门，以及影视娱乐（Studio Entertainment）部门。（见图2）

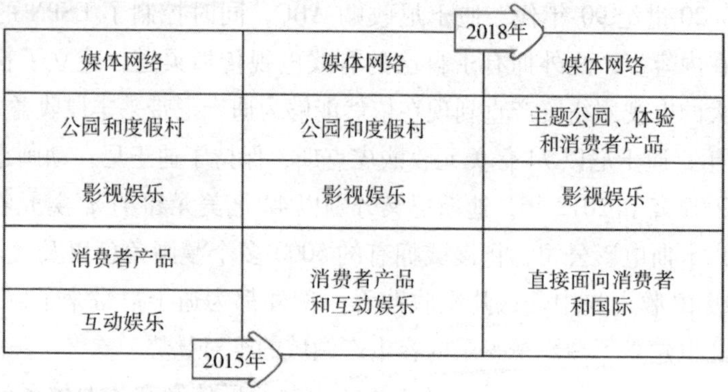

媒体网络	媒体网络	媒体网络
公园和度假村	公园和度假村	主题公园、体验和消费者产品
影视娱乐	影视娱乐	影视娱乐
消费者产品	消费者产品和互动娱乐	直接面向消费者和国际
互动娱乐		

图2 迪士尼业务部门变迁

（1）媒体网络

媒体网络部门负责运营迪士尼的各种媒体网络资产，主要业务包括迪士尼、ESPN、Freeform、FX 和国家地理品牌等的国内有线电视网，ABC 广播电视网以及 8 家拥有的国内电视台，电视节目的制作和发行，国家地理杂志。这一板块的收入主要来自有线电视的收费、卫星及通信服务（多频道录像节目发行/MVPD）以及隶属于迪士尼国内广播电视网的电视台销售的商业广告，还有其他收入，例如电视节目的发行、销售。

（2）主题公园、体验和消费者产品

新的主题公园、体验和消费者产品部门成为一个中心，涵盖了位于美国、欧洲和亚洲的六个度假区，迪士尼海上巡游线（Disney Cruise Line），迪士尼度假俱乐部（Disney Vacation Club）以及迪士尼探险（Adventures by Disney），其中的全球消费者产品业务则涵盖了世界领先的玩具、服装、家用产品以及数字游戏和应用授权业务等。根据华特迪士尼 2019 财年年报，该公司在北美拥有并经营着约 200 家门店，在欧洲拥有约 60 家直营店和 20 家快闪店，在日本拥有约 50 家门店，在中国拥有两家门店。[①] 在美国，迪士尼的销售网站有 shop Disney 和 shop Marvel，在欧洲的有 shop Disney 和 store。迪士尼认为，通过将迪士尼全球消费者产品业务与迪士尼主题公园的零售和电商业务合并到一起的方式，公

---

① The Walt Disney Company: Fiscal Year 2019 Annual Financial Report, 2019 年，检索于 https://thewaltdisneycompany.com/app/uploads/2020/01/2019 - Annual - Report.pdf。后文数据如无特别标注，皆出自此。

司将可共享资源和更好地进行业务实践，向消费者提供无人可比的品牌产品以及仅有迪士尼才能创造出来的零售体验。

（3）影视娱乐

该部分业务基本保持不变，具体主要包括华特迪士尼影业、20世纪福克斯、漫威、卢卡斯、皮克斯、福克斯探照灯和蓝天工作室等制作和发行的真人和动画电影，以及音乐唱片、现场舞台剧、音乐的制作和发行等。细分来看，又分为影院市场（Theatrical Market）、家庭娱乐市场（Home Entertainment Market）、电视市场（Television Market）、音乐集团（Disney Music Group）以及电影制作集团（Disney Theatrical Group）。

（4）直接面向消费者和国际

新成立的直接面向消费者和国际部门充当一个全球性的融合媒体、技术和内容分发组织的角色，向消费者提供由迪士尼旗下影视娱乐和媒体网络集团创制的内容。这个新的部门由迪士尼旗下国际和媒体业务以及全球消费者直接对接业务组成，其中包括迪士尼品牌流媒体服务 Disney +、Hulu 以及 ESPN + 和 Hotstar 流媒体服务。

除了重点发力的流媒体服务，该部门还包括 BAMTech、迪士尼媒体全球广告销售管理业务、迪士尼旗下国际频道以及节目销售业务和全球分发业务（见表1）。

表1　迪士尼直接面向消费者和国际部门业务组成

	BAMTech	
直接面向消费者（D2C）	流媒体服务	Disney +
		ESPN +
		Hulu
		Hotstar
国际业务	迪士尼媒体全球广告销售管理业务	
	迪士尼旗下国际频道（包括迪士尼国际频道）	
	节目销售业务和全球分发业务	

BAMTech 是一家流媒体技术和内容交付公司，迪士尼持有该公司75%的股份。BAMTech 有两大业务：一是 D2C 体育，包括2018年4月推出的 ESPN +、NHL、PGA 巡回赛直播和美国职业足球大联盟（Major League Soccer）的 DTC 服务；二是第三方流媒体技术服务，迪士尼将依托 BAMTech 强大的技术能力

为自己的流媒体服务提供支持，包括 NHL、MLB、PGA、WWE 等体育节目的线上流媒体都通过 BAMTech 的技术协助完成，Disney + 也会由 BAMTech 提供技术支持。在新的业务部门重组之后，BAMTech 将容纳公司旗下所有面向消费者的数字技术和产品，成为消费者直接对接及国际部门内部的技术和数据平台。

2. 营收状况

根据迪士尼发布的 2019 财年年报，其全财年营收为 695.7 亿美元，同比增长 17%，较上年增长明显。四大业务板块中，各部分营收均有一定程度的增长，其中新组建的直接面向消费者和国际部门业务营收增长尤为突出，但身处迪士尼转型的关键期，DTCI 在短时间内较难以实现盈利，流媒体业务前期成本投入很高，2019 财年其亏损也高达 18.14 亿美元。

迪士尼影视娱乐业务是整个集团的核心，整个迪士尼几乎都是在这部分业务的基础之上建立起来的。该业务也为迪士尼带来了丰厚的收入，影视娱乐板块全财年营收为 111.27 亿美元，同比增长 11%。收购福克斯之后，迪士尼几乎占据了美国电影市场的"半壁江山"，截至 9 月底，迪士尼 2019 年在美国的票房累计超过 27 亿美元，占据美国 2019 年票房的 33.4%，如果加上福克斯，这个比例将可能高达 40%。①

主题公园、体验和消费者产品业务营收稳定增长，而作为迪士尼老牌业务的媒体网络 2019 财年营收在四大业务中也稳居第二，但不可否认的是，面对流媒体的冲击，该业务的用户一直在不断流失，近三年 ESPN 和迪士尼国内频道、Freeform 的订户数量连续下滑，曾经坚如磐石的电视付费网络地位不再。这样的下滑趋势更增强了迪士尼布局融媒体的决心。

---

① 三文娱. 迪士尼的 2019：站在历史的转折点上 . (2019) . https：//mp. weixin. qq. com/
s？ src = 11&timestamp = 1639323181&ver = 3492&signature = 2BAXK2sHOZKv2PGu
47NSkt75C6ti1tLJcbt8gPBCWm7mYSHTv8gqVup2nv2nc2IN6tewwE2oe52Vzg2YJOWWkt8At3n
rtODuZOei1RZDXB ∗ sVjVu2ftI9YLNHiMRwEuk&new = 1.

单位：百万美元

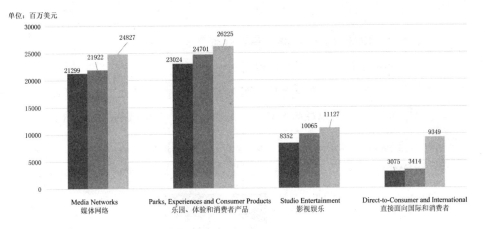

图 3　2017—2019 财年迪士尼四大业务营收概况

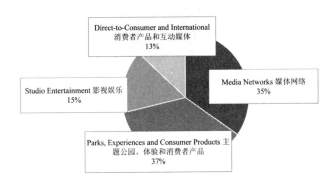

图 4　2019 财年迪士尼四大业务营收占比

单位：百万美元

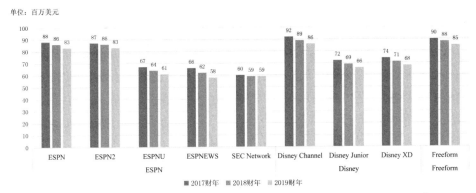

图 5　2017—2019 财年迪士尼在美国国内市场有线电视网络订户数量变化①

①　注：图 3、4、5 的数据根据 The Walt Disney Company 2017—2019 财年年报整理所得。

二、迪士尼媒体融合的策略及特点分析

（一）以内容 IP 作为媒体融合动力强劲的火车头

如果迪士尼是一列飞驰的火车，那么带动火车前进的动力无疑是迪士尼内容 IP 资源。迪士尼之所以经久不衰，正是源自其 IP 所承载的巨大价值。

图 6　迪士尼内容 IP 阵营概览

1. 通过造 IP 与买 IP 建立庞大的内容 IP 阵营

IP 形象是连接消费者最重要的支撑点，迪士尼的 IP 资源主要可以分为自有 IP 与收购 IP 两类。

迪士尼自有 IP 是迪士尼品牌形象的重要内核。迪士尼从 1928 年用全球第一部有声动画片《威利号汽船》将米老鼠带上荧幕开始，走上了造梦旅程，为成为动画电影工业王者打下了坚实基础。此后，迪士尼在动画领域不断创造奇迹：创造了唐老鸭、三只小猪等形象，1937 年迪士尼的第一部长篇动画电影《白雪公主和七个小矮人》上映，开启迪士尼新的篇章，随后，迪士尼的童话王国不断扩充，匹诺曹、小飞象、小鹿斑比、小飞侠、睡美人、101 斑点狗、阿拉丁和狮子王辛巴等，都成为独属于迪士尼的经典 IP 形象。直到今天都在观众的记忆中，保有鲜活的生命力。

迪士尼的自有 IP，既包括原创的卡通人物形象如米老鼠、唐老鸭等，也包含了从世界范围内的经典名著、童话故事乃至神话传说中所寻找的具有迪士尼属性的白雪公主、灰姑娘、花木兰等，他们共同构成了迪士尼庞大的童话帝国，

为迪士尼的梦想世界注入生生不息的活力。在这些经典 IP 形象基础之上衍生的音乐、舞台剧等，又能够成为迪士尼新的 IP。

图 7　迪士尼收购的重点 IP

除了自有 IP，迪士尼通过收购获得的 IP 家族也成为迪士尼内容资源的强大助力。最早的 IP 收购可以追溯到小熊维尼，这个诞生于 1926 年 12 月 24 日的漫画熊形象在 1961 年被迪士尼收购版权，经过重新绘制，凭借着其可爱的外形与憨厚的个性，迅速成为世界知名的卡通角色之一。据评估，小熊维尼的 IP 价值达 750.34 亿美元。[①]

但后来被广为认知的，则是迪士尼大刀阔斧的收购历程。

2006 年，迪士尼收购皮克斯，保持了在动画市场的绝对竞争力，《玩具总动员》以及随后的《机器人总动员》《飞屋环游记》《头脑特工队》等作品都成为迪士尼乐园中的明星。

2009 年，迪士尼收购了漫威娱乐，将漫威旗下蜘蛛侠、钢铁侠、雷神、美国队长、绿巨人浩克、超胆侠、惩罚者等 5000 个角色收入囊中，获得了这一座"沉睡的金山"，在迪士尼的主导之下，2010 年开始，漫威制作推出了复仇者联盟系列，《复仇者联盟》豪取 15 亿美元票房，单这一部电影的收入就远远高于漫威 2010 年时的预期收入。

2012 年，迪士尼收购卢卡斯影业，让迪士尼在科幻领域获得了史诗级 IP——《星球大战》系列。收购卢卡斯影业之后，重启的星球大战续作的第一

① Carly Hallmen. The 25 Highest - Grossing Media Franchises of All Time. https：//www. titlemax. com/discovery - center/money - finance/the - 25 - highest - grossing - media - franchises - of - all - time/.

部电影——《星球大战：原力觉醒》便大获成功。

而在 2019 年 3 月，迪士尼正式收购 21 世纪福克斯，X 战警、神奇四侠、死侍等 IP 从此进入迪士尼阵营，从福克斯回归的角色会加入漫威电影宇宙，迪士尼的漫威宇宙版图将进一步扩大，从而给原著电影粉丝带来更大的想象空间。实际上，除了超级英雄系列，福克斯还拥有《阿凡达》《辛普森一家》《异形》《摩登家庭》等大型 IP，它们也随着此次并购被迪士尼收入囊中。好莱坞电影版图也从此改写，传统"六大"公司变成"五大"。

2019 年，迪士尼影片的全球总票房接近 90 亿美元。[①] 而迪士尼在电影市场大丰收离不开漫威系列的助阵，3 部票房突破 10 亿美元的电影中，漫威宇宙便贡献了两部——《复仇者联盟 4：终局之战》和《惊奇队长》，迪士尼所收购的 IP 带来的价值不可估量。

另外，除了大荧幕上的经典形象，迪士尼旗下美国广播公司 ABC 中也包含不少经典内容。它们由 ABC Studios 的团队制作完成，《迷失》《绝望的主妇》《实习医生格蕾》等一些经典剧集和节目也成为迪士尼旗下强势的内容 IP 资源，使得在大荧幕的动画形象之外，迪士尼也收获了更多稳定的观众资源。

从设计 IP、打造 IP，到输出 IP，迪士尼已经拥有了长期、专业、稳定的内容输出能力。在创造各类 IP 的同时，迪士尼本身也在延续着自己这个 IP 的生命力，如创始人华特·迪士尼所言，"只要整个世界仍存幻想，迪士尼乐园将永远延续下去"。

2. 与时俱进，赋予迪士尼 IP 本身生生不息的价值

在制造 IP 之后，迪士尼也完全有能力重复挖掘 IP 资源价值，将经典翻拍也做得深入人心。无论是 2015 年的《灰姑娘》还是 2017 年的《美女与野兽》，无一不成为热潮；1994 年的《狮子王》火遍全球，25 年后，《狮子王》以全新的 3D 面貌再次走进了大众的视野，迪士尼的受众早已不仅仅是孩子，二三十岁的大人也在心甘情愿地为迪士尼动画买单。

而随着时代的改变，在经典翻拍之外，能够让故事内核与时俱进，才是迪士尼对于 IP 最成功的运营。迪士尼自有 IP 产出的价值观一直都遵循"合家欢"的重要理念，美好、善良、乐观、积极，激发人们对美好事物的向往和内心的真善美是迪士尼一直以来的追求，但是迪士尼不只有"王子救公主"的老派设定，从《冰雪奇缘》开始，工作室也在与时俱进，积极拥抱当下潮流，迪士尼

---

① 新华社. 2019 年迪士尼电影票房"大获全胜" 全球票房接近 90 亿美元. (2019). https：//baijiahao. baidu. com/s? id = 1651345101506029920&wfr = spider&for = pc.

逐渐试着去挖掘人物的两面性、行为逻辑和精神内核，激起青年群体的广泛认同。

《冰雪奇缘》的奇幻世界里，"真爱之吻"的概念不再属于王子和公主；《沉睡魔咒》中的女巫玛琳菲森从《睡美人》中的邪恶反派直接变成本性善良的主角，备受观众喜爱；《阿拉丁》中的茉莉公主成为更勇敢独立的新时代女性，她的人生中不只有爱情和家庭，还有对命运的反抗、对自己的国家和人民的责任。2020年发布的《花木兰》预告片中，也摒弃了之前迪士尼公主的欢庆的歌舞表演，而是将中国古代战争和历史的形象展现在全世界观众面前。

此外，迪士尼还将内容生产与新技术深入融合，用科技释放想象力。收购皮克斯后，迪士尼从坚持2D动画的保守派转型成为顶尖的3D动画制作公司，并持续不断地产出精品，将动画做到极致，比如《冰雪奇缘》中细致到每一根毛发，《超人总动员2》中超能先生巴鲍伯衣服上面的覆盖整件衣服的清晰可见的毛线纤维。

《冰雪奇缘2》同样能很好地说明这一点，根据迪士尼官方报道，新技术允许《冰雪奇缘2》的制片人处理物理缝线和珠饰的方式与处理头发或草的方式大致相同，允许更大的细节和对光线更微妙的反应。华特迪士尼工作室在这部电影中还使用了新的专有软件，为电影中的角色设计了更复杂的发型——他们开发了一款名为"Beast"的解发模拟器，在安娜的卷发、克里斯托弗随风摇摆的卷发以及埃尔莎的新造型设计中发挥了不可估量的作用。迪士尼动画电影技术主管之一 Suroviec 说："这就是迪士尼的魅力所在，艺术、技术和CG的合作将这部电影搬上了银幕。"①

3. 以强大的内容聚合能力为迪士尼内容生产增强更多自主权

此外，强大的内容聚合能力也为迪士尼的内容生产增加了更多的主动权，迪士尼在新的内容制作中可以合理地对所拥有的各类IP形象进行组合设置；如迪士尼在自己频道上播放的美剧《童话镇》里，也加入了《冰雪奇缘》中的两位主人公，继续发挥其在电影中的角色魅力，提高自制电视剧的收视率。而在迪士尼的全新动画电影《无敌破坏王2：大闹互联网》中，迪士尼公主纷纷出场客串，除了迪士尼原有IP，漫威、皮克斯、卢卡斯等也全数出动，据不完全

---

① The Walt Disney Company News. Art and Technology Together Drive "Frozen 2" Filmmakers' Incredible Leap Into the Unknown. （2019 - 11 - 22）. https：//www. thewaltdisneycompany. com/art - and - technology - together - drive - frozen - 2 - filmmakers - incredible - leap - into - the - unknown.

统计，单是在《无敌破坏王2》中出现的版权人物及IP元素就多达上百个。迪士尼能让这么多经典形象在影视作品中自由联动，实现IP内容的深度融合，正是得益于其庞大的IP内容库。

4. 借助规模效应增强迪士尼在重要项目中的绝对话语权

庞大的内容IP阵营构成了迪士尼的核心竞争力，越来越多的超级IP汇聚在一起，形成了迪士尼庞大的内容池，规模效应让迪士尼在一些重要的项目上拥有绝对的话语权，形成最大化收入效应。从1995—2018年的平均数据来看，迪士尼收购福克斯意味着有近1/3的北美票房会归一家公司所有，对于今后发挥旗下IP价值具有了更大的优势。例如，在院线端，拥有市场规模意味着拥有更多的发行话语权。《星球大战7》上映的时候，迪士尼利用规模优势和当时整体市场发行影片匮乏的空隙，强行压迫院线对《星球大战7》进行全院线装修宣传，并且《星球大战7》的院线票房分成也略低于其他影票。

（二）全渠道融合与流媒体突围"双管齐下"

迪士尼旗下产业众多，内容分发渠道多样，覆盖传统电视网、机顶盒、广播、视频网站、出版杂志、社交媒体、流媒体等，迪士尼由传统媒体布局向融合化布局迈进，形成了全媒体、规模化的融媒体矩阵输出体系。同时，面对传统媒体付费电视业务衰退的不利环境，迪士尼将发展重点转移到流媒体上，以求在日趋激烈的竞争环境之中站稳脚跟。

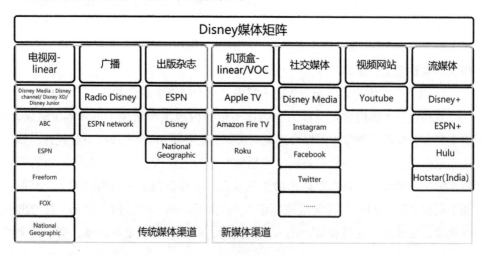

图8　迪士尼内容分发媒体矩阵

1. 搭建全媒体、规模化的融媒体矩阵输出体系

迪士尼的传统渠道在内容分发中占据稳固地位。迪士尼传统媒体分发渠道

主要包括有线电视网、广播、出版杂志三部分。迪士尼是全美最大的电视网络拥有者之一，主要由 Disney Media（包括 Disney channel、Disney XD、Disney Junior）、ESPN、ABC 以及 Freeform、FOX、National Geographic 等构成。广播主要集中在 Radio Disney 和 ESPN network 两部分，出版杂志则主要包括 ESPN、Disney 以及 National Geographic 三个主要品牌。传统渠道以用户订阅为主要盈利模式，虽然传统渠道的用户在流失，但目前在迪士尼的整个渠道体系中仍不可忽视。

迪士尼的内容分发也涵盖了各类新媒体渠道：桌面端网页、移动端自有渠道、机顶盒、主流社交媒体如 Instagram、脸书、Twitter 以及 DTC 流媒体渠道。迪士尼积极开展新媒体布局，推动传统媒体布局向媒体融合化迈进，形成了全媒体、规模化的融媒体矩阵输出体系。

2. 流媒体重点突围抢占新的竞争优势

然而，面对传统媒体付费电视业务衰退、流媒体之争愈演愈烈的现状，全媒体平均发力已不足以支撑迪士尼在激烈的竞争之中站稳脚跟，迪士尼选择从流媒体方向重点突围，收购 BAMTech，赢得 Hulu 的更多股份，推出 ESPN + 作为传统 ESPN 频道的重要补充。为了给自家的流媒体服务 Disney + 上线做准备，迪士尼甚至从奈飞等其他平台下线资源，回收版权，以助力自己的分发新渠道发展，对抗奈飞、亚马逊等平台。迪士尼在 2021 年宣称，到 2024 年，Disney + 每年将在内容方面投入 80 亿至 90 亿美元。

流媒体无疑已成为迪士尼 2019 年乃至今后几年的重要发展方向，Disney +、ESPN + 和 Hulu 将共同构成迪士尼流媒体"三驾马车"，重点发力。这"三驾马车"面向迪士尼自有用户，充分利用自有资源，进一步挖掘内容的价值，推动内容产品化。此外，迪士尼还推出 Disney + 捆绑包会员，将 Disney +、ESPN + 和 Hulu 进行整合提供，打包价为每月 12.99 美元（约合人民币 92 元），上线不到半年，以高性价比的生态优势在全世界范围内收获超 5400 万订阅用户[①]。

---

① Amy Wang. 视频付费十年，需求复杂而商业简化.（2020 - 05 - 26）. https：//36kr. com/p/723293240526723.

	Disney+	ESPN+	hulu
平台定位	以Disney原创影视内容为主，面向全年龄段，走合家欢路线，是三驾马车的重中之重	主打体育赛事订阅的流媒体服务，作为ESPN电视网的附加板块	以年轻用户为主要受众的流媒体平台
上线时间	2019年11月12日	2018年4月	2008年3月正式上线，2019年5月迪士尼掌握全面运营控制权
内容类型	整合旗下迪士尼、皮克斯、漫威、星球大战以及国家地理的已有内容，此外还会推出全新自制的、独家在流媒体上播出的内容	不提供ESPN原有电视网内容，但拥有上千种赛事直播、各类原创体育节目和过往赛事录播，以及部分原创体育节目	Hulu负责攻占Disney+所不能及的R级、NC-17级成人市场
订阅价格	起始定价为6.99美元/月	包月价格为4.99美元 此外ESPN+还售卖节目电子券	广告版点播服务每月5.99美元
用户规模	2020年4月8日，迪士尼公布Disney+的订阅用户数为5000万	付费订阅用户数量达790万（截至2020年3月20日）	付费订阅用户数量（SVOD Only及Live TV + SVOD）达3210万（截至2020年3月20日）

图9　迪士尼流媒体三驾马车对比

（1）Disney+：重中之重

Disney+是于2019年11月12日上线的，以迪士尼原创影视内容为主的全新流媒体平台，支持下载、4K等多种功能，登录的主机平台包括PS4、Xbox One和任天堂Switch。此外，也会登录电脑、智能手机、流媒体播放器和平板电脑等其他媒介。

内容为原有资源整合＋独家原创。作为迪士尼流媒体三驾马车的重中之重，Disney+将整合旗下的迪士尼、皮克斯、漫威、星球大战以及国家地理的已有内容在线上播出，包括7500集内容、25部原创系列、400部老电影库存和100部最近上映的电影。在应用里，用户可以按照迪士尼旗下的不同品牌厂牌进行内容的检索，还可以根据过去观看和喜欢的内容，创建个性化的画像和体验，同时也提供父母需要的基于孩子年龄的观看限制。此外，Disney+还会推出全新的、自制的、独家在流媒体上播出的影视内容。比如Anna Kendrick主演的原创圣诞喜剧电影NOELLE、迪士尼经典动画片《小姐与流浪汉》（Lady and the Tramp）的真人版原创电影。Disney+的内容高级副总裁Agnes Chu表示，希望在5年内投入25亿美元，产出50部原创作品。

发展初期的重点为迅速扩大用户群。Disney+的内容基本面向全年龄段，且不采用广告模式。Disney+在订阅费起始定价上为6.99美元/月，几乎是奈飞定价的一半，希望凭借这样的低价以及对多类型用户都有吸引力的丰富内容迅速地扩大自己的用户群。

用户规模可观。面对庞大丰富的内容资源库，Disney+一经上线就吸引了大

量用户，上线首日，Disney + 该网站的注册用户就达到了1000 万人。① 根据2020
年4 月8 日迪士尼公布的数据，流媒体服务 Disney + 在上线5 个月后用户突破了
5000 万。②

（2） ESPN + ：潜力巨大

ESPN 于2018 年正式上线了旗下全新的订阅式流媒体服务 ESPN + ，作为
ESPN 电视网的附加板块，ESPN + 一直在尝试通过全新的服务模式，来直接为
用户提供更多有关体育节目的服务。

内容有所限制，但性价比高。由于 ESPN + 是现有 ESPN 电视网的附加板块，
该服务的订阅用户无法观看 ESPN 原有核心频道的内容，其中包括 ESPN、ES-
PN2 和 ESPN Classic。尽管如此，提供上千种赛事直播、各类原创体育节目和过
往赛事录播的 ESPN + ，对于球迷而言依然充满吸引力。自2018 年开始，
ESPN + 每年播送超过10000 场体育直播，包括美国职棒大联盟、足球以及网球
比赛，同时还有大学体育项目等，有着强大的内容库存，许多的体育赛事都在
ESPN + 上独家播放，例如，MLB、MLS（美国职业足球大联盟）和 UFC（终极
格斗冠军赛），部分 PGA 和大满贯巡回赛、部分欧洲足球转播、潜在的电竞内
容以及众多大学赛事都会是未来主要增长的发力点。除了体育赛事，ESPN + 还
推出了篮球巨星科比·布莱恩特以及人气体育主播凯蒂·诺兰助阵的原创节目。

订购模式多样，用户具有一定规模。Disney 希望 ESPN + 能吸引某一项运动
或者某一支球队的死忠粉，让这些观众即使放弃了自己旗下的招牌有线电视频
道，依然继续为 ESPN 的服务买单。ESPN + 可以只购买特定节目的电子券，如
NBA 总决赛电子券，此外也可以选择包月或包年，价格分别是4.99 美元和
49.99 美元，每月收费仅4.99 美元，相比于传统媒体上的 ESPN 价格低廉得多，
截至2020 年3 月20 日，ESPN + 的付费订阅用户数量已经达到790 万。③

（3） Hulu：迪士尼的话语权逐步增大

2019 年5 月，在拥有了对 Hulu 的全面运营控制权之后，迪士尼有望增大对
Hulu 的投资。尤其是利用 FOX 的 IP、电影和电视内容方面的优秀人才及电视制

---

① 腾讯证券. 迪士尼股价涨逾7% Disney + 上线首日用户超千万.（2019 – 11 – 14）. ht-
tps：//new. qq. com/omn/FIN20191/FIN2019111400043000. html.

② 腾讯传媒. 5 个月实现奈飞七年业绩，Disney + 是怎么做的.（2020 – 05 – 18）. ht-
tps：//36kr. com/p/712543831316998.

③ The Walt Disney Company. The Walt Disney Company Reports Second Quarter and Six Months
Earnings for Fiscal 2020. （2020 – 05 – 05）. https：//thewaltdisneycompany. com/app/up-
loads/2020/05/q2 – fy20 – earnings. pdf.

作能力，为 Hulu 提供更多原创内容，使 Hulu 在市场上更具竞争力。

内容上 Disney ＋ 有所区分。与在内容区分上，同为流媒体平台，Hulu 将与 Disney ＋ 分发不同的差异化内容，如福克斯的更多成人向的影视作品（如《死侍》系列）将去往 Hulu。

年轻用户带来巨大价值：同一个节目，在 Hulu 上观看的用户要比在有线电视网上观看的用户年轻 20 岁，这显然对广告主很有吸引力，再加上相当高质量的内容，Hulu 能够提供更好的用户体验。截至 2020 年 3 月 20 日，Hulu 的付费订阅用户数量（SVOD Only 及 Live TV ＋ SVOD）达 3210 万。①

（三）建立迪士尼数字网络，打通连接粉丝的各个平台

1. 成立 DDN 部门，统一运营迪士尼旗下所有数字内容

2017 年，迪士尼专门成立了 Disney Digital Network（DDN）部门，用于负责迪士尼旗下所有的数字内容，该数字网络汇集了 300 多个社交渠道，拥有超过 10 亿粉丝，涉及每月 6000 多条的原创内容的运营管理，由编辑之声、300 多个社交媒体渠道和数百名有影响力的人组成。据透露，迪士尼的新数字网络将整合《星球大战》（*Star Wars*）系列、漫威（*Marvel*）和米老鼠俱乐部（*Mickey Mouse Club*）等备受瞩目的影片相关的迪士尼编辑内容，还包括 Oh My Disney、Disney Style、Disney Family 等品牌的运营，同时渠道上也包括 Disney stories 的各大社交账户。许多新的数字内容是家庭友好型的，其总体目标是吸引"Z 世代和千禧一代（Generation Z and Millennials）"。

为了更好地与品牌方合作，迪士尼还建立了专门服务于 DDN 的广告平台——Disney Co/Op，这是 DDN 内部品牌内容营销服务，主要为广告商创造定制的品牌内容。Disney Colop 旗下有两个产品，分别为 Disney Co/Op Studio 及 Disney Co/Op Native。Disney Co/Op Studio 是一个拥有全方位服务的内部创意团队，为品牌创建定制内容；Disney Co/Op Native 则是一项以业绩为基础的综合广告服务，它允许华特迪士尼公司的零售商和授权商通过迪士尼数字媒体网络推广他们的产品或品牌。本地广告内容遵循迪士尼数字平台的自然形式和功能。"Co/Op 让广告商有机会通过数字平台将自己的品牌与迪士尼的故事和人物联系

---

① The Walt Disney Company. The Walt Disney Company Reports Second Quarter and Six Months Earnings for Fiscal 2020.（2020 － 05 － 05）. https：//thewaltdisneycompany. com/app/up-loads/2020/05/q2 － fy20 － earnings. pdf.

起来"，出版和数字媒体、迪士尼消费产品和互动媒体的执行副总裁苏格曼说。①

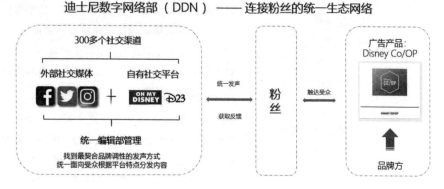

图 10　迪士尼数字网络运营机制

2. 将主流社交媒体作为维系与粉丝紧密联系的主力

在迪士尼数字网络之中，主流社交媒体是维系与广大粉丝紧密联系的主力，迪士尼十分注重在各个社交平台上的运营，以保持对粉丝持久的吸引力。

迪士尼拥有自己的编辑部，并引进包括创意者、营销人员、编辑和数据专家在内的新的数字人才，面向受众不断尝试、不断调整，在迪士尼数字网络上创造了高质量的数字优先的内容，并且将它们传递给千禧一代和 Z 世代的观众。编辑部负责迪士尼在各个社交平台上的运营，以保持对粉丝持久的吸引力，并根据不同渠道的特点发布差异化内容。

表 2　迪士尼在海外代表性主流社交媒体平台上的运营

社交媒体平台	主要账户	分享内容
脸书	迪士尼动画工作室（超过 1300 万粉丝）迪士尼工作室（超过 3600 万粉丝）华特迪士尼世界（约有 1600 万粉丝）	分享多媒体内容，从"迪士尼历史上的今天"到幕后的样子，该平台上的内容有趣、有吸引力。此外，借助用户评论等内容，脸书账号还可以作为该品牌的反馈工具

①　The Walt Disney Company News. Disney Digital Network Brings Fresh, Original Content Directly to Fans Around the World. (2017). https://thewaltdisneycompany.com/disney-digital-network -brings-fresh-original-content-directly-fans-around-world/.

社交媒体平台	主要账户	分享内容
推特	迪士尼工作室（600 万粉丝）华特迪士尼工作室（510 万粉丝）	每个账户每周发布 7 到 10 条推文。几乎每条推文都呈现出精彩的视觉化特征，借助图片、视频等形式，使用迪士尼电影里的名言、场景和人物来创造出有共鸣、鼓舞人心和有趣的内容，激发受众共鸣
Instagram	华特迪士尼世界账号（约 700 万粉丝）迪士尼账号（1400 万粉丝）	推广其电影和其他产品。迪士尼在 Instagram 账号上展示了迪士尼更人性化的一面，比如围绕公司历史的怀旧图片、在公园里捕捉的瞬间、新的商品，以及频繁的促销图片，建立起千禧一代对于迪士尼的怀旧情感
YouTube	迪士尼电影预告片账户	在电影上映前，该账户用来宣传电影。同样，YouTube 也是迪士尼努力接触千禧一代的一个关键平台，因为对于千禧一代而言，YouTube 更有趣，更能引起共鸣

3. 自有社交平台成为链接粉丝的强纽带

除了主流社交媒体上的账号，迪士尼也为自己的粉丝建立了社交平台，继续宣传、分享迪士尼的品牌故事，维系与粉丝之间的良好互动关系。

Oh My Disney：这是一个迪士尼的内容聚合网站，包括迪士尼问答、测试、怀旧、请你来提问等，该网站主要是为了给粉丝带来一些可以共享的信息，作为链接粉丝的重要平台。

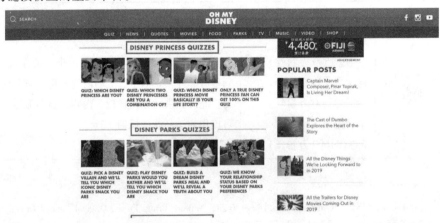

图 11　Oh My Disney 官网截图

迪士尼乐园博客：迪士尼另一个为超级粉丝提供资讯的平台，在这个博客里，粉丝可以了解许多迪士尼乐园的一手消息，例如，一些新的景点介绍、游乐设施的细节，甚至是餐饮的类别等。博客上会有很多游客来分享自己的游玩经历。

图 12　迪士尼乐园博客官网截图

D23：官方的迪士尼粉丝俱乐部，为各种各样的迪士尼粉丝提供独一无二的活动。从卢卡斯影业到迪士尼频道，从皮克斯到迪士尼公园，D23 在全美范围内创造小型、中型、大型和超大规模（如 D23 博览会）的独特体验。D23 博览会即是其中一个重要代表，从 2009 年开始，每两年举办一次的 D23 博览会，迪士尼将其看作对粉丝的回馈，在这个博览会上，粉丝可以看到独家的即将上映的迪士尼电影片段，听到由迪士尼名人带来的演讲，参观迪士尼珍宝档案展览等。这是专属于迪士尼粉丝的一场终极盛会。

图 13　D23 官网截图

图 14　2019 年 D23 博览会

（四）融合化广告资源优化商业变现模式

1. 对外整合各渠道广告资源，建立统一化的广告管理机制

随着受众媒介使用习惯及广告偏好的改变，迪士尼开始统一其跨平台的广告库存，以便提供给广告主更简便的广告选择。2018 年 11 月，迪士尼与谷歌合作，把全球数字视频广告、展示广告业务等转移到谷歌广告管理系统（Google Ad Manager）上，建立融合化、统一化的广告管理机制。

迪士尼与谷歌签订的合约覆盖了其旗下大部分电视网络，包括美国广播公司（ABC）、ESPN、有线电视网 Freeform，也包括漫威电影、皮克斯的动画片，但暂时不覆盖 Hulu 和 Disney＋两个流媒体业务。

图 15　迪士尼与谷歌合作运营机制

在这个新的平台上，谷歌主要负责为迪士尼在直播节目、在线视频服务上销售、计划、投放广告。以谷歌广告管理系统作为核心广告技术平台，迪士尼将能够整合广告资源、简化运营方式，为广告商提供"优化的跨平台交付和性能测量"的数字视频和展示广告。

此外，迪士尼还计划与谷歌合作开发下一代广告解决方案和技术，可以覆盖迪士尼全终端、全渠道的广告，目标是给用户更好的广告体验。

2. 对内以数据为基础推动融合化、智能化广告投放

迪士尼内部建立了以数据为基础的数字化商业模式，将信息、企业资源和数字技术进行创新组合，同时，借助高效的数字运营，迪士尼在营销中以数据为基础推动智能化广告投放，解决跨屏统一的受众分析问题，进一步推动广告投放智能化、程序化。

（1）基于 DTCI 的融合化广告服务

迪士尼内部同样在不断推进以数据驱动面向国际市场的融合化广告服务，以应对融媒体营销环境下的市场竞争。新成立的直接面向消费者和国际部门（DTCI）统一负责迪士尼全球广告销售管理业务，更专门设立了 DTCI technology 为广告产品提供支持。该技术部门由数千名业内顶尖技术人员、工程师、设计师、开发人员等组成，分为九个核心团队——业务平台、数据平台、信息安全、媒体工程、媒体服务、产品工程、产品与设计、技术运营和 CTO 办公室。得益于该部门的支持，在迪士尼内部，以数据和技术驱动的融合化、程序化方案正在逐步推行，提高广告投放的效率和品质。

迪士尼拥有的全新数据驱动定向广告产品——Disney luminate advanced audience targeting 即是迪士尼广告服务中的重要一环，该产品由迪士尼的全球广告销售和广告技术团队领导，是公司新的 DTCI 细分市场的一部分。作为迪士尼内部广告销售的重要工具，Luminate 的内容资源覆盖包括美国广播公司（ABC）、ESPN、Freeform 和迪士尼频道（Disney Channels）等迪士尼旗下品牌。

具体而言，在 Luminate 的流程之中，迪士尼首先获取来自华特迪士尼以及广告合作伙伴的数据，在这些数据的基础上进行受众细分，之后与数据公司（LiveRamp 或甲骨文的 BlueKai）合作进行消费者数据的匹配，再通过旗下的多个内容品牌将广告主与消费者连接。迪士尼能够通过 Luminate 为广告主提供基于数据的融合化、定制化、程序化服务组合。广告商一次购买，就可以找到在 ESPN、ABC 和 Freeform 等不同平台的目标受众。

（2）持续推动融媒体跨屏营销

跨屏统一的受众分析是营销广告要解决的重点难题之一。统合广告资源，推

动融合化广告营销离不开数据等解决方案，同样也离不开跨屏分析这一重要工具。

迪士尼在整合内容资源、广告资源的基础上，推出了跨屏统一的受众分析工具。ABC all access 是美国广播公司 ABC 旗下重要的媒体计划和购买资源（A Media Planning and Buying Resource）。在受众行为上，ABC 注重跨屏统一的受众分析。其中的 Unified Insights 可以根据内容类型、demo、具体节目进行分类，来呈现用户的观看行为，还提供了用户类型（人口统计特征）、时间等筛选维度，通过该工具，广告主可以直观地看到各个渠道收视率的比例和分布。例如，可以查看 18 岁到 49 岁的听众在 2018—2019 年黄金赛季跨平台收看多种类型内容的收视情况，能够提供给广告主更方便的选择。

三、经验与启示

强大的内容 IP 资源构成迪士尼发展的原动力。在专业工作室的支持下，从设计 IP、打造 IP，到输出 IP，迪士尼已经拥有了长期、专业、稳定的内容输出能力。无论是自造 IP 还是收购 IP，都是迪士尼丰富的无形资产。迪士尼以此为核心，源源不断地通过各类渠道输出相关内容，同时进行周边产品的开发和线下实体门店的运营，更形成了迪士尼独有的"轮次收入模式"。即只要创造出自己独有的 IP，便可坐享其完整的授权产业链带来的一轮又一轮的收入。优质的 IP 内容是媒体发展的核心竞争力，丰富的内容 IP 池构成了迪士尼强大的无形资产，同时也是带动迪士尼整列火车强劲发展的重要动力。

实行"全媒体矩阵输出，流媒体重点突围"的策略。迪士尼积极开展新媒体布局，推动传统媒体布局向媒体融合化迈进，形成了全媒体、规模化的融媒体矩阵输出体系。然而传统媒体付费电视业务衰退之势无可避免，面对来自以奈飞为代表的流媒体平台的巨大竞争压力，以传统媒体渠道为主的迪士尼必须主动求变。为适应发展需求，迪士尼调整业务架构，将未来的发展重心放在了自家的流媒体业务上，以 Disney + 为中心的"三驾马车"代表着迪士尼新的转型方向。在激烈的流媒体竞争中，迪士尼先发制人，凭借强大的 IP 资源优势，辅以恰当的运营策略，迅速占领一席之地。

重视社交并在该领域不断突破。迪士尼打通网络成立迪士尼数字网络（Disney Digital Network），在脸书、YouTube 等社交媒体持续发布信息，建立自有社交平台，它们不仅帮助迪士尼宣传品牌，还建立了一个全球范围内围绕迪士尼的在线社区，通过数字网络，迪士尼将这些社交媒体打通、链接，形成可以共同运转的统一生态系统，将热爱迪士尼的粉丝紧密联系在一起，使迪士尼成为他们日常生活中的一部分。通过站在观众不断变化的媒体消费习惯的前沿，迪士尼数字网络正在继承公司的创新遗产。他们不仅考虑现在的观众在哪里，还会考虑他们认为观众在哪里，他们将如何继续发展，技术将如何继续发展，等等。

积极探索智能高效的数字化运营方式。迪士尼对外整合各渠道广告资源，建立融合化、统一化的广告管理机制；对内以数据为基础推动融合化、智能化广告投放，借助高效的数字运营，进一步推动广告投放智能化、程序化。实现统一高效的资源整合，在迪士尼向融媒体帝国迈进、顺应时代进行转型的过程中发挥了重要作用。

第二节 维亚康姆 CBS

一、媒体融合发展历程及现状概述

（一）机构简介

维亚康姆 CBS 是美国著名传媒集团，旗下主营电视及电影业务，着重于影视内容的生产，拥有多个知名频道包括儿童频道 Nickelodeon、音乐频道 MTV、专为非裔美国人提供娱乐服务的 BET、喜剧频道 Comedy Central、Paramount Network 以及再次合并的 CBS 电视网。同时，维亚康姆的派拉蒙电影公司也在电影领域发行《教父》《泰坦尼克号》《阿甘正传》等经典电影。

（二）发展历程

维亚康姆 CBS 的前身为维亚康姆，不断经历与 CBS（哥伦比亚广播公司）的拆分和整合。维亚康姆在早期收购美国三大无线电视网之一的 CBS 后，于 2005 年将 CBS 分离出来成立了新的维亚康姆，直至 2019 年年底，两大传媒集团再次合并为维亚康姆 CBS。

近年来，维亚康姆 CBS 不断扩充自己在数字方面的实力，除了推出专注于数字内容的工作室外，也积极推出流媒体服务，如在 2019 年收购了专注于互联网电视方面的流媒体服务公司 Pluto TV。

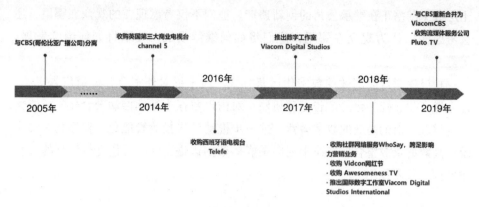

图 1 维亚康姆 CBS 发展概况

（三）发展现状

1. 主营业务和服务

图 2 维亚康姆 CBS 业务架构

维亚康姆 CBS 主营业务分为四大部门：电视娱乐（TV Entertainment）、有线电视网（Cable Networks）、电影娱乐（Filmed Entertainment）及出版部门（Publishing）。

表 1　维亚康姆 CBS 四大部门简介①

部门	简介
电视娱乐	负责节目的生产、获取、分发等，主要由原 CBS 旗下公司组成。包括 CBS Television Network、CBS Television Studios、CBS Television Distribution、CBS Interactive、CBS Sports Network、CBS Television Stations、CBS All Access、CBSN 等
有线电视网	负责节目的生产、获取、分发等，主要由 Viacom 原有的有线电视网组成，包括会员订阅有线电视网（premium subscription cable networks）如 Showtime，基本有线电视网（basic cable networks）如 Nickelodeon、MTV、Comedy Central 等，面向国际受众的国际多媒体分支及国际电视网如英国 Channel 5 等
电影娱乐	负责围绕电影的开发、生产、收购、分发等，包括 Paramount Pictures、Paramount Players、Paramount Animation 及 Paramount Television Studios
出版	负责出版及发行西蒙·舒斯特公司旗下的消费类书籍（Simon & Schuster consumer books）

2. 用户规模

官网中显示，维亚康姆 CBS 在全球拥有超过 43 亿用户（subscribers），遍布 180 个国家，并在美国主要目标受众群体（key U. S. target demos）中排名第一，这些主要目标受众群体包括总受众（total audience）、儿童、成年人、非裔美国人与西班牙裔。电视频道部分，截至 2018 年，原维亚康姆集团（与 CBS 合并前）媒体网络的电视订阅用户累计达到 44 亿，用户地域横跨 180 个国家及 46 种语言。2019 年财报显示，在与 CBS 合并后，目前维亚康姆 CBS 拥有并运营的电视台覆盖了美国 38% 电视家庭。至于在线媒体网络，截至 2018 年 9 月 30 日，美国国内平均每月约有 3710 万独立访问量及 6.12 亿的内容视频流。另外，维亚康姆 CBS 在 2019 年的年度报告中提供了其流媒体服务的订户数量，报告显示 CBS All Access、Showtime OTT 和其他维亚康姆 CBS 品牌的服务在 2019 年最后一个季度的总用户群约为 1120 万。

---

① 维亚康姆 CBS：Annual Report Which Provides a Comprehensive Overview of The Company for the Past Year，2020 年。

单位：百万美元

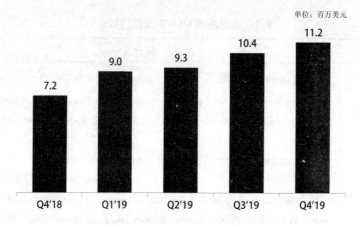

图3　维亚康姆 CBS 流媒体订阅数季度增长① （美国国内）

3. 经营状况

财务方面，合并后的维亚康姆 CBS 自 2016 年至 2019 年的营收变化波动不大，有逐年略增的趋势。2019 年总营收达 278.12 亿美元。②

单位：百万美元

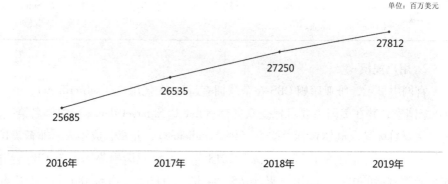

图4　维亚康姆 CBS 2016 年至 2019 年营收

营收组成以有线电视网及电视娱乐部门占总营收的主要比例，收入类型方面，以广告（advertising）、会员联盟（affiliate）及内容授权（content licensing）类型为主要收入来源。

---

① 维亚康姆 CBS：4th Quarter ' 19 Earnings Press Realease，2020 年。

② 维亚康姆 CBS：Annual Report Which Provides a Comprehensive Overview of The Company for the Past Year，2020 年。后文数据如无特别标注，皆出于此财报。

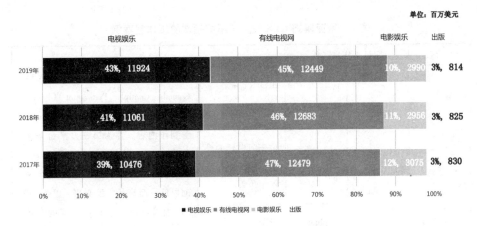

图5 2017—2019年维亚康姆CBS收入组成结构及营收（以收入部门区分）

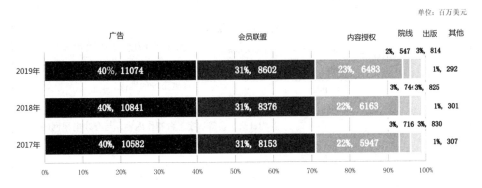

图6 2017—2019年维亚康姆CBS收入组成结构及营收（以收入类型区分）

二、媒体融合的策略及特点分析

（一）兼顾内容生产、多元开发和运营，深入挖掘内容价值

1. 多元化、规模化的工作室：制播分离的标准化生产模式

维亚康姆CBS以工作室（studio）模式引领内容的开发及生产，面向不同的领域通过专门化的工作室来开发、整合该领域的内容。

表2　维亚康姆 CBS 致力于不同领域的工作室案例

领域	案例工作室名称		简介
外语内容	Viacom International Studios	Porta Dos Fundos	巴西 YouTube 喜剧频道	为自有平台包括 Nickelodeon、MTV、Comedy Central、Paramount Channel、Channel 5、Telefe 及 Porta Dos Fundos 等制作内容。并为第三方平台奈飞、Amazon、Fox 等制作西班牙语和葡萄牙语的节目。其分支位于美国迈阿密、阿根廷、西班牙、墨西哥、巴西、英国、加拿大等地。根据官网的介绍，其旗下共拥有 14 个工作室可以为第三方以及维亚康姆 CBS 的品牌和平台制作内容
		Telefe Studios	位于阿根廷的频道，旗下拥有11个工作室	
		Elephant House Studios	英国第五频道的 in－house 制作部门	
	Viacom18 Studio	Viacom18 Motion Pictures	完全集成（fully－integrated）的电影工作室	主要面向印度市场生产内容，同时与 Paramount 合作帮助 Paramount 电影在印度市场的推行
		Tipping Point	数字内容单位	
数字内容	Viacom Digital Studios		专为社交平台等数字平台制作内容，与有线电视网的品牌建立互动。曾收购 Awesomeness 及 VidCon
	Viacom Digital Studios International		Viacom Digital Studios 的国际分支
儿童动画内容	Nickelodeon Animation Studios		Nickelodeon 旗下的动画工作室
青年文化内容	MTV Studios		制作面向青年群体的内容
喜剧内容	Comedy Central Productions		为新设立的工作室制作（studio－production）部门，与喜剧领域的作家、制片人及人才合作，以开发和发行多平台的喜剧内容
电视内容	Paramount Television Studios		为全球的分发平台开发并资助广泛、横跨各种媒体平台的原创、优质电视内容

　　维亚康姆 CBS 旗下拥有的工作室包括与 CBS 并购带来的 CBS Television Studios，以及集团原有的 Paramount Television、Awesomeness、Nickelodeon、MTV 及喜剧中心等品牌旗下的工作室。

除了以品牌为中心的工作室外，维亚康姆 CBS 更进一步推出面向特定领域的专业化工作室。面向国际市场，自 2015 年推出 Miami Studio 后，Nickelodeon Latin America 便开始制作儿童节目，并在收购了 Telefe 旗下 11 个工作室及巴西 YouTube 喜剧频道 Porta Dos Fundos 之后，维亚康姆 CBS 结合前述三者于 2018 年推出了面向全球的维亚康姆国际工作室（Viacom International Studios，VIS）。该工作室遍布全球十多个城市，在巴塞罗那、迈阿密、墨西哥、哥伦比亚、巴西和阿根廷都有拍摄作品，并拥有 VIS 马德里和 VIS UK 等分支。①

另外，针对数字平台，维亚康姆 CBS 也做出了积极的探索。维亚康姆 CBS 于 2017 年推出维亚康姆数字工作室（Viacom Digital Studios，VDS），为旗下品牌如 MTV、BET、喜剧中心、Nickelodeon 等生产原创数字内容，并陆续进行收购，包括数字内容生产工作室与网络 Awesomeness、最大的视频会议网红节 Vid-Con 及专注于 influencer marketing 的 WhoSay 公司。2018 年，更推出维亚康姆国际数字工作室（Viacom Digital Studios International，VDSI）为在国外的旗下标志性品牌提供服务，在纽约、布宜诺斯艾利斯及伦敦都设有生产中心。在与 CBS 合并后，VDS 及 VDSI 皆纳入 CBS Interactive 旗下。

这些工作室的生产能力在量和质的层面都有所体现。自 2018 年推出以来，维亚康姆国际工作室（VIS）已生产了 900 个小时以上的原创内容，以 15 种不同语言出售了 27 种形式（formats），并在全球 60 多个国家出售了 4500 个小时以上的节目内容。② 阿根廷的频道 Telefe 旗下 11 个工作室的产量则达到每年 3500 个小时以上。在质量方面，以 Paramount Television Studios 为例，该工作室推出的节目于 2019 年获得了七个艾美奖的提名。③

维亚康姆 CBS 的工作室生产模式（studio model）代表一种专业化的制播分离内容生产机制，更有利于将内容提供给第三方。以维亚康姆国际工作室（VIS）为例，Pierluigi Gazzolo，VIS 总裁兼 Nickelodeon International 执行副总裁（EVP）指出，工作室的生产模式将内容开发及生产部分合并，并与其他业务分离（包括维亚康姆 CBS 旗下网络在内）。④ 工作室变成了一个开发及生产优质内容的独立实体（entity），负责将内容提供给第三方及维亚康姆 CBS 旗下的频道。

---

① Tara Weiss：The ins and outs of Viacom's Studio Model，2019 年。

② VIS：SINCE VIS LAUNCH，2020 年，检索于 http：//www.viacominternationalstudios.com/studios。

③ 维亚康姆 CBS：Annual Report Which Provides a Comprehensive Overview of The Company for the Past Year，2020 年。

④ Tara Weiss：The ins and outs of Viacom's Studio Model，2019 年。

生产出的内容以一种格式（format concept）、产品（production）或罐头产品（in the can，完成后售卖）的形式出售。

根据媒体 Deadline2020 年年初的报道①，Paramount Television 也在其名称中加上了"studios"，并为该部门推出了新的 Logo。该部门总裁 Nicole Clemens 表示："我们认为，我们的名字有必要反映出我们作为维亚康姆 CBS 公司内部独立工作室的职能以及我们在业内的外部合作伙伴的作用。"与其他业务分离的好处在于，Viacom International Studios 可以在不以维亚康姆 CBS 旗下网络为中心（network‐focused）的前提下进行内容开发，因此当在 Nickelodeon 上播出时，该内容对第三方分发商将更加具有吸引力。

2. 通过体验性活动运营内容，增强与用户的情感链接

维亚康姆 CBS 不仅在内容的生产及分发上持续发力，在内容品牌运营层面也十分重视。维亚康姆 CBS 一方面透过各大奖项维系内容品牌社区，另一方面广泛推出内容品牌的各种体验性活动，利用这些线下活动营造氛围，创造更具互动性的内容品牌体验，让消费者得以参与到活动当中，同时增强与用户之间的情感链接，巩固内容品牌的粉丝社区。

而这些体验性活动通常围绕着某个频道、某部剧集、某个奖项、某个明星或某类群体而展开。以具备音乐内容的品牌为例，MTV、黑人娱乐电视台 BET 及乡村音乐电视台 CMT 的各大奖项在音乐界已具备一定的影响力，同时这些频道还会举办音乐节让观众投入线下实体活动中增进与品牌的互动。

喜剧中心也有围绕喜剧主题举办为期三天的活动 Clusterfest，为观众带来单口喜剧（standup comedy）及音乐等演出，此外也为经典剧集《老友记》（Friends）的粉丝举办 Friends Fest 活动，在英国多个城市举办，透过再现剧中的场景带给参与者沉浸式的体验，例如，参观剧中角色的全套公寓、使用角色道具及享用主题食物，在大屏幕上观赏剧集等。

这些体验活动不仅增强了在场用户与内容品牌的情感联系，而且通过用户的线上自发分享也增加了维亚康姆 CBS 旗下品牌内容的曝光度。

---

① Denise Petski：Paramount Television Gets New Title & Logo，2020 年。

表3　维亚康姆 CBS 旗下品牌推出的奖项

品牌	奖项	简介
Nickelodeon	Kids' Choice Awards	尼克儿童票选奖为年度颁奖典礼，由观众票选出年度最佳电影、电视及音乐表演等
MTV	MTV Video Music Awards	MTV 音乐录影带大奖
	MTV European Music Awards	MTV 欧洲音乐奖
	MTV Movie and TV Awards	MTV 影视奖
	MTV MIAWs	MTV 千禧年奖，专门针对拉丁美洲音乐及千禧年世代
	MTV Fandom Awards	MTV 粉丝大奖，由粉丝票选
BET	BET Awards	黑人娱乐电视大奖
	Black Girls Rock	为黑人女性举办的奖项节目，涵盖音乐、社会等多个领域
	BET Hip Hop Awards	黑人娱乐电视台嘻哈音乐大奖
CMT	CMT Music Awards	乡村音乐电视大奖
	CMT Artists of the Year	乡村音乐年度艺人奖

表4　维亚康姆 CBS 旗下品牌推出的体验性活动

类型	品牌	活动名称	简介
围绕频道	Nickelodeon	Slimefest 音乐节	音乐节，为期两天左右。包括音乐表演等娱乐活动。绿色泥浆是活动特色
	MTV	Isle of MTV Malta concert and Malta Music Week	MTV 举办的马耳他年度音乐节

续表

类型	品牌	活动名称	简介
围绕频道	Comedy Central	Clusterfest	为期三天的节日活动，围绕单口喜剧（standup comedy）、现场音乐等体验性活动
		Comedy Central Fest	在国际市场举办的体验性活动
围绕明星、网红	Nickelodeon	JoJo Siwa's D. R. E. A. M. The Tour	Nickelodeon 旗下艺人 JoJo Siwa 的巡回演唱会
	VidCon	VidCon US	围绕线上视频的网红节线下会议活动，包括一系列 YouTube、Tiktok 等平台网红的经验分享、视频教程等
		VidCon AU	
		VidCon LDN	
围绕节目（剧集、动画）	Nickelodeon	PAW Patrol	动画节目 PAW Patrol 的巡回演出
	Comedy Central	Friends Fest	围绕经典剧集《老友记》举办的体验性活动，观众可以在模拟剧集的场景中体验
围绕奖项	BET	BET Experience	配合 BET Awards 的活动
		BGR! Fest	配合 Black Girls Rock 品牌为期四天左右的活动

3. 注重内容的衍生开发

基于旗下积淀的大量 IP，维亚康姆 CBS 通过专门机构对旗下电视、电影及网红 IP 进行开发拓展，尝试的种类包括翻拍、剧情或节目衍生以及类型衍生等。衍生内容不只提供给自有的电影、电视或数字平台，还积极与第三方平台合作发行内容。在这些多样化的衍生方式增强 IP 的粉丝号召力后，维亚康姆 CBS 还可能会为这些 IP 扩增延伸的周边、开设主题乐园等。

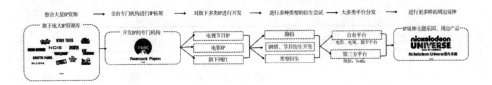

图 7　维亚康姆 CBS 的内容衍生开发模式

维亚康姆 CBS 旗下有设立专门开发衍生 IP 内容的部门，例如，Paramount Players 专门负责电影及电视的结合项目；另外，VDS 数字工作室也会将已有的 IP 内容进行改造开发，以产出适合在数字平台上播出的内容。

通过这些专门机构，维亚康姆 CBS 得以在原先内容的基础上进行多种多样的衍生开发，除了基础的翻拍外，还可展开不同的尝试，例如，制作某个角色的续集节目，结合旗下网红、卡通改编成跨类型的内容等。

表 5　维亚康姆 CBS 内容衍生开发方式

内容衍生方式	案例	简介
翻拍	"Singled Out"	原为 1995 年至 1998 年在 MTV 上播出的约会实境节目。 新版本于 2018 年开始在 YouTube 频道推出，由饶舌歌手 Justina Valentine 和 Conceited 主持；2019 年宣布与流媒体平台 Quibi 合作；2020 年 4 月推出新剧集预告，并由主持人 Keke Palmer 及 Joel Kim Booster 主持
类型衍生	《爱探险的朵拉：消失的黄金城》	由 Nickelodeon 动画《爱探险的朵拉》改编的电影
	《外星人侵者：黑洞计划》	由 Nickelodeon 电视动画《外星人侵者》改编的电影
	《海绵宝宝：营救大冒险》	由 Nickelodeon 动画《海绵宝宝》改编的电影

内容衍生方式	案例	简介
节目、剧情衍生	"Basic to Bougie"	说唱节目"Wild'N Out"衍生每集时长约10分钟的网络美食节目,由节目中的艺人 Tim Chantarangsu 及 Darren "Big Baby" Brand 主持的网络美食节目,在 YouTube 上播出,主要节目内容为在试吃世界各地的美食后尝试依照价格进行排名
	"Cooking in the Crib With Snooki & Joey"	由真人实境秀"Jersey Shore"(泽西海岸)衍生单集时长约5分钟美食烹饪节目,由主要女演员 Snooki 及与其共同经营 Podcast 的 Best Freakin Friend(最好的朋友)Joey 共同主持,节目中还会有"Jersey Shore"中的其他主演(如 Mike 等)客串
类型衍生兼节目、剧情衍生	"The JoJo and Bow-Bow Show"	由旗下艺人 JoJo Siwa 及 JoJo 在 instagram 上已有100多万粉丝的宠物狗 Bowbow 改编成的动画短片,单集约5分钟

以 VDS 数字工作室为例,VDS 数字工作室的一项重要工作即是开发 MTV 的庞大 IP 库,融入数字平台的内容中。双方的合作包括翻拍1995年的约会游戏节目"Singled Out"在 YouTube 频道上播放,第一季即累积了千万观看量;在 YouTube 上推出基于旗下喜剧真人秀节目"Wild'N Out"中部分艺人的衍生节目"Basic to Bougie";重新开发 MTV 的真人秀"Jersey Shore"(泽西海岸)里的角色 IP,并在 YouTube 频道上推出分支系列"Cooking in the Crib With Snooki & Joey"等。"我们的秘密武器是我们的 IP 宝库。"MTV、VH1、CMT 和 Logo 数字工作室的 CMO 及执行副总裁 Jacqueline Parkes 表示。①

另外，VDS 也联合 Nickelodeon 旗下互联网原生网红 JoJo Siwa 合作开发动画节目 "The JoJo and BowBow Show" 在 YouTube 频道上播出，单集达到百万播放量，是一次兼顾节目、剧情中艺人的衍生以及类型衍生（将真人改造成动画形式）的尝试。

Paramount Players 则主要专注于类型衍生的内容，一方面借助电影部门强大的生产力为电视品牌赋能，另一方面深入挖掘电视品牌的 IP。Paramount Players 产出的作品如与 Nickelodeon Movies 合作的《爱探险的朵拉：消失的黄金城》（*Dora and the Lost City of Gold*），该电影 IP 来自 Nickelodeon 的电视动画。电影部门旗下还拥有专门为电视频道生产内容的 Paramount Television Studios，以及各式电影与电视品牌合作的项目，包括前面提到的 Nickelodeon Movies、MTV Films 及 BET Films。

开发的 IP 衍生内容除了在自有平台上播出以外，维亚康姆 CBS 还与第三方平台合作。2019 年 11 月旗下品牌 Nickelodeon 与奈飞达成一项新的发行协议，双方将基于 Nickelodeon 的角色库和全新的 IP，为世界各地的儿童、家庭进行原创动画电影或电视剧的制作。此前，双方的合作已产出许多热门内容在奈飞上发行，如动画特辑《洛可的摩登生活：静电吸附》（*Rocko's Modern Life：Static Cling*）和原创动画电影《外星入侵者：黑洞计划》（*Invader Zim：Enter the Florpus*）等。未来双方还将进行更进一步的合作，例如，《忍者神龟：崛起》（*Rise of The Teenage Mutant Ninja Turtles*）的改编特辑等。②

通过翻拍、类型衍生等 IP 开发方式，维亚康姆 CBS 将电影、电视及数字多个平台串联起来，并利用不同平台的优势互相赋能，例如，电视将品牌内容、IP 提供给电影开发，电影则以 Paramount 强大的生产力赋能电视品牌，进一步提升旗下内容的影响力，构筑更为庞大立体的 IP 宇宙。

---

① Todd Spangler. Viacom Digital Studios Makes Big Streaming Push to Woo Next – Gen Audiences.（2019 – 03 – 27）. https：//variety. com/2019/digital/news/viacom – digital – studios – streaming – 1203173142/.

② 奈飞媒体中心：奈飞和 Nickelodeon 签订了多年的发行协议，为世界各地的儿童和家庭制作原创动画电影和剧集，2019 年。

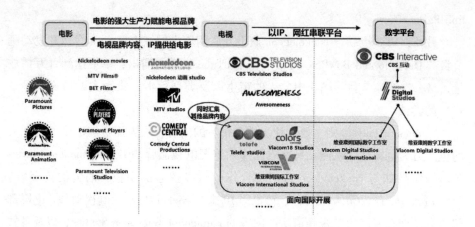

图 8　维亚康姆 CBS 不同平台间的内容生产机构及联系

　　在通过多元的衍生方式开发 IP，增强其与粉丝群体的联结后，维亚康姆 CBS 还会以周边、主题乐园等形式持续开拓 IP 的价值。例如，儿童专属频道 Nickelodeon 品牌旗下便在美国、英国、澳大利亚、德国、马来西亚等多个国家设立主题公园，类型囊括室内、室外及室外水上乐园。

表 6　Nickelodeon 旗下主题乐园及景点设施一览

主题乐园/景点设施	地点
Nickelodeon Universe	美国明尼苏达州布卢明顿的美国购物中心
	新泽西州东卢瑟福的 American Dream 购物中心
Sea World	澳大利亚黄金海岸
Wet 'n' Wild Sydney	澳大利亚悉尼
Nickelodeon Land	英国黑潭游乐海滩（Pleasure Beach Blackpool）
Nickland	德国电影公园
Nickelodeon Land	西班牙马德里公园（Parque de Atracciones Madrid）
Nickelodeon Lost Lagoon	马来西亚双威水上乐园（Sunway Lagoon）
Nickelodeon 室内大型游乐园	中国重庆
Nickelodeon attraction	好莱坞环球影城
	佛罗里达奥兰多环球影城

另外，维亚康姆 CBS 旗下其他品牌也通过售卖周边来获得收益。例如，综合格斗运动节目 Bellator MMA 在线上开设商城提供周边售卖服务。

图 9　Bellator MMA 线上商品售卖页面

（二）搭建多样化的内容分发媒体矩阵

维亚康姆 CBS 除了通过广播电视及付费电视分发内容以外，近年来也不断向线上发力，推出众多流媒体服务，充实旗下媒体矩阵。

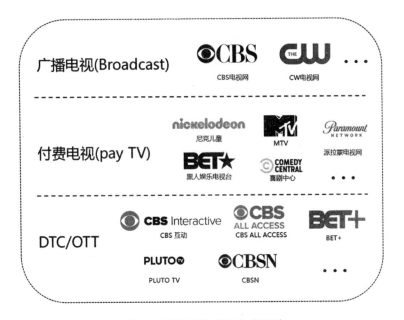

图 10　维亚康姆 CBS 分发渠道

1. 建立涵盖多种定位的频道矩阵，覆盖多垂类人群

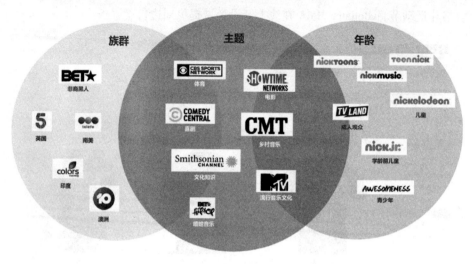

图 11　维亚康姆 CBS 的多样化频道矩阵

　　维亚康姆 CBS 透过其强大内容生产能力产出多种主题定位的内容，并在符合定位的频道播出，覆盖多垂类社区、人群，建立丰富多元的频道矩阵。如年龄方面，有针对从学龄前儿童至青少年及家庭的 Nickelodeon 尼克儿童频道、面向 Z 世代青少年产出数字内容的 Awesomeness、为 25 岁至 54 岁成人受众提供服务的 TV Land 等；主题方面如 CBS Sports 及 CBS 体育网聚焦于体育，Comedy central 专为喜剧爱好者提供相关节目，CMT、及 BET Hip hop、BET Gospel 及 MTV 涵盖各种类型的音乐节目，同时也有跨足电影及文化知识类的频道；还有面向不同族群的频道，如面向非裔美国人的 BET 黑人娱乐电视台。另外，维亚康姆 CBS 还积极收购外国市场的重要频道，如澳大利亚三大广播电视网之一的 Channel 10、英国第三大商业电视台 Channel 5、阿根廷的 Telefe 与面向印度地区的 Colors 等。收购这些电视台除了获得丰富的内容外，维亚康姆 CBS 也会在这些频道播出一些原有的品牌内容，扩增旗下品牌在这些地区的影响力。例如，维亚康姆 CBS 在印度市场与公司 TV18 共同拥有 Viacom18 公司近半数的股份，整合原有旗下品牌内容与新收购的频道内容，并开拓当地多渠道网络。

表7　维亚康姆CBS的频道矩阵

品牌（频道/电视网）	简介	定位
CBS 电视网	旗下包括 CBS Entertainment、CBS News 及 CBS Sports 的电视网	综合
CBS Entertainment	提供娱乐节目内容，包括喜剧、连续剧，实境节目（realitybased）、儿童节目、游戏节目等	娱乐
CBS News	提供 CBS Television Network 及 CBS News Radio 新闻及公共事件报道	新闻
CBS Sports	提供各类型体育节目如高尔夫球、棒球、篮球等，也包括超级碗（Super Bowl Broadcast）的赛事广播	体育
CW 电视网	提供娱乐节目及剧集，旗下包括八个 Viacom-mCBS 的联盟频道（affiliates）	综合
CBS 体育网	提供校园赛事及其他与体育相关节目的电视网	体育（特别是校园体育）
Showtime 电视网	旗下包含 Showtime、The Movie Channel 及 Flix 等免广告的会员电视频道	综合
Showtime	提供有剧本（scripted）或无剧本连续剧、近期发行的电影、纪录片、体育相关节目、喜剧及其他特别节目等	综合
The Movie Channel	提供最近发行的电影及其他相关节目	电影
Flix	提供过去几十年的电影	怀旧电影
尼克儿童	提供儿童动画、真人秀（live - action）及学龄前节目	儿童（学龄前至青少年）、家庭
尼克学龄前	针对学龄前儿童的教育及娱乐	
尼克青少年	针对6至11岁的儿童的实境真人歌唱节目及原创剧集（live action hits, signature originals），旗下包括 The Splat，针对千禧世代的20世纪90年代内容（millennials）	
尼克卡通	卡通节目	
尼克音乐	音乐内容	

品牌（频道/电视网）	简介	定位
Awesomeness	面向全球 Z 世代观众，以数字内容为主	青少年
MTV	全球青年文化品牌，创作原创音乐和流行文化内容	流行文化、音乐
MTV2	针对 12 到 34 岁观众	
MTV Classic	主要提供 20 世纪 90 年代到近 2000 年的歌曲	
MTV Live	MTV Live 以音乐为中心的（a music – centric high – definition television channel）电视频道	
黑人娱乐电视台	面向城市地区的非裔美国人观众	非裔美国人
BET 女性	针对非裔美国女性	
BET 福音	福音音乐及节目（spiritual programming）	
BET 嘻哈	嘻哈音乐	
喜剧中心	以喜剧剧集、喜剧名人为主，提供 award – winning late night, sketch, scripted, animated , stand – up series 等喜剧相关内容	喜剧
派拉蒙电视网	面向 18 至 49 岁人群的娱乐品牌，包括原创节目（scriped and non – scriped），及第三方节目、电影、纪录片、格斗运动（Bellator MMA）等	综合
VH1	以流行文化、名人艺人为主题，包括原创剧集、独家活动、娱乐新闻，面向 18 到 49 岁的群体，并提供一系列数字渠道及服务	流行文化
TV land	面向 25 至 54 岁成人观众，收录了原创节目、经典和当代电视节目以及特别节目	成人
CMT	面向喜爱乡村音乐的人群，旗下包括 CMT Music 及 CMT Radio	乡村音乐
史密森尼频道	提供文化性、历史性及科学性内容	知识文化类
POP TV	提供流行文化节目	流行文化
第十频道	澳大利亚三大商业广播电视网，旗下包括 Channel 10、10 Bold 及 10 Peach	国际（澳大利亚）

续表

品牌（频道/电视网）	简介	定位
第五频道	面向英国地区的 free – to – air PSB 频道，英国第三大商业电视台	国际（英国）
Telefe	面向阿根廷的 free – to – air 频道	国际（南美）
Colors	面向印度地区，由合资企业 Viacom18 共同推出	国际（印度）

2. 推出多类型流媒体服务，形成流媒体业务矩阵

除了在原有的电视网播出其多元内容外，维亚康姆 CBS 也以已有品牌为基础，推出多种类型的流媒体服务。以 2019 年收购的 Pluto TV 为例，它是提供基于广告的免费流媒体电视服务平台，支持在各类设备如移动设备、台式设备、流媒体播放器、游戏机中观看，其内容也集成至越来越多的智能电视及其他视频、宽带（broadband）平台中。Pluto TV 提供超过 250 个直播线性（linear）频道及大量点播内容。目前在美国有超过 2200 万的月活跃用户，大多数用户是通过电视设备使用的。Pluto TV 还面向英国等部分欧洲地区，并在 2019 年 7 月推出 Pluto TV Latino，进军拉丁美洲市场。

维亚康姆 CBS 有线电视网的众多旗下品牌也推出各类流媒体订阅服务，如派拉蒙旗下的 Paramount +、Nickelodeon 旗下提供早教内容的 Noggin 等。在与 CBS 合并后，得到 CBS 旗下的 CBS All Access 等 4 个流媒体平台，两个集团的结合强化了公司着重发展的流媒体业务。据媒体报道，CBS All Access 及 Showtime 合计有 1000 万以上付费订阅用户（paying subscribers）。[①]

透过收购、合并及品牌推出的各式流媒体业务，维亚康姆 CBS 拥有了支持广告、订阅的直播或点播的多形态流媒体业务，并透过从电视频道延伸的品牌及优质内容基因，融合内容及流媒体渠道，形成直接面向消费者的平台，拉近与消费者的距离。

---

① Alex Sherman. ViacomCBS to Launch New Streaming Service Blending CBS All Access with Paramount Films，Viacom Channels. （2020 – 02 – 06）. https：//www. cnbc. com/2020/02/06/ViacomCBS – new – streaming – service – to – include – paramount – cbs – all – access. html.

表8 维亚康姆 CBS 旗下流媒体服务

所属机构	流媒体服务名称	类型
	Pluto TV	广告支持的点播服务（也包含直播内容）
CBS 旗下 （CBS – branded）	CBSN	广告支持的直播服务
	CBS Sports HQ	广告支持的直播服务
	ET Live	广告支持的直播服务
	CBS All Access	订阅服务（包含免广告的点播选项）
Showtime 电视网旗下	Showtime OTT	订阅点播服务
Nickelodeon 旗下	Noggin	早教内容订阅服务
BET 旗下	BET +	订阅点播服务
史密森尼频道旗下	Smithsonian Channel Plus	订阅点播服务
派拉蒙旗下	Paramount +	订阅点播服务
澳大利亚第十频道旗下	10 All Access	订阅点播服务

3. 分发至第三方合作平台

维亚康姆 CBS 的内容还会在第三方平台上分发，如旗下工作室 Awesomeness 的剧集就分发至 Hulu、奈飞等平台，包括 2019 年入围艾美奖的 *Pen 15*，以及电影 *The Perfect Date* 及《爱的过去进行时》、*To All The Boys I've Loved Before* 等。

（三）完整全面的营销服务

1. 精准广告投放

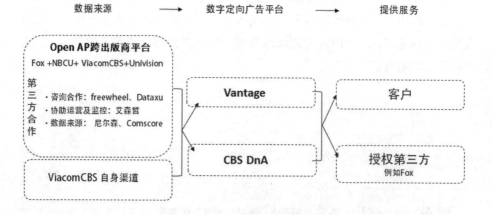

图 12 维亚康姆 CBS 的精准广告服务基础

在与 CBS 合并后，维亚康姆 CBS 旗下拥有 Vantage、CBS DnA（Data and Audience）两大数字定向广告服务平台，并与其他出版商组成 Open AP 联盟，这些平台都让维亚康姆 CBS 更加精确地锁定目标受众，为广告主提升营销方面的精准度。

Fox、时代华纳旗下的 Turner 广播公司（于 2019 年退出 Open AP）及维亚康姆于 2017 年共同创建的受众定位平台 Open AP，NBCU 随后加入，现成员包括维亚康姆 CBS、Fox、NBC 环球及 Univision。Open AP 平台主要使用来自尼尔森及 Comscore 的数据，并向第三方公司咨询合作，例如，康卡斯特旗下的视频广告公司 freewheel 与 Roku 旗下的 OTT 广告公司 Dataxu，由艾森哲协助运营及监控。通过 Open AP，广告主得以在定义细分受众群（如 "first – time buyers" "expectant mothers" 或 "avid moviegoers"）时能使用一组标准的数据。以 NBC 环球为例，对出版商而言，加入 Open AP 后，NBC 环球将获得专有受众属性数据集（a proprietary data set of audience attributes）、支持受众数据匹配的技术、康卡斯特的电视收视数据等，这些将增强 NBC 环球在广告方面的服务，而 NBC 环球的加入也将帮助 Open AP 建设现有的数据集。2019 年年初 Beet TV 的报道中，Viacom CBS 高级广告（Advanced Advertising）部门的副总裁 Bryson Gordon 表示，Open AP 通过让用户在定义完细分受众后分享给其他电视发行商的方式解决了不同发行商之间的高级受众细分的融通问题（advanced segment currency），这让广告商得以针对统一的受众群体进行规划，并对该媒体针对广告客户的效果有较为直观的了解。

借由 Open AP，维亚康姆 CBS 得以夯实数据基础，让 Vantage 平台及 CBS DnA 能够更好地发挥效用。Vantage 平台结合多重来源的数据（可能包括第一和第三方），使得系统可以在可预测的环境中更好地定位消费者及测量营销活动。Vantage 的覆盖范围除了维亚康姆自身媒体渠道以外，还能覆盖外部媒体，如在 2018 年，维亚康姆 CBS 将 Vantage 平台（proprietary targeting and data science software underpinning Vantage）授权给福克斯，使其能够跨网络进行线性优化。

CBS DnA 也是利用数据来为客户提升广告营销效果的高级广告平台（advanced TV platform），原隶属于 CBS 旗下。CBS DnA 的数据来源包括尼尔森电视提供商的数据，旗下、第三方或客户自有的数据资料，其数据服务由多平台归因系统（multi – platform attribution service）SEQUENCE 支持，提供包括品牌指标分析（Brand metric analysis）、人流分析（Foot traffic analysis）、线上转化分析（Online conversion analysis）及多触点归因分析（Multi – touch attribution analysis）等服务。

2. 专业营销内容生产

维亚康姆 CBS 还善用旗下强大的生产资源，积极拓展变现的渠道，包括成立专业化的营销服务团队 Viacom Velocity，这个团队除了为自有品牌提供服务外，也为第三方品牌提供营销服务。

Viacom Velocity 于 2014 年推出，与维亚康姆 CBS 旗下品牌如 MTV、VH1、CMT、Comedy Central、Nickelodeon 合作生产品牌定制内容。据 Variety 2016 年的报道①，Viacom Velocity 是营销与合作伙伴解决方案部门（以前称为广告销售）的一部分。Viacom Velocity 参与了维亚康姆 CBS 旗下所有营销活动 85% 的工作，并且在短短几年内从 30 人增长到 230 人。2016 年，为了满足电影制片厂（除了派拉蒙电影制片厂外，也包括环球等其他制片厂）对于品牌营销活动的需求，Viacom Velocity 于拉斯维加斯设立了西海岸小组，由 25 名作家、制片人、编辑、设计师、客户经理和总监组成。除了从事电影宣传工作外，Viacom Velocity 还为诸如 MTV、Comedy Central、VH1、CMT、Spike、TV Land 和 Logo 等维亚康姆品牌工作。

另外，Viacom Velocity 开发的品牌营销工具包括社交媒体分析平台 Echo Social Graph 等。

表 9　Velocity 提供的营销服务

服务	简介
品牌内容 （branded content）	利用 Velocity 旗下资源为品牌定制创意内容
策略性广告活动 （strategic campaigns）	由消费者洞察驱动的广告活动开发、执行、目标性分发服务，联结品牌与 Velocity 旗下粉丝
内容触达 （massive reach）	通过标志性品牌、附加平台及内容创作者合作关系（plus platform）帮助品牌进行任何屏幕设备的任何演示（demo）
文化及讯息领导 （culture & thought leadership）	提供可行（Actionable）的文化及消费者信息

---

① Dave Mcnary. Viacom Velocity Marketing Unit Opening Los Angeles Office（Exclusive）. (2016 – 04 – 08). https：//variety. com/2016/film/news/viacom – velocity – marketing – los – angeles – office – 1201748684/.

服务	简介
人才资源 （talent resources）	利用数据工具、行业关系及平台专业知识对各类 influen-cer、明星等进行管理及选拔
数据及测量 （data & measurement）	利用专业知识、预测模型及衡量成功指标为品牌评估及优化广告活动

除为自身内容营销推广以外，Velocity 也发挥自身内容优势，为外部品牌提供营销服务，案例包括结合 Nickelodeon 旗下节目 Kid Choice Awards 推出的乐高广告，为美国知名果冻品牌 Jell - O 制作动画剧集等。

3. 社会化营销

维亚康姆 CBS 于 2018 年收购市场营销公司 WhoSay，以优化 Influencer Marketing 方面的服务。WhoSay 的主要业务包括影响力营销及购物者营销等。其创始人指出，WhoSay 并不是一个运营 Influencer（影响者）的公司，而是从头开始创造客制化内容——从概念、招募人才到分发成品的完整服务内容。

图 13　WhoSay Influencer Marketing 服务流程

以 WhoSay 的 Influencer Marketing 业务为例，WhoSay 先通过设立精准的活动目标以更加贴近品牌的需求，WhoSay 的一系列衡量指标涵盖多种维度，包括品牌意识、行动、情感及参与度，并依照定下指标来决定后续的创意方向、Influencer 的选取、分发、媒体购买计划及效果评估等多个环节。设定好方向后，基于 WhoSay 对不同层次品牌粉丝的理解及对于品牌的热衷程度（passion points）等绘制目标人群画像。接下来是制作内容及选取 Influencer，WhoSay 提供的内容形式广泛，从图片到视频均有提供；WhoSay 选取的 Influencer 类型也很广，从微型 Influencer 到顶级名人都在衡量范围内。在完成内容后的分发环节，WhoSay

会根据分发的绩效结果进行优化。最后是营销的效果评估，除了先前提到的指标外，WhoSay 还会利用第三方工具来衡量情感、品牌提升度及 ROI。

收购 WhoSay 实现了维亚康姆 CBS 与 WhoSay 的双赢。一方面，WhoSay 可帮助维亚康姆 CBS 旗下 IP 资产开展营销活动，并让维亚康姆 CBS 旗下的数字工作室能通过较短形式的内容盈利。另一方面，维亚康姆 CBS 也可对 WhoSay 开放其庞大的名人资源及播出平台，使其营销活动获得更好的效果。WhoSay 创始人 Ellis 进一步表示，维亚康姆 CBS 拥有电视和分发（从线性到数字）资产，维亚康姆使 WhoSay 能够为客户提供超越社交的发布。而利用 WhoSay 独特的创意输出来赋能维亚康姆 CBS 的分发能力即是达成本次交易的原因。现在，Viacom 可以包括在 Viacom OTT 视频上以预滚动方式运行它，也可以作为 15 或 30 秒的电视广告来运行。

以 WhoSay 为 Google Pixel phone 制作的内容为例，维亚康姆 CBS 节目《鲁保罗变装皇后秀》中的 RuPaul、《大城小妞》中的 Abbi Jacobson 和 Ilana Glazer 三位艺人就出现其中。

三、经验与启示

作为一家以内容为核心业务的公司，维亚康姆 CBS 对内容业务极致化的应用及拓展都有许多值得我们借鉴的地方。

在内容生产环节，维亚康姆 CBS 落实了专业化。这样的专业化反映在两个层面：一是对垂类领域的专业化，这点不仅通过频道的品牌化来实现——比如 Nickelodeon 儿童频道旗下的动画工作室、MTV 音乐娱乐频道的旗下工作室——也通过设立整合多个品牌，专门面向某个地域、某类平台的国际、数字工作室来实现；二是制播分离的生产模式，此模式有利于维亚康姆 CBS 将内容向第三方平台输出，并在一定程度上展现了维亚康姆 CBS 巩固"内容公司（content company）"定位的决心。

在内容运营环节，通过标志性奖项及围绕各种主题的线下活动来营造良好体验，吸纳更多粉丝群体，让旗下的内容逐渐形成具有强大号召力的 IP。并且，维亚康姆 CBS 不只注重对新 IP 的培养，对于已有 IP，维亚康姆 CBS 也会进行多元化、跨类别领域的衍生开发，让旧 IP 焕发新的魅力。

在内容分发环节，维亚康姆 CBS 构建了庞大的媒体矩阵。在掌握了庞大的内容资源库后，维亚康姆 CBS 通过原有的有线电视网以及合并后带来的广播电视网分发内容，近年更尝试推出许多免费及付费的流媒体业务，形成多样、丰富的媒体矩阵。

最后，维亚康姆CBS打造了立体化、同时面向自有品牌及第三方广告主的营销服务。在积攒了内容方面的生产实力、稳定而跨平台的收视人群、对内容品牌有忠诚度的粉丝群体后，维亚康姆CBS将各项资源打通，融合运用到自己的营销服务中：包括数据支持的数字定向广告平台（也透过参与Open AP建立了跨出版商的数据基础）、运用自己的生产能力为广告主打造专业内容的营销团队以及专注于社会化营销的服务体系，很重要的一点是，这些服务都结合了维亚康姆CBS自己的人才资源以及渠道。

由此可见，维亚康姆CBS很懂得如何深度钻研内容领域，并在生产或获取了某些资源后，有效地联通不同资源，进行多方面的拓展，将内容的价值发挥到极致。

第三节　BBC

一、BBC媒体融合发展历程及现状概述

（一）机构简介

BBC（British Broadcasting Corporation 的简称，中文名称：英国广播公司）是英国一家独立运作的公共媒体，它的主营业务包括广播、电视和数字业务，还包括书籍出版、影像制品产销、英语教育等其他业务。资金主要来自英国国民所缴纳的电视牌照费，除此以外还有一些商业化运营的收入。如今，BBC不仅是英国最大的新闻广播机构，也是世界最大的新闻广播机构之一。

作为一家老牌广电机构来说，BBC在应对新兴媒介的冲击上表现卓越。它在2006年提出"创造性未来"多媒体融合变革战略，在用户、内容、编辑平台以及盈利模式等各个方面进行全方位改革，完成从广播电视到新旧媒体融合平台的逐步转型。

（二）发展历程

综合BBC历史发展资料、年报数据，以及笔者的实地考察，BBC融媒体内容运营可分为以下三个阶段：

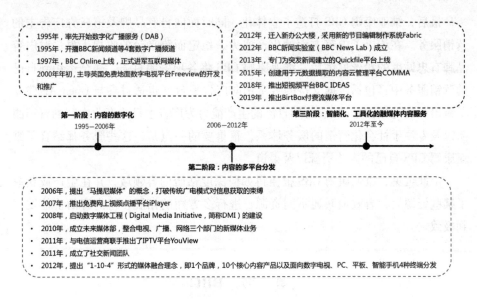

图1　BBC 融媒体内容运营的三个阶段

1. 融媒体培育期：媒体内容的数字化

20 世纪 90 年代中期，互联网数字技术的迅猛发展让全球的传统媒体开启了数字化转型的历史征程。将传统的广播、电视频道通过数字化转换，实现数字化的广播服务、电视服务，是这一时期的历史命题。BBC 在这一时期，通过两大产品的上线成为传统媒体行业的先行者。在时任总裁约翰·伯特的大力推动下，1995 年，BBC 推出了数字化广播服务——DAB，同时开办了 BBC 新闻频道、BBC 频道、BBC 议会频道和 BBC 知识频道等一系列数字频道。此外，还有两件里程碑式的事件发生在这一时期：其一，1997 年，BBC Online 上线，其实该网站的建设始于 1995 年，但由于种种政策原因，直到 1997 年才正式对外发布。① 当时 BBC 网站的主要内容包括在播的新闻和广播电视节目，同时还加入了 BBC 国际电台和 BBC 环球公司的网站链接。作为一家公共服务型广播电视机构，要拿出总收入的 10%，花大力投资网站建设，让当时的 BBC 遭受到一定的质疑，但 BBC 网站在很短时间内便会成为欧洲最有影响力的网站之一，证明了这一策略的正确性。其二是在 2000 年年初，BBC 主导了英国免费地面数字电视平台 Freeview 的开发和推广，该平台是英国实施模拟电视到数字电视（Digital Switchover）的一个关键产品，让 BBC 的数字化不局限在单纯的 DAB 或者数字

---

① 王菊芳. BBC 之道：BBC 的价值观与全球化战略［M］. 北京：三联书店，2013：34.

频道这样的内容产品，转向数字技术、内容、传输平台的建设。

2. 融媒体发展期：内容在多业务平台的分发

在经历了第一发展阶段，基本实现内容的数字化生产，搭建了数字化的广播、电视、互联网渠道之后，BBC 进入了面向融媒体内容运营的第二阶段：发展期。以 2006 年时任总裁马克·汤普森提出的"马提尼媒体"（Martini Media）概念为标志，所谓"马提尼媒体"，即 BBC 希望公众像调制鸡尾酒一样，在任何时间、任何地点，都能用自己能接触到的、喜欢的、不同类型的设备接收 BBC 的内容，也意味着 BBC 想要超越传统广播电视机构的定位，成为全媒体内容和渠道的提供商的目标。这个概念的提出在当时是具有极高的前瞻性的。也是在这一理念的指导下，2007 年，BBC 推出了视频点播平台 BBC iPlayer，为公众提供了基于 PC 互联网观看 BBC 的直播内容、点播内容，以及下载内容保存到本地的新渠道；2008 年，BBC 推出了交互电视应用 Red Button，并且能够支持 PC 端、数字电视、游戏机等终端的运用；随后，在智能手机和平板电脑开始流行之际，又推出了 BBC iPlayer 的移动端应用；2011 年，BBC 与电信运营商合作，推出 IPTV 产品 YouView，也归功于"马提尼"式媒体思维下的产品创新。2012 年，笔者在 BBC Future Media 实地调研，其负责人向笔者介绍了 BBC 要实现"1 – 10 – 4"形式的媒体融合理念，即 1 个品牌，10 个核心内容产品（新闻、体育、天气、节目、游戏、学习、广播 & 音乐、电视、主页以及搜索），面向数字电视、PC、平板、智能手机 4 种终端的分发。

3. 全面融合期：智能化、工具化的融媒体内容服务

2012 年，BBC 新办公大楼的落成给 BBC 带来的不仅是全新的办公空间，更在于内容生产流程和组织架构、内容工具上的变化，也意味着 BBC 开始进入全面融合的融媒体发展新阶段。

根据 2015 年 9 月 BBC 发布的新一季《皇家宪章》时期的"BBC 项目和服务规划"①，我们看到 BBC 继续推进融媒体内容发展，坚持互融互通的全新内容运营理念，即"以构建智能生态系统为核心，通过开放技术和工具邀请内容生产者进行内容共创，创建内容创作者生态，集成优质原创内容，包括新闻内容、教育内容和娱乐内容，并且基于自身和内容创作者提供的所有内容，为用户提供新闻、教育和娱乐三大类服务，并通过打通 BBC 的账号体系，集中在'我的 BBC'内容模块为用户提供个性化的优质内容"。

---

① British Bold Creative. The BBC's Programs and Services in the Next Charter. （2015）. https：//downloads. bbc. co. uk/aboutthebbc/reports/pdf/futureofthebbc2015. pdf.

在全面拥抱媒体融合的新阶段，BBC 计划通过搭建智能生态系统，借助数据技术和智能应用打通内容生产、内容集成和内容分发的全流程，推动组织架构、系统生态、工具服务、业务服务等多个层面的融媒体转型，最终实现在多媒体终端渠道上向用户提供社交化、个性化的融媒体服务。

在融媒体产品创新层面，2018 年 1 月 BBC 推出了短视频平台 BBC IDEAS，面向青年用户，提供公共服务性的精品短视频内容。2019 年 11 月，BBC 与 ITV 合作，在英国推出流媒体服务 BritBox，入局由奈飞和 Amazon Video 长期主导的流媒体市场。

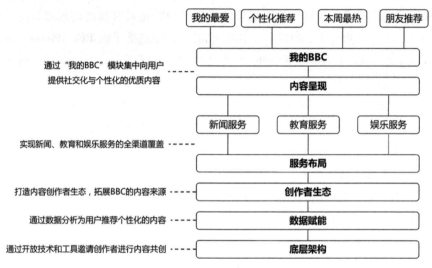

图 2　BBC 融媒体内容运营蓝图

（三）发展现状

1. 主营业务和服务

BBC 作为英国的公共媒体机构，主要为英国（包括苏格兰、威尔士和北爱尔兰）提供包括电视服务、广播电台服务、新兴的数字服务、音视频辅助服务（针对聋哑人推出的公共性服务）以及 BBC 教育学习等在内的公共服务。其中数字业务是 BBC 的主要发力点，包括 BBC News、BBC iPlayer、BBC SOUNDS、BBC SPORTS、BBC WHEATER 等。

除此以外，BBC 还有面向全球的商业业务和服务，包括 BBC 的全球新闻业务、BBC Studio 以及 BBC Studioworks 等。

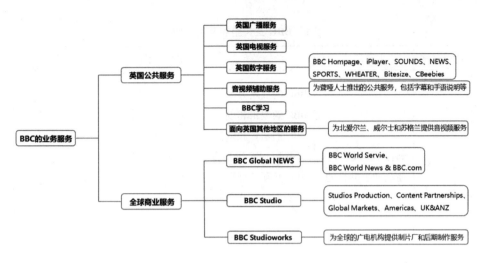

图 3　BBC 的业务服务类型

2. 组织结构与业务部门

现阶段，BBC 的组织结构主要有三个部分：董事会、执行委员会和商业控股董事会。其中董事会负责确保 BBC 履行其使命和公共目的，主管战略层面和公共事务活动的决策；执行委员会则负责 BBC 的日常运营，执行董事会的战略决策；商业控股董事会负责 BBC 商业子公司的治理和监督，同时董事会通过商业控股董事会间接管理 BBC 的商业项目。

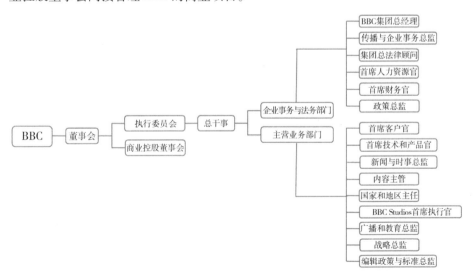

图 4　BBC 集团组织架构

表1 BBC 三大组织及主要职能

组织名称	主要职能	责任范围
董事会	确保 BBC 履行其使命和公共目的	BBC 的战略方向 BBC 的编辑和创意输出和服务的创意 BBC 的预算和确保物有所值评估英国广播公司英国公共服务和 BBC 世界服务的表现的框架 BBC 必须处理投诉的框架 关于英国公共服务分配的政策 BBC 商业活动的战略和治理安排关于 BBC 公共服务活动和商业活动的重大变化的政策
执行委员会	负责 BBC 的日常运营	执行委员会负责执行董事会商定的战略，运营管理 BBC 的大型业务领域
商业控股董事会	负责 BBC 商业子公司的治理和监督	BBC 商业控股董事会负责 BBC 集团商业子公司 BBC GlobalNews，BBC Studios 和 BBC Studioworks 的治理，保证和监督。（BBC 董事会通过 BBC 商业控股董事会对 BBC 的商业子公司进行控制）

　　BBC 的业务部门共分为新闻中心、视觉中心、北部中心、市场与受众中心、运营中心、未来媒体与技术中心、金融与商务中心以及音频与音乐中心八大业务部门。每个部门都负责 BBC 日常运营的不同职责。BBC 的新闻节目、音视频内容、广播内容和体育儿童节目都有不同的部门负责，新媒体技术、市场与受众调研、节目经营、战略政策等也有专门的部门负责。总的来说，BBC 的业务部门分工明确，业务范畴基本涵盖了媒体制作、发行、经营、技术保障、资产管理以及市场调查等方面。

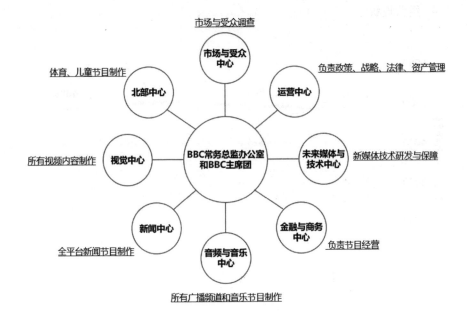

图5　BBC 八大业务部门

3. 用户规模

根据 2018 年 6 月 BBC 公布的数据，全球每周有 3.76 亿用户通过 BBC 获取新闻和娱乐内容。BBC World Service 的用户数量增加了 1000 万，达到了 2.79 亿；BBC News 的用户数量增加了 100 万，达到了 3.47 亿。①

2017—2018 年，有将近 92% 的英国成年人（16 + ）在使用 BBC 的业务（包括电视、广播和数字业务）。英国成年人平均每周花在 BBC 上的时间为 19 小时 12 分钟。其中每周大约有 80% 的英国成年人在家里收看 BBC 的频道，平均每周花费 8 小时 16 分钟；每周有 64% 的英国成年人听 BBC 的广播，平均每周花费 10 小时 3 分钟；每月有 74% 的英国成年人使用 BBC 的数字线上业务，每周有大概 4800 万用户浏览 BBC 的网站和新闻客户端，BBC iPlayer 每月用户上传的视频数量为 2.72 亿个。

---

① 数据来源：BBC 官网，2018 年，检索于 https：//www.bbc.co.uk/mediacentre/latestnews/2018/bbc – global – audience。

4. 经营现状

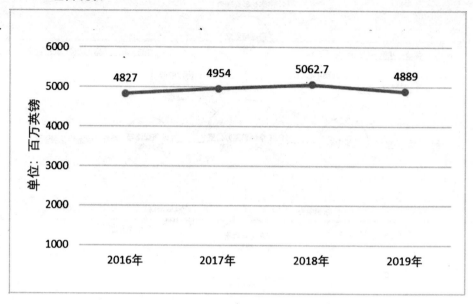

图 6　2016—2019 财年 BBC 集团总收入变化情况表

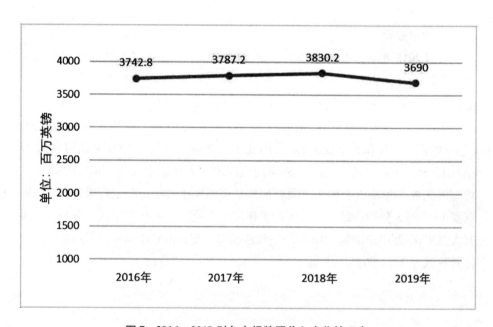

图 7　2016—2019 财年电视牌照收入变化情况表

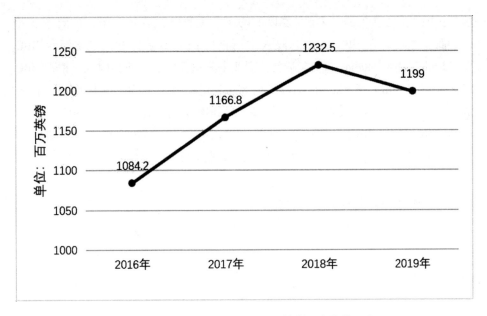

图 8   2016—2019 财年 BBC 商业性收入变化情况表

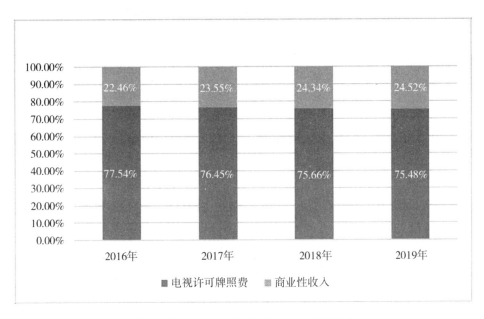

图 9   2016—2019 财年 BBC 收入结构变化表

2016—2019 财年 BBC 集团的营收情况总体趋于稳定，集团总收入略有轻微的波动。具体来看，2016—2019 财年电视许可牌照费的收入占 BBC 集团总收入的比例均在 75% 以上，依然是 BBC 的主要收入来源，但呈现出下滑的趋势，原因是英国政府逐步实施"对 75 岁以上的老人免收电视牌照费用"的政策。另外，商业性收入在 BBC 集团总收入中所占的比例不断提升，主要涵盖 BBC Worldwide、BBC Studios 以及包括其他商业子公司在内的商业性收入。根据 BBC 2018 年财报，BBC Worldwide 的收入为 8.683 亿英镑，占 BBC 集团商业性收入的 59%，BBC Studios 收入 4.32 亿英镑，占 BBC 集团商业性收入的 30%。包括 BBC GlobalNews、BBC Studiworks、BBC Children's Production 在内的其他机构的收入为 1.638 亿英镑，占 BBC 集团商业性收入的 11%。

二、媒体融合的策略及特点分析

（一）整合重组各新闻部门，制度保障与人才升级双管齐下

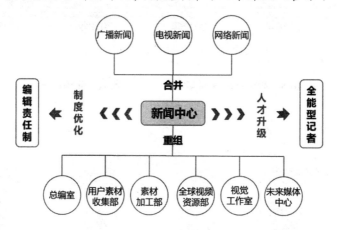

图 10 BBC 的部门重组、制度保障与人才升级

1. 创建统一的新闻中心，成立专职化的多媒体工作小组

早在 2007 年，BBC 就创建了"统一的新闻中心（Single Unified Multimedia Newsroom）"，将其广播、电视和网络各新闻节目组以及新闻采集部的人员聚合起来，以促进内部新闻资源的共享。2012 年，BBC 将该新闻中心集体搬迁到新的广播大厦。该广播大厦共设有 36 个电台直播间、6 个电视演播室和 60 个编辑间，最多时要容纳 6000 人同时办公。

在新闻中心整合完成以后，BBC 的广播、电视和网络新闻的各工作部门在新建大厦的同一层办公，并且以工作组的形式组成全新的职能部门。每个职能部门都有各自明确的分工和职能，比如，"UGC HUB"专门负责收集用户素材、"SUB HUB"专门为不同的分发渠道加工处理新闻素材、"Visual Journalism"专门负责电视和网络新闻提供可视化的服务等。

表2　BBC新闻中心整合后各部门的分工情况

部门名称	主要职能
News Gathering Room （总编室）	人员安排、技术支持
UGC HUB （用户素材采集部）	收集用户提供的新闻素材
SUB HUB （素材加工部）	将新闻素材进行拆分，以方便多个部门使用，所有的BBC记者采回的素材都会进入这个部门。（视频素材会被声画分离，以便广播组的编辑使用；声频素材会进行文字的整理，方便网络编辑使用）
Global Video Unit （全球视频资源部）	将外国新闻视频翻译成英文
Visual Journalism （视觉工作室）	为电视和网络新闻提供可视化帮助，包括对大量复杂专业的数据图表的动画演示制作
Future Media （未来媒体中心）	研发传媒先进技术，也针对各个工作组的需求开发新技术

2. 实行"编辑责任制"，提升新闻内容生产的效率

BBC在新闻编辑上采用的是"编辑责任制"，即每一个电视、广播栏目或者每一个网站报道组，都设有一位负总责的栏目编辑（program editor）。一天所有的发布新闻的决定，基本上都是由当天当班的编辑来决定，由他来安排当天的任务。每天，BBC新闻中心会举行两次核心会议（Key Meeting），每次会议半小时。上午9点每个工作组的主要编辑到会，对昨天的新闻做总结。主编助理会列出当天10条重要的新闻源，各部门也会提出当天准备展开报道的话题。然后新闻中心的总编对提案拍板。接着总编室为派出的记者提供设备和技术支持。下午3点15分再次举行会议，各组汇报工作进程，交换采访所得资料。通常BBC新闻中心会从不同的新闻线索和叙事角度来报道同一个新闻事件。①

一般新闻栏目组的工作人员如果有疑问，会直接请示当班编辑，由当班编辑做出决定；如果当班编辑仍无法解决，才会继续向上司请示。除了栏目编辑之外，BBC还按照不同的报道领域，设有10个左右的某领域编辑的职位，比如

---

① 唐苗. BBC媒介融合的多重意义［J］. 视听界，2013（04）：45－48.

政治问题编辑、中东问题编辑、欧洲问题编辑、商业报道编辑、科技报道编辑和社交媒体编辑等。通过实施"责任编辑制"，BBC能够避开垂直式的高层指挥，提高了新闻编辑的效率，也增强了新闻内容的多样性。但不可忽视的是，这种趋于分散的管理体制可能会导致因内容质量把控不过关所引发的一系列负面问题。

3. 着力提升记者的多媒体综合能力，打造"全能型记者"

从2008年开始，BBC在培训与发展部专门设置了面对面或在线的新媒体培训，为自己的全媒体平台输出更多优秀全能的记者，让采编人员能够了解彼此平台的需要并实现资源共享。比如，原来主要做广播的员工现在也要制作视频内容，于是BBC就为这些员工提供了有关电视及视频制作方面的培训。后来，社交媒体越来越普及，BBC又推出了各种有关社交媒体的培训课程，而BBC新闻学院还把大量的培训课程放在网上，供员工随时随地自修。

目前，所有BBC驻外特派记者都需具备多媒体新闻报道的能力，包括电视、广播、网络等，而且外出采访时也往往是"全副武装"，BBC给每个记者都配备一台iPhone，以及配套的话筒、灯光、镜头、军用电池灯等。BBC还开发了一系列应用软件，帮助记者随时随地采访，获得高质量视频或音频素材，并能快速剪辑和上传。此外，这些驻外特派记者还经常写微博和博客与用户分享其报道过程及报道背后的故事等。

（二）以平台建设和工具应用优化新闻内容生产流程

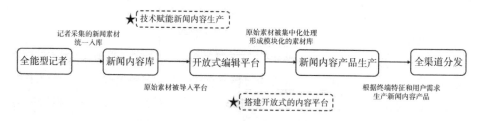

图11　BBC的新闻内容生产流程

1. 积极探索媒资管理数字化，推动全媒体新闻内容生产和分发

早在1997年BBC搭建了在线内容管理系统（CPS/CMS），让网站编辑能够更便捷地在站点上编辑和管理内容。2008年，BBC实施了数字媒体工程（DMI），开始探索媒资管理的数字化。当时BBC计划将过去数十年的模拟视音频资料进行数字化处理，并将这个庞大的数据库与BBC日常的节目编辑、制作连接起来。可惜由于当时的技术、资金、商业合作和内部管理等方面的问题，

该工程最终于 2013 年被 BBC 叫停，但 BBC 在 DMI 理念的基础上所进行的一些探索和尝试仍然具有参考价值。

首先，BBC 在 2015 年创建了用于元数据提取的（内容云管理平台）云平台 COMMA（Cloud Marketplace for Media Analysis），实现对过去 BBC 的广播和电视新闻内容的数字化管理，形成了新闻内容的数据库。负责采集素材的一线记者无论身处何地，都可以通过移动设备将现场获得的图文声画信息及时上传至该数据库。这为 BBC 的全媒体新闻内容的采集、编辑加工、发布和共享奠定了重要基础。

此外，在突发事件现场的记者还可以使用移动设备，将短讯发到 BBC 专为突发新闻建立的 Quickfile 平台来告知总部，总部会迅速以突发新闻或新闻快讯的方式发布消息，之后再通过传统采编播流程进行后续的详细报道。① 随后这些原始资料被导入开放式编辑平台，进行统一加工、集中处理，形成模块化的素材库，供所有编辑自行取用。

BBC 有自己的新闻编辑系统"Journalism Portal"。这是一个基于互联网的开放式编辑系统，它不仅具有传统的新闻编辑系统的所有功能，而且同时兼具基于互联网的所有特征，比如，该系统中存在各种论坛，它们不仅集合了相关问题的各种资源，同时也方便该领域的报道者对事态的最新进展进行交流。

BBC 还有自己的电视节目编辑制作系统"Fabric"，这是基于 DMI 理念来构建的开放式编辑平台。BBC 员工可以通过该系统直接将新拍摄的视频素材提交到数据库、调用数据库的素材进行编辑加工或者直接利用数据库中的内容来生成新的节目。

最后，BBC 会根据不同终端的特征和差异化的受众需求进行新闻内容产品的生产和分发。不同形态的新闻产品被根据不同终端的传播特征及受众需求组合生产出来。BBC 还会根据不同终端的具体反馈进行深入再开发和再传播。

伴随着内容管理技术和传播需求的不断变化，其工具研发也是一个不断迭代的过程，比如，为了适应网页端和移动端的新闻内容信息流的发布需求，同时方便网站编辑能够在不同的终端上运行 CPS，BBC 适时推出 CPS Vivo。CPS Vivo 是"标签驱动内容信息流"的网页端程序，它能够帮助 BBC 的编辑为新闻内容贴标签、创建与编辑新闻内容信息流、通过标签管理新闻内容信息流以及手动在内容信息流当中添加多个来源的信息等。

---

① 凡闻科技．探秘 BBC 全媒体平台"统一编辑部"建设．（2016 - 09 - 22）．http：// www.sohu.com/a/114854460_ 121043.

2. 创新技术和智能应用赋能新闻生产

BBC 在 2012 年成立了孵化机构"BBC News Lab"，该机构专门为 BBC 新闻内容生产提供技术支持，涵盖了人工智能、机器学习、数据算法以及自然语义分析等多个方面，致力于提升 BBC 新闻的生产效率和内容服务质量。

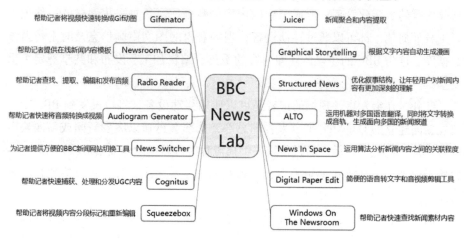

图 12　BBC News Lab 的部分系统和工具

当中包括针对使用移动设备的年轻用户而提出的"结构化新闻"（Structured News）项目。它旨在建立智能化新闻生产平台，使得大部分日常报道可以自动生成，这些报道被称作"弹性新闻"（Elastic News），简短即时的信息会被首先传递给受众，当受众想要进一步了解时，计算机将立刻组织相关文本、图片、音视频以及评论等素材，生成深度报道呈现在终端上。BBC 希望通过优化新闻叙事的结构，提高新闻内容的深度，让年轻人在碎片化的信息获取时代能够对新闻内容有更加深刻的理解。例如，当用户希望了解新闻当中某些关键词的深层含义的时候，BBC 的系统就会为用户弹出相关的内容解释，让用户了解更多关于新闻背景故事。

还包括很多辅助编辑的工具，譬如一些语音转文字的工具、音频转视频的工具、视频转 GIF 图片的工具、机器翻译的工具以及专门负责捕获和处理 UGC 新闻内容的工具等，这些功能齐全、操作简便的工具一方面提升了 BBC 记者编辑图文音视频新闻内容的效率，另一方面也为不同的内容分发渠道和终端提供了特定的服务。例如，具备 GIF 图片制作功能的"Gifenator"，它专门帮助 BBC 记者把视频内容截取后转换成 GIF 动图并自动添加水印，然后 BBC 记者就能够直接把 GIF 动图的新闻内容迅速地上传到社交平台；再例如具备音频转视频功能的"Audiogram Generator",它能够帮助 BBC 记者将采集到的音频素材快速地转换成 MP4 格式,方便 BBC 记者将该新闻内容上传至社交平台。

除此以外,还有智能的新闻内容聚合工具"Juicer"以及新闻内容检索平台"Windows On Newsroom",前者能够自动抓取全球的免费新闻站点的新闻内容并利用人工智能技术将新闻内容分类贴标签,为 BBC 记者提供新闻素材参考;后者能够帮助 BBC 记者快速检索得到所需要的新闻素材。

BBC News Lab 综合运用人工智能、机器学习、数据算法和自然语义分析等技术,并将其产品化和平台化,为 BBC 的新闻团队提供了一系列实用便捷的工具,切实提升了 BBC 新闻中心在融合化的新闻内容生产效率与用户的体验。

在 VR 技术运用方面,BBC 还专门成立了虚拟技术实验室 BBC Reality Labs,该实验室专门从事 VR 技术和产品的研发以及虚拟现实内容的制作与生产。2018年 BBC 成功推出了 VR 纪录片 *Congo VR*,让用户能够身临其境地感受刚果地区的惊险。

图 13　BBC Reality Labs

3. 打造开放式的内容平台,邀请合作伙伴共创内容

BBC 在其发布的 *Future of the BBC* 2015 中提到,BBC 要开放自己的平台(Open Platforms for Content),让更多的优质内容能够在 BBC 上展现。BBC 的开放以及"平台化"的思维并不是完全复制 YouTube 完全开放的 PUGC 内容生产模式,而是在保证内容质量的基础上审慎地引入内容生产者或合作伙伴。BBC还会为内容生产者和合作伙伴开放技术和工具,帮助他们更便捷地在平台上生产内容。

在新闻方面,BBC 计划开放自己的新闻平台,然后与一些英国本土的报社或者新闻内容生产者合作,让他们为 BBC 提供新闻素材。同时因为要保证新闻内容的真实性,BBC 会在新闻内容合作伙伴的挑选上严格把关。

在娱乐方面,BBC 的 iPlayer 将秉持"打造管理式平台(Managed Platform)"的理念,与一些优质的内容生产者合作,丰富 iPlayer 上的内容。BBC 希望借此来让用户能够在 iPlayer 上看到更多样化内容,同时通过跨平台的数据分析,为用户精准推荐他们喜爱的节目内容。①

（三）全力开拓社交战场，不断加码短视频内容

1. 依托社交平台加速新闻内容的短视频化

2015 年 9 月，BBC 时任总裁 Tony Hall 提出了一个名叫 Newstream 的项目，该项目旨在将滚动新闻变为流动的实时新闻播报，产出更适合在移动端传播的新闻内容。

该项目的主要目标是年轻的、经常使用移动设备的新闻消费者，目的是帮助他们随时获取新闻内容。BBC 表示："年轻人依然非常看重正直的新闻提供者，只不过他们消费新闻的方式变化了。现在，他们都在移动端上消费新闻，而不是在智能电视上。因此，我们要实现自我转变，从滚动新闻变为实时流动新闻。"该项目将以视频服务为基准，辅助以音频、图表和文本。②

BBC 时任总裁 Tony Hall 还设想通过六个对视频内容制作的具体规定来落实该项目。分别是谨慎在新闻当中使用背景音乐、认清内容消费碎片化的事实、把新闻视频的时长控制在 1～1.5 分钟之间、在表达时应该具备"朋友间讲故事"那样的亲密随意感、移动端视频要给人一种时髦而鲜活的感觉、尽量让视频拍摄者在拍摄时直视镜头。

2014 年，BBC 在 Instagram 上推出 BBC Shorts 栏目。该服务主打 15 秒短新闻视频，将一个完整的新闻故事拆分成多个短视频，主要用动态图像加文字的方式传播新闻。BBC 在 Instagram 上所发布的新闻简短有力、跟进速度快、推送频率高，充分迎合了网络社交平台的传播特性。每条新闻用 3～5 个镜头来叙事，每个镜头会有醒目的文字说明。

在 2018 年 6 月到 10 月期间，BBC 在 Instagram 上发布了 500 余条新闻短视频，其中不乏关于泰国洞穴救援、日本台风、希腊火灾、泥石流冲击瑞士小镇及巴西博物馆大火等突发事件的视频。

例如，9 月 2 日晚巴西博物馆发生大火，馆内超过 2000 万件收藏品遭到烧毁，只有 10% 得以幸存。在派出驻地记者现场连线的同时，BBC 快速在 Insta-

① British Bold Creative. The BBC's Programs and Services in the Next Charter.（2015）. https：// downloads. bbc. co. uk/aboutthebbc/reports/pdf/futureofthebbc2015. pdf.

② 全媒派. BBC 要放下架子向 Buzzfeed 学习！如何打造人见人爱的新闻短视频.（2015）. https：//mp. weixin. qq. com/s? src = 3&timestamp = 1641878177&ver = 1&signature = Pv8qf67hO‐AGUJlpgH7eA4RZsoW‐OfNHdSaXzCrcr2SgeANhlrAZINMwA ∗ s35zbVB7aOc7 ‐asYVxxSatNgiS8P0wHX5Laz4Sfqd8DB0yDqdIjA2G1M6kwYWnhDFABmD72M ∗ 5lhVd ∗ 4oWaurGt1DwKg = .

gram 上发布了这一新闻，一张有较强视觉冲击力的照片和一段醒目文字描述，介绍这场大火给巴西文化界带来的毁灭性伤害，这条新闻的点击量接近 5 万。

随着获取信息的逐渐增多，BBC 又发布了一条一分钟左右的视频，视频没有解说词，视频下方采用清晰的文字说明，介绍这场大火发生时的情况，有哪些最为珍贵的文物毁于一旦，最后加入对博物馆一位负责人的采访同期声，强调这场大火给巴西带来无法挽回的损失。完整的视频、不断充实的信息量给这条新闻带来了近 30 万的点击量。

第二天，BBC 又发布了一条新闻，整张从高空俯拍的照片，介绍大火过后，曾经辉煌一时的巴西博物馆现在仅剩下一片狼藉，简短精练的文字，介绍了巴西政府的修复计划，引发受众的持续关注。①

2. 自建"事实性短视频内容平台"BBC IDEAS

2018 年 1 月，BBC 正式推出"事实性短视频内容（Factual Video）平台"BBC IDEAS。该平台上的视频内容并非虚构而成，而是基于现实中的现象和事实来进行展示或探讨，以帮助人们更好地了解这个世界。它的话题包罗万象，譬如怎样平衡工作和生活、无人驾驶汽车的道德教育、民粹主义的短暂历史，以及是否所有人都应该学会写中文，等等。BBC IDEAS 的编辑 Cordelia Hebblethwaite 表示："这个产品并不只是为了触达更多的年轻用户，更是希望让人们了解到世界现在的变化。"据悉，该内容生产模式以 PGC 为主，平台上的部分视频是由 BBC 的 5 个编辑团队制作的。除了内部编辑团队之外，BBC 还与独立的制作公司和自由职业者有合作，并与开放大学、英国研究委员会和英国创新基金会 Nesta 等组织建立伙伴关系，共同生产广播节目、电视纪录片和数字视频系列。

图 14　BBC IDEAS

---

① 刘颖 . 融媒体时代电视新闻短视频化探析——以 BBC SHORTS 为例 [J] . 视听纵横，
2019（02）：107 - 109.

图 15　BBC IDEAS 的网页界面

　　根据笔者的观察，在 BBC IDEAS 上，网站上现有的视频长度多在 90 秒到 8 分钟之间，但也不乏长达 15 分钟的短片。除了 BBC IDEAS 的官方网站，短视频也会在 bbc. co. uk 主页、BBC 新闻网站以及 BBC 的电视频道上进行展示。在用户体验的优化上，BBC IDEAS 上的视频内容会以播放列表的形式排序，用户能够以 A—Z 来搜索短视频节目，同时还能收藏自己喜欢的作品。

　　3. 重视对社交平台的运用，加强与用户间的互动

　　BBC 很早就关注社交媒体的使用，最初甚至推出过本身的社交媒体平台，但未能成功吸纳大量用户。于是 BBC 改变了策略，转而鼓励各节目栏目和制作人员在全球受欢迎的社交平台包括脸书、推特和 Instagram 上开设账户。目前所有的 BBC 节目栏目及制作团队都开设了社交媒体账户，不少还设专人负责维护，既借此获取更多的信息，同时也利用社交媒体平台，吸引用户就热门新闻话题进行讨论，然后再把这些讨论内容运用在节目内容中。①

　　BBC 成立社交新闻团队专门负责社交网络的新闻发布及用户互动，2015 年，BBC 在脸书开辟单个共享页面，同时开始利用 Periscope、Telegram 和 Yik Yak 等新型社交软件。

　　BBC 在 Yik Yak 上的第一次尝试是通过 Herds 页面推送提问，询问大家对加拿大选举的看法。BBC 新闻的社会与用户参与部负责人 James Morgan 表示，"我

----
　　①　李文. 解析 BBC 的全媒体发展之路［J］. 传媒评论，2014（01）：77－81.

们确实有些紧张，因为担心年轻人对时政问题根本不感兴趣。而且 Yik Yak 也表示它们预估不到结果，毕竟这是一个严肃的新闻话题。出乎意料的是，最终有数以万计的加拿大年轻人回答了我们的问题，比如选举对他们来说意味着什么、哪位候选人最能代表年轻人等"。一些热评观点还被 BBC 整理成了新闻报道。Morgan 认为是 Yik Yak 的特性优势：年轻化、本地化、匿名。他表示，"说真的，如果不是通过这一渠道，作为传统的新闻生产方式我们可能永远也听不到这些年轻选民的声音"。

除了 Yik Yak，BBC 近年来在其他社交平台也做过很多尝试。比如在 We-Chat 上推送印度选举新闻，通过 WhatsApp 在西非埃博拉病毒危机期间提供公共预警，2015 年尼泊尔地震后在 Viber 上建立专门频道进行报道。这些举措对于 BBC 发展新用户和增加本地用户黏性起到不少作用。

（四）搭建全覆盖化的内容分发体系，提升品牌的综合实力

1. 抢占多媒体内容分发渠道，保障全媒体内容分发

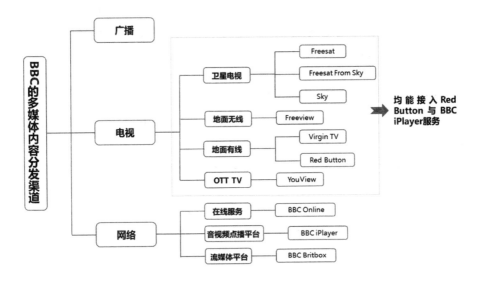

图 16　BBC 的内容分发渠道

BBC 具备完善的内容分发渠道，包括广播、电视以及网络的多个频道、平台与应用。

BBC 广播共有 59 个广播频道，区域覆盖英国本土以及周边地区。其中主要的是 BBC 广播网络的 11 个广播频道，其中有 5 个频道可以通过模拟或数字渠道收听，其他 6 个频道已完全被迁移至网站、数字电视或流媒体平台。

BBC 提供的电视服务主要包括电视直播、互动电视服务 Red Button 以及 iPlayer 提供的视频点播服务。BBC 一方面通过 Freesat、Freeview、YouView 等自有或参股的电视服务商分发电视内容，另一方面与 Sky、维珍传媒等电视服务商建立了合作，通过它们的卫星电视机顶盒或者智能电视进行电视内容的分发，用户能够通过一次性付费或者付费订阅的形式获取 BBC 的内容，包括 BBC 的电视直播和广播频道、Red Button 以及 iPlayer 上的音视频内容。

BBC Red Button 是 BBC 提供的互动电视服务。用户只需要按遥控器上的红色按钮，就可以享受诸如多频道观看、点播、下载、看天气、看旅游攻略、看新闻报道、看体育资讯等服务，同时还能在电视上玩游戏、答题和评论等。如今大部分的互动服务是由 BBC、Sky 和其他有线电视运营商所提供的，用户所接收到的互动服务会根据不同的电视接入网络而有所区别。

BBC 在 Red Button 的基础上推出了"Red Button +"流媒体服务，"Red Button +"适用于互联网电视或者机顶盒。它为用户提供了更加丰富的内容，包括 BBC 旗下的天气、体育、旅游、新闻、iPlayer、CBBC 以及 CBeebies 等在内的全部内容。换言之，互动电视成为 BBC 数字内容的门户，用户能够通过"Red Button +"访问到 BBC 的所有数字内容资源。另外，"Red Button +"的一个新亮点是多任务处理功能，用户在观看节目的同时可以通过多视窗查看天气预报、新闻等内容。

BBC 的网络内容分发渠道主要有在线网页服务端 BBC Online、音视频点播平台 iPlayer 以及流媒体平台 BBC Britbox。

BBC 将旗下所有板块的内容都集成在 BBC Online 上，用户可以通过其网站直接访问 BBC 旗下包括新闻、体育、天气、旅游、文化等所有类型的内容，同时还可以直接点播音视频内容。

BBC iPlayer 是 BBC 在 2007 年 12 月上线的一个网络电视和广播平台，用户可以在上面回看过去一个月内 BBC 播出的电视和广播节目。2010 年，BBC 在 iPlayer 上增加了个性化推荐和社交功能。

除了网站以外，用户还能够通过在移动设备上下载 iPlayer 的应用或者在智能电视及 Xbox 上获取应用程序等方式来获取 iPlayer 的内容。BBC iPlayer 目前可以在 2500 多种不同的电视连接设备上访问，其中大部分是与 BBC 合作的第三方平台，当中包括智能电视、机顶盒、移动设备和移动操作系统。值得一提的是，截至 2018 年 12 月，iPlayer 有 80% 的播放量来自第三方的平台。此外，iPlayer 还在 11 个欧洲国家及加拿大、澳大利亚都推出了收费服务。

除了跨多终端的 iPlayer 以外，BBC 还推出了全新的流媒体播放平台 Britbox，它是 BBC 旗下商业部门 BBC Worldwide 和英国最大的商业广播公司 ITV 联手于 2017 年 3 月在美国市场推出的流媒体播放平台，主要为喜欢英国节目的用户提供无广告视频点播（SVOD）订阅服务。BBC 和 ITV 在 BritBox 拥有相同的多数股权，同时美国娱乐公司 AMC Networks 以无表决权的少数股权投资了 BritBox。

2018 年 2 月，BritBox 在加拿大推出。2019 财年 BBC 的年度报告显示，Britbox 在美国和加拿大的订阅用户已经达到了 50 万。该服务在美国的定价为每月 6.99 美元或每年 69.99 美元，在加拿大的定价为每月 7.99 美元或每年 79.99 美元，可以在 Roku、Apple TV、IOs 和 Android 设备以及 Chromecast 上运行。

图 17　BBC 与 ITV 合作推出全新的流媒体平台 Britbox

目前，BritBox 是美国和加拿大拥有最多英国电视内容的流媒体平台，其内容主要包括三大块：

"Premiere"：一系列从未在美国首映的剧情片，比如《无间菜鸟》（*New Blood*）、《无声的证言》（*Silent Witness*）等。

"Now"：精选肥皂剧和电视剧，这些节目在英国播出 24 小时后就会在 Britbox 平台推出，包括广受欢迎的电视剧《伦敦东区》（*Eastenders*）、《风流劫》（*Emmerdale*）和《霍比城》（*Holby City*）。

"iconic series"：来自 BBC 和 ITV 的经典英剧合集，如《故园风雨后》（*Brideshead Revisited*）、《傲慢与偏见》（*Pride and Prejudice*）、《摩斯探长》（*Inspector Morse*）等。

2018 年 7 月，Britbox 还推出了其首部委托制作的原创作品《布莱切利四人组之旧金山》。另外，BBC 与 ITV 计划在 2019 年下半年推出针对英国本土的 Britbox。

图 18　Britbox 的三大内容板块

2. 组建"产销一体"的全球分发体系，提升品牌的综合实力

2018 年 4 月，BBC Worldwide Group 被整合到 BBC Studios Group 当中，目的在于提升 BBC Studios 的节目制作、销售和品牌营销的综合能力。BBC 希望借此来确保自己节目的稳定供应，并通过对外输出扩大影响力、提高收入、增加从业人员的工作积极性。

BBC Worldwide 与 BBC Studios 都是 BBC 的商业子公司，BBC Worldwide 的主营业务包括 BBC 的内容与制作、内容分发渠道、品牌与消费者、新风险投资以及消费品的销售和分销。

BBC Studios 在 2017 年 4 月正式成为 BBC 的独立商业实体，业务范围涵盖内容融资、开发、生产、销售、品牌服务和辅助设施，负责除新闻、儿童和体育外的大部分内容生产，并为全球广播电视公司提供产制和后期服务。

其制作的节目内容除了供 BBC 使用，还可以同其他制作公司竞争，以版权交易的方式输出给其他媒体，进行市场化运作。但作为该项目的交换，BBC 允许对其非新闻节目的制作进行招标，允许第三方制作机构与 BBC Studios 进行竞争。

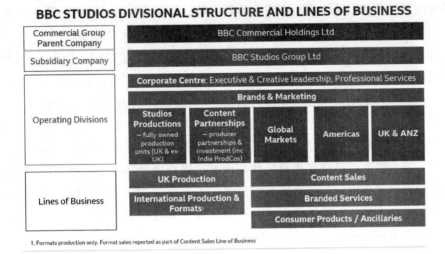

图 19　BBC Studios Group 的组织架构

经历整合之后的 BBC Studios 汇集了大多数前 BBC 电视部门的内部制作部门。在全球 22 个市场设有办事处，包括英国的 6 个生产基地以及遍布全球 9 个国家的生产基地和合作伙伴，部门间的职责分工更加明晰。

内容合作（Content Partnerships）部门负责公司维护与创意合作伙伴的关系、内容融资策略和知识产权渠道，其目标是成为最优秀的英国人才的首选创意和商业合作伙伴。除此以外，它还负责与 BBC Studios Productions 和独立部门的制作人建立合作伙伴关系，解锁并创造机会，确保投资和维护整体 IP 管道、独立并购和渠道收购等；Global Markets 部门则负责 BBC 内容的全球内容版权交易、品牌服务以及消费品销售；Americas 和 UK & ANZ 两个部门则分别直接负责美洲以及英国、澳大利亚和新西兰的相关内容销售和市场运营。

三、经验及启示

创建智能生态系统，全方位推进媒体融合发展。媒体融合需要围绕组织结构优化、制度改进、底层技术架构搭建、人才升级、工作流程智能化与工具化等方面构建智能生态系统，全方位地推进媒体的融合发展。BBC 在媒体融合转型过程中一共经历了三个阶段：媒体的数字化、不同平台的资源的打通和新旧媒体的真正融合。在这个过程中，BBC 从里而外进行了改革，包括底层技术架构的建设和平台数据的互通、组织架构的整合重组和职能分工的细化、"编辑责任制"与其他管理制度的落实、"全媒体记者"的打造与配套设施的升级换代以及内容生产流程的数字化、智能化与工具化等。除此以外，还有物理空间上的配合。BBC的新闻中心在2012年搬入"新BBC大厦"，电台直播间、电视演播间和编辑间的员工都集中在新大厦的同一层办公。BBC还打破了传统的采编部门与技术部门的界限，让记者、编辑和后期制作人员在一起工作，激发员工的创作活力和灵感。这些都为BBC的融合媒体内容生产和分发奠定了体制机制与业务服务的重要基础。BBC还重视融合媒体内容生产的对外开放。通过打造开放式的内容平台，有利于汇聚各方的内容创作力量，更大限度、更高效地集成优质内容，进而通过平台的数据分析辅助内容的编辑和再分发，为用户提供更加多元优质的定制化内容。BBC为了给用户推荐更加丰富的专属优质内容，已然走在"开放"的道路上。比如它计划开放自己的新闻平台，然后与一些英国本土的报社或者新闻内容生产者合作，让他们为BBC提供新闻素材。同时还与一些优质的内容生产者合作，丰富iPlayer上的内容。BBC还计划为内容生产合作伙伴提供开源平台和工具，让他们更便捷地在平台上生产内容。

增强内容全局分发意识，积极占领终端与渠道。媒体的内容分发依赖本身所具备的区域资源、终端资源以及网络渠道资源。除了自建渠道以外，媒体方还应该通过与第三方合作的方式来拓展自身的内容传输渠道。BBC早在1998年就开始了对新媒体渠道的探索，建立了BBC Online，并将品牌自身的所有内容产品都集成在该网站上。随后BBC还创建了如今生命力依然旺盛的音视频点播平台iPlayer、互动电视业务Red Button以及流媒体业务BritBox。同时，BBC积极与第三方合作，不断拓展自身的内容分发渠道。BBC iPlayer通过与第三方的终端供应商和互联网内容供应商等的合作，现已基本覆盖了PC端、移动端、电视大屏端、游戏机等主流的终端及应用。此外，BBC还注重内容的对外分发，通过将BBC Worldwide整合到BBC Studios当中，提升了BBC对外商业内容的融资、开发、生产、制作、销售、品牌服务、衍生品开发等的综合实力，构建了"产销一体"化的全球内容分发体系。BBC对内容分发的网络渠道、终端应用以及区域资源的敏锐嗅觉和全局意识使得BBC始终能够牢牢占领优质的"内容出口"，不断提升自身内容的影响力。

把握技术迭代的契机，推进内容生产的工具化。媒体融合离不开技术的融合，及时把握技术迭代的契机是提升媒体融合内容生产效率的关键。BBC为员工开发了许多面向前端的操作系统和工具，当中涵盖了机器转译、编辑自动化、海量内容抓取、数据挖掘等多个方面，切实提升了BBC新闻内容生产的效率。它通过利用跨平台的数字化采集、处理及发布系统，集中处理来自所有渠道的新闻信息，再将素材拆分组合包装成适合不同媒介的产品发布，实现了全媒体新闻内容的生产与分发。BBC 抓住了技术迭代的机会，不断更新技术和智能工具应用，有效提升了媒体融合时代的内容生产效率，更好地应对了各种新兴媒体形态的冲击，也为用户提供了多样化的内容消费体验。

第二章

海外运营商集团的媒体融合运营

第一节　康卡斯特

一、媒体融合发展历程及现状概述

（一）机构简介

Comcast Corporation（中文名称为康卡斯特集团，后简称为康卡斯特）是一家位于美国的全球通信业综合企业集团，主营业务包括有线通信、电视网、电影娱乐以及主题公园等，目前是美国第一大有线电视和家庭互联网接入服务商以及第三大家庭电话服务商。①

（二）发展历程

综合康卡斯特历史发展资料、年报数据，康卡斯特的融媒体业务以 2012 年为分界点，可分为跨媒体业务布局阶段和融媒体业务开展阶段。

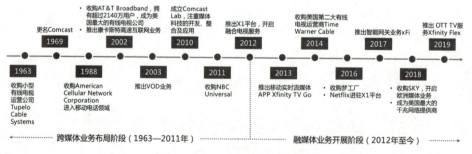

图 1　康卡斯特主要发展历程②

---

① 维基百科：康卡斯特，检索于 https：//zh. wikipedia. org/wiki/% E5% BA% B7% E5% 8D% A1% E6% 96% AF% E7% 89% B9。

② Comcast：History，2020 年，检索于 https：//corporate. comcast. com/company/history? decade = 2010s&slide = 9。

1. 跨媒体业务布局阶段（1963—2011 年）

1963 年，Ralph Roberts 以 50 万美元的价格购买了拥有 1200 个客户的小型有线电视运营商 Tupelo Cable Systems，1969 年将其更名为康卡斯特。在之后的发展中，康卡斯特通过一系列收购从 3 个层面进行了扩张：（1）有线电视核心业务的持续扩张，如收购 Maclean Hunter 和 AT&T Broadband；（2）1988 年起开始发展通信类业务，以收购 American Cellular Network Corporation 为代表；（3）进入内容产业，以收购 NBC 环球及梦工厂为代表。① 至此，康卡斯特完成了跨媒体业务的布局，将业务扩展到宽带网络、有线电视网、广播电视网及影视娱乐领域。

在这一阶段中，康卡斯特持续对业务进行数字化、互动化革新，2003 年推出 VOD（Video On Demand）业务，2010 年成立康卡斯特实验室致力于媒体技术的开发、整合与应用，为开展融媒体业务奠定了技术基础。

2. 融媒体业务开展阶段（2012 年至今）

在康卡斯特实验室的努力下，2012 年康卡斯特推出电视服务平台 X1，由此进入融媒体业务开展阶段。

X1 平台通过整合 IP 技术，可以实现直播、点播、录制存储、搜索、推荐以及观看互联网视频等功能。2013 年推出的移动流媒体应用 Xfinity TV Go 则将其有线电视业务拓展至手机、平板电脑等多样化终端，用户可以在多个家庭联网设备中无缝收看电视内容。此后，康卡斯特继续拓展融媒体业务领域，陆续推出智慧家庭服务 Xfinity Home、互联网电视服务 Xfinity Flex 等。

除以上融媒体业务外，康卡斯特在这一阶段仍然持续通过收购时代华纳有线、梦工厂、Sky 等公司拓宽自己的媒体版图。

（三）发展现状

1. 业务架构

通过以上发展历程，康卡斯特成为国际领先的媒体技术集团，主要由 3 大公司组成：康卡斯特有线（Comcast Cable）、NBC 环球（NBC Universal）以及 Sky，各公司分别负责不同的业务领域。

---

① 张衡，侯帅楠. 广电行业专题：中国的康卡斯特离我们有多远？.（2019 - 07 - 16）. https：//www. vzkoo. com/news/720. html.

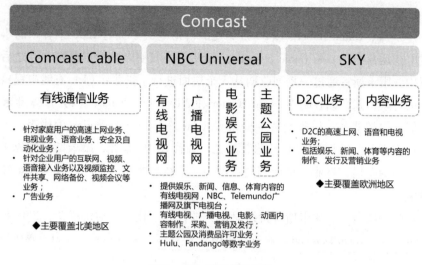

图 2　康卡斯特业务架构

Comcast Cable 负责有线通信业务板块（Cable Communications），主要包括针对家庭用户的高速上网业务、电视业务、语音业务、安全及自动化业务；针对企业用户的互联网、视频、语音接入业务以及视频监控、文件共享、网络备份、视频会议等业务；广告业务。

NBC Universal 负责的业务被划分为 4 大板块：有线电视网（Cable Networks）、广播电视网（Broadcast Television）、电影娱乐业务（Filmed Entertainment）及主题公园业务（Theme Parks）。其中有线电视网主营娱乐、新闻、体育等相关内容的电视频道，包括 CNBC、Bravo Media、E!、Entertainment、Universal Kids、Golf Channel 等，其中 CNBC、MSNBC、Bravo、Syfy、USA Network、E! 等频道都覆盖超过 8000 万美国家庭。① 广播电视网主要包括环球广播网、全美最大的西语广播网 Telemundo，及其附属的 200 多家电视台，覆盖超过 3000 万家庭用户。电影娱乐业务则是在全球范围内生产、购买、营销和分销电影娱乐节目，以及电影售票和在线视频、个人消费品销售、舞台剧的制作和许可，旗下厂牌包括梦工厂、环球影业、照明娱乐和焦点影业制作。主题公园业务则主要包括位于美国的奥兰多、好莱坞，日本大阪，新加坡的四所主题公园，此外 2021 年有一家新的主题公园在中国北京开始营业。

---

① Comcast. 2019 Comcast Annual Review.（2020）. https：//www.cmcsa.com/financials/annual - reports. 后文数据如无特别标注，皆出自此财报。

表 1 NBC Universal 的业务架构

业务板块	具体内容
有线电视网	主营娱乐、新闻、体育等相关内容的电视频道，包括 CNBC、Bravo Media、E!、Entertainment、Universal Kids、Golf Channel 等
广播电视网	主要包括两大广播网： 环球广播网：包括 200 多家附属台，其中 11 家是自己直属的，一共覆盖 3100 万家庭用户 Telemundo：全美最大的西语广播电视网，包括 30 家附属台，覆盖全美 72% 的西语家庭市场，在波多黎各拥有自己的电视台
电影娱乐业务	主要是在全球范围内生产、购买、营销以及分销电影娱乐节目，也包括电影售票和在线视频、个人消费品销售、舞台剧的制作和许可 主要厂牌包括梦工厂、环球影业、照明娱乐和焦点影业制作
主题公园业务	包括位于美国的奥兰多、好莱坞，日本大阪、新加坡的四所主题公园，以及 2021 年在中国北京开园的主题公园

　　而 Sky 则主要负责欧洲的融媒体业务，包括互联网、有线电视、语音接入业务，内容制作及发行业务等。Sky 是欧洲最大的娱乐公司，在 7 个国家开展电视业务，包括英国、意大利、德国和西班牙这 4 个欧洲最大的市场，同时也在部分地区提供高速互联网接入、语音和无线电话业务。

　　2. 用户规模与营业额

　　康卡斯特提供横跨广电、通信、互联网三大行业的融媒体服务。截至 2019 年底，康卡斯特有线的用户规模达到 3150 万，其中 2910 万家庭用户，240 万企业用户，总渗透率达到 54%。Sky 在 7 个国家开展融媒体业务，用户数达到 2400 万，此外，它还将电视内容许可给第三方视频提供商而获得额外的 390 万家庭用户。康卡斯特董事长 Brian Roberts 在接受采访时表示，"现在（收购 Sky 后），我们能实现 5400 万直接客户服务，虽然只占有 25% 的市场份额，但这远远超过了其他任何玩家。这 25% 对于我们在美国、英国、德国和意大利 4 个国家的收入和业务关系而言是一大优势"①。其部分业务的用户规模如表 2 所示：

---

① 王雪. 康卡斯特多种打法介入流媒体领域，承诺内容支出 240 亿美元/年. (2019 - 05 - 07). https://www.sohu.com/a/312454948_488163.

表2　康卡斯特的用户规模

公司	业务种类		用户规模（万）		
康卡斯特有线	家庭用户	高速上网接入	2640	2910	3150
		电视接入	2030		
		语音接入	990		
		安全及自动化接入	138		
		无线接入	205		
	企业用户	企业服务	240	240	
Sky	融媒体业务		2400		
总计			5550		

　　2016年至2019年，康卡斯特的用户规模整体呈现出上涨的趋势，但不同业务的表现有所区别，其中宽带及无线接入的用户数近三年呈现比较好的增长趋势，而有线电视及语音业务的用户规模则在不断下降（见图3）。2019年康卡斯特财报还预测，由于来自传统多频道视频提供商（MVPD）以及在线视频服务的激烈竞争，有线电视的用户规模还会持续下降，同时语音业务的用户数也会继续下降。

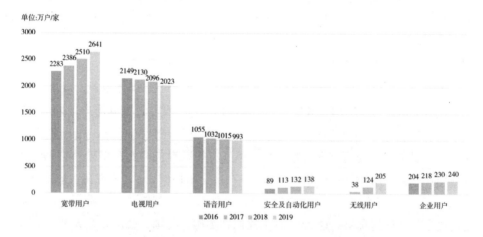

图3　2016—2019年康卡斯特不同业务用户规模

　　随着用户数的整体上涨，康卡斯特近四年的经营收入持续呈增长趋势，2019年综合收入增长15%达到1089亿美元，是一个非常不错的数据。

　　具体到各大业务板块来看，有线通信收入占总收入的50%以上，并仍呈现出较好的增长态势，尤其是宽带业务已经成为康卡斯特服务的核心。贡献次之的是 Sky，2019 年收入达到 192 亿美元，占总收入的 18%。有线电视网及广播电视网，除 2018 年有较明显的涨幅外，近四年总体表现较为稳定，约占总收入的 10%。而电影娱乐及主题公园业务则呈下降态势。

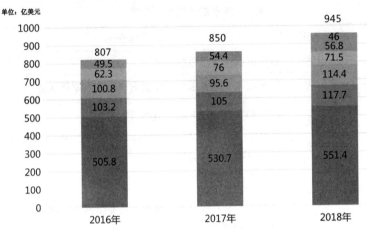

图 4 2016—2019 年康卡斯特各业务板块收入

二、媒体融合的策略及特点分析

（一）全产业链的业务融合，打造康卡斯特生态系统

作为国际传媒集团，康卡斯特的业务布局关键词是"全"。从前端的内容生产业务，到中间的网络传输业务，以及后端的终端业务康卡斯特都有涉足，服务的消费者也全面涵盖了个人用户、家庭用户和企业用户。

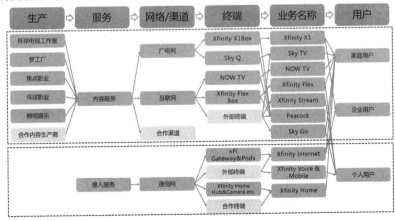

图 5 康卡斯特的业务布局

1. 产业三网 + 物理三网，一个都不能少

网络服务提供商是康卡斯特的起点，它从广电网起家，随着规模的扩张，逐渐把触角伸到了通信网及互联网领域，提供电视、宽带及话音接入等服务。

表 3 康卡斯特的网络架构

分类方式	网络类别	具体介绍
产业网	广电网	有线电视 + 卫星电视业务
	通信网	宽带接入、语音服务、家庭安全及智能家居业务
	互联网	OTT TV：Xfinity Flex、NOW TV 流媒体：Sky Go、Xfinity Stream、NOW TV、Peacock（待上线） 线上电影票：Fandango 体育生活管理工具及社区：Sports Engine
物理网	有线网	全美最大的有线电视网络及光纤宽带网络，用户规模分别为 2023 万户及 2641 万户
	无线网	4G LTE 网络及全美最大的 Wi-Fi 网络，热点数量达到 1800 万个，覆盖美国 19 座城市
	卫星网	Sky 所属的卫星电视网络

在广电网方面，康卡斯特的有线电视业务通过 X1 平台提供 20 ~ 300 个频道不等的视频套餐，HBO、Showtime、Starz and Cinemax 付费频道订阅，以及视频点播业务，节目数量超过 16 万，其中 7 万高清，内容资源可谓优质海量。卫星电视业务则通过 Sky Q 平台提供 100 + 直播频道、50 + 回看频道的视频套餐，并可享受奈飞、Spotify 和 YouTube 的音视频服务。

在通信网方面，康卡斯特主要为用户提供宽带接入、语音服务、家庭安全及智能家居业务。随着网络技术的发展，宽带已经取代有线电视成为康卡斯特业务的重心，宽带用户数及收入逐渐上升。另外，由于物联网等技术的发展，康卡斯特的家庭安全与自动化业务成为新的发力点。通过 Xfinity Home 的移动应用（同时支持 iOS 和 Android 系统），用户可以收到被动作激活的实时短信提醒，比如门窗被打开等，以便用户能立时了解家中动态。摄像头让用户无论是否在家都能观看实时视频，同时在 AI 技术的帮助下还能实现视频片段的搜索功能以便快速查看相应片段。而一旦警报被触发就会派遣相应人员前来查看，提供全天候的专业监控服务。除家庭安全外，Xfinity Home 还能实现对多款智能设备的接入与自动化管理；包括门锁、空调、灯具等，从而打造属于 Xfinity 的智慧家庭。近两年家庭安全与自动化业务也一直保持着两位数的高速增长。

在互联网方面，康卡斯特提供的服务以流媒体视频及 OTT TV 为主。针对只订阅了宽带业务的用户，康卡斯特免费为其提供名为"Xfinity Flex"的 OTT TV 服务，用户可以收看直播、点播以及享受第三方音视频服务，同时还能通过它租借、购买电影、电视节目以及管理 Xfinity Home 的相关服务。这项服务一方面是康卡斯特对 Apple TV 和 Roku 等其他主要流媒体设备的回应，另一方面也是应对"剪线族"（cord cutters）对有线电视业务冲击的办法，提高用户满意度的同时也为吸引用户增量带来可能。康卡斯特宣布这项服务后，Roku 的股价在早盘交易中下跌约 3.5%。①

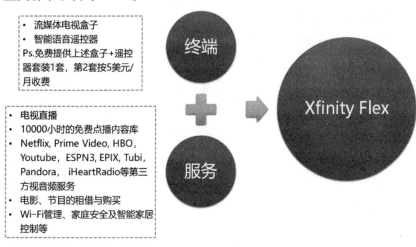

图 6　Xfinity Flex 的业务内容

除了要通过自有终端使用的 Xfinity Flex 以外，康卡斯特推出了自己的流媒体服务 Xfinity Stream 以及名为"孔雀"（Peacock）的流媒体业务。其中，Xfinity Stream 是对有线电视平台 X1 的延伸，以 APP 和网站的形式，将 X1 的电视服务扩展到笔记本、手机及平板电脑等设备上，而"孔雀"则是康卡斯特进军流媒体市场的野心之作，将集合旗下电影、电视节目、动画片等超过 15000 小时的优质原创内容。不同于大部分流媒体的付费订阅模式，"孔雀"将同时支持免

---

①　国际品牌网. 康卡斯特为所有互联网客户免费提供 Xfinity Flex 流媒体盒.（2019 - 09 - 19）. http：//www. iibrand. com/news/201909/191802. html.

费广告模式和付费订阅模式①,以此实现快速切入竞争激烈的流媒体市场的目的,实现用户的快速增长,NBC 预计其服务将迅速增长到 3000 万或 4000 万用户,而不是像其他的网络视频服务从零用户缓慢增长。②

在广泛开展产业三网业务以外,康卡斯特的物理网络也全面布局。它拥有全美最大的有线电视网络及光纤宽带网络,用户规模分别达到 2100 万户及 2510 万户;无线网络方面它在广泛布局 Wi-Fi 网络,热点数量达到 1800 万个,覆盖美国 19 座城市,如餐馆、咖啡馆、便利店、医生办公室等,同时它也通过自己的 4G LTE 网络开展移动通信业务;最后它在 2018 年 9 月通过对 Sky 的并购完成了卫星网络的布局。

2. 持续加码内容产业,注重融合化的内容生产与分发

(1)巨额内容支出保证优质内容

康卡斯特旗下的 NBC News、NBC Sports、NBC Entertainment 等 10 多个电视频道,以及 2020 年上线的流媒体业务"孔雀"必然要求大量的内容生产或购买。康卡斯特也确实在内容上花费不菲,根据研究公司安培分析发布的报告,2018 年迪士尼和康卡斯特在内容上的支出总额达到 430 亿美元,其中,迪士尼和康卡斯特的内容支出分别为 220 亿美元和 210 亿美元。安培表示,"综合来看,这比美国前 10 大内容提供商——包括 SVOD 平台如奈飞和亚马逊——的总支出还要多"③。而在 2019 年 Q1 财报电话会议中,康卡斯特管理层承诺每年将花费 240 亿美元用于内容支出,再加上 2018 年康卡斯特以 390 亿美元收购英国电信巨头 Sky,单从投资量级上看,康卡斯特在流媒体领域和内容资产的投入已位列头部位置。④

在具体的投入方向上,康卡斯特看重和优秀的演员、主创人员以及作品合作,2020 年在"孔雀"上推出多种原创内容合作伙伴,其中就包括黛米·摩尔、吉米·法伦、《周六夜现场》的首席编剧塞斯·梅耶斯、艾美奖和金球奖得主亚历克鲍德温、艾美奖和皮博迪奖获得者迈克·舒尔、艾德·赫尔姆斯和塞拉·

① Comcast. NBCUniversal Announces "Peacock" As The Name Of Its Streaming Service And Unveils Initial Content Lineup. (2019 – 09 – 12). https://corporate.comcast.com/press/releases/nbcuniversal – announces – peacock – streaming – service – content – lineup.

② 腾讯科技. 美电视巨头 NBC 将推免费网络视频,死磕奈飞. (2019 – 01 – 15). https://36kr.com/p/5172354.

③ 东西流媒体研究组. 流媒体"决战"2019:迪士尼和康卡斯特内容支出将制霸全球. (2019 – 01 – 17). https://36kr.com/p/5172695.

④ 王雪. 康卡斯特多种打法介入流媒体领域,承诺内容支出 240 亿美元/年. (2019 – 05 – 17). https://www.sohu.com/a/312454948_488163.

泰勒·奥内拉斯，作品包括改编自萨姆·埃斯梅尔的原创剧目《星际争霸》、热播剧《被钟声拯救》《心理学》的重制及衍生剧等，通过这些被验证过的演员、导演、编剧、小说、电视剧来保证内容的质量。

此外康卡斯特也相当重视在体育赛事版权上的投入。与其他类型的电视节目不同，体育赛事多数通过直播的形式被广泛收看，这使体育等直播节目成为电视屏幕的核心竞争力。2018 年 Sky 官方财报表示其内容收入的强劲增长主要是由于最近在意大利和德国获得的独家体育节目权、英国第三方付费电视网络上高端体育和电影频道的渗透，NBC 由于转播 2018 年平昌冬奥会、2018 年超级碗等比赛带来的相关收入近 16 亿美元都印证了这一点。因此康卡斯特也非常注重体育赛事转播权的争取，目前它拥有 2032 年之前的奥运会赛事转播权、美国国家橄榄球联盟（NFL）周日晚间比赛的转播权，以及美国国家冰球联盟（NHL）、美国赛车、英国足球超级联赛、职业网球和高尔夫球的转播权。

（2）内容生产擅用融合化的媒体制作和管理平台

为了应对用户实时、碎片化的内容需求，也为了更好地利用自己的多种传输渠道，康卡斯特必须进行统一融合化的内容生产，提高生产效率，为不同渠道生产合适的内容。

2018 年，NBC 体育集团（NBC Sports Group）旗下的 NBC Olympics 选择了 Avid Media Central 这一业内最开放、紧密集成且高效的媒体平台来加速和简化平昌冬奥会的节目制作。Media Central 使 NBC 能够在连续 18 天的平昌冬奥会期间极大简化整个从创造到交付的工作流程，包括管理内容创建、自动化流程，促进场馆和 IBC 之间的协作；使团队能够快速和轻松地定位媒体资产，简化生产操作流程，并实现内容制作能力最大化；以及允许团队成员跨越几个大洲，在多个地点进行实时协作。

通过这种融合化媒体制作和管理平台的应用，康卡斯特得以提高自己的内容生产能力与效率，NBC Sports&Olympics 后期运营和数字工作流程副总裁 Darry Jefferson 表示，"多年来，Media Central 已经成为我们工作流程的不可或缺的重要部分，这为我们提供了快速高效地创造高质量内容的能力，并确保我们能够满足冬季奥运会创建、管理和分发大量内容的需求"①。

---

① DMT 传新科技. NBC Olympics 选择 Avid 为 2018 平昌冬奥会提供内容制作和媒体管理流程.（2018 - 02 - 22）. https：//www. exound. com/articles/a99dfa07 - 7a8a - 4f0d - 8a 77 - ea9881501abf.

Media Central 是 Avid 公司推出的媒体制作和管理平台。其功能模块包括编辑管理、生产管理、编辑部管理、资产管理等。资产管理模块可以聚合任何来源的内容，并自动分析内容，从而创建丰富的可搜索元数据索引。编辑管理模块能提供灵活易用的音视频编辑工具，从而提高生产效率。生产管理与编辑部管理模块使每个生产团队成员都连接在一个完全集成的工作流中，该工作流提供对所有媒体资产的统一视图，无论是在内部、私有数据中心、公共云或混合环境中。

通过以上功能模块，Media Central 能支持完成一系列的媒体工作流程，包括搜索和浏览媒体、研究 Web 和社交媒体提要、记录、编辑、审阅和批准，实现更快更好的内容转换、制作、分发和社交媒体发布。

（3）平台逻辑主导内容的集成与分发

在内容的集成和分发上，康卡斯特使用的是平台逻辑，集成多样化的内容，也将自身内容广泛地分发到外部渠道，提供给用户所有他们想看的内容，也让自己的内容出现在所有消费者可能触达的渠道。

在内容的集成上，一方面，它与多达 300 个频道展开合作，其中包括 HBO、Showtime、Starz 和 Cinemax 等付费频道；另一方面，对于和自己存在竞争关系的奈飞、Amazon Prime Video、YouTube 等第三方流媒体服务提供商，它也将其集成到自己的有线电视业务中。

在自身内容的分发上，除了自有渠道及终端以外，它也将其广泛地分发到外部渠道，如其他有线电视服务商、电视台以及流媒体服务提供商。即使在 2020 年推出自己的流媒体服务的情况下，康卡斯特高层也表示仍然会将自身内容供应给其他流媒体服务提供商，不会独占内容。而处于同样状况的迪士尼已经将迪士尼动画、漫威影业等相关版权从奈飞下架。在这种合作思路的主导下，康卡斯特得以实现"用户在哪里，我们的内容就在哪里"的经营理念。

3. 终端的开发思路：应势而动，量力而行

终端是媒体内容与用户直接见面的重要环节，智能技术的出现赋予终端控制用户的强大力量，于是成为媒体企业角逐的新赛场，纷纷进入智能电视、智能手机甚至智能汽车领域。

而康卡斯特在终端业务布局上则显得十分克制，它的终端开发基本围绕核心业务展开，以看电视的辅助设备为主，如电视盒子、智能遥控器等。其网络安全和智能家居终端，则是在物联网技术加持下，对本身宽带接入业务的拓展，即使如此，它也仅仅涉足了无线网关、摄像头、动作感应器、家庭控制中心的开发，对于门锁、灯具、空调等智能家居设备，则采取了合作的方式。

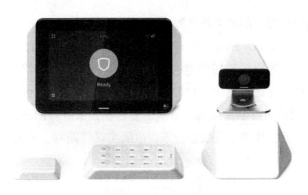

图 7 康卡斯特开发的 Xfinity Home 终端

4. 品牌 + 云化，业务的两大关键词

（1）"Xfinity"品牌融合宽带、视频、语音、移动、智慧家庭服务

康卡斯特的 D2C 业务，包括前面所说的宽带、视频、语音、移动、智慧家庭服务，都被放在"Xfinity"这个品牌下统一管理，并提供给用户不同数量以及不同档次的多种业务套餐，包括单个业务以及多个业务的捆绑，用户可以通过官网很方便地选择与组合自己的套餐，从图 8 的数据可以看出，2016—2019年里同时订阅 3 个及以上业务的用户数量总体多于只订阅单个或 2 个的用户数量，从中也能看出康卡斯特业务捆绑的用户接受度是很高的。

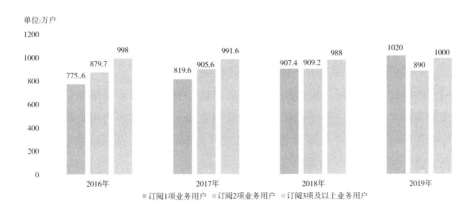

图 8 2016—2019 年康卡斯特有线不同订阅业务数的用户规模

（2）云视频服务融合多功能、多终端、多用户

康卡斯特的云视频服务通过 Xfinity X1、Xfinity Stream 和 Xfinity Flex 来完成，其中 Xfinity X1、Xfinity Stream 是针对有线电视用户，而 Xfinity Flex 则是为只订

阅宽带业务的用户提供的增值视频服务。

如前文所说，Xfinity Stream 是对 X1 的延伸，将 X1 提供的电视直播、点播、DVR、第三方应用等服务拓展到电脑、手机以及平板电脑等终端，实现内容和服务的无缝连接，保证其视频用户的观看体验。其中特别值得一提的是它的云DVR 功能，让用户通过电视机顶盒录制的节目在云服务器的支持下能在各种其他移动设备上打开，即使是离线状态下，也能实现"随时、随地"的视频体验。

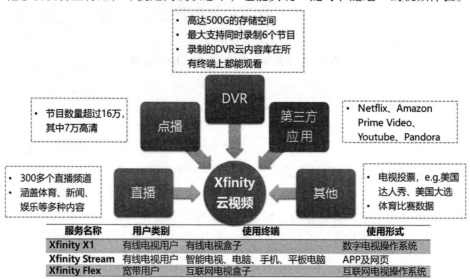

图 9　Xfinity 的云视频服务

5. 全产业链布局帮助康卡斯特应对环境挑战

随着网络技术的发展，渠道的稀缺性被打破，有线电视运营商面临来自低成本视频流媒体公司和主要电信运营商的激烈竞争，越来越多的用户放弃有线电视订阅甚至直接离开"大屏"，这种趋势使作为有线电视运营商起家的康卡斯特存在变成"哑巴管道"的危险。

但康卡斯特对内容产业和宽带业务的布局一定程度上帮助其抵御了这种风险。NBC 环球的海量优质内容使得康卡斯特也能强势进入 OTT TV 以及流媒体领域参与竞争。另外，流媒体视频的发展也许侵蚀了部分康卡斯特有线电视的业务，但却会带来其宽带业务的增长。康卡斯特总裁布莱恩·罗伯茨（Brian Roberts）在接受采访时说道，"我们认为互联网传输的视频对有线电视来说是件好事。通过查看宽带网络的使用情况，我们发现住宅用户每月使用的流量超过200GB，（2019 年）Q1 同比增长 34%。因此，拥有一个出色的宽带网络显然是至关重要的"①。

（二）AI、VR 等技术为融合化赋能，促进用户体验

康卡斯特在技术开发上有一个核心的目标就是促进用户体验，AI 技术、VR 技术、眼控技术等都围绕这个核心目标而展开。

1. AI 技术加持的语音识别遥控器解决智能设备操控难题

智能电视终端增强了康卡斯特对用户的控制力，但也增加了用户操控的难度，从前的遥控器无法应对直播、点播、搜索等如此复杂的操作，康卡斯特通过开发智能语音遥控器来解决这个问题。

康卡斯特语音控制平台的核心是自然语言处理技术，通过人工智能来理解用户的指令，并即时满足用户的需求，这种技术被整合到 X1 平台中，使用户能很轻易地在成千上万部影片中找到他们想看的节目，或者通过节目类别以及演员等方式发现新的内容。对于有视觉障碍的用户，X1 的语音遥控器和指南一起能帮助他们减少收看节目的障碍，同时语言遥控器还能支持西班牙语。语音控制系统能识别上千条常规指令，包括换频道、搜索、浏览点播库、设置录制、寻找体育球队及比赛、查看推荐或热播节目等，并且指令库还在不断增加。除了电视机以外，用户也能通过语音遥控器控制联网的智能家居设备。康卡斯特的这款语音遥控器获得过 2017 年艾美技术成就奖，目前康卡斯特的用户每个月发出的指令接近 5 亿条。②

2. 眼球控制技术让看电视对于残疾人变得更简单

除了语音控制技术以外，康卡斯特还通过眼球控制技术来解决残疾用户操作电视的困难。目前康卡斯特已经推出了 Xfinity X1 眼控服务，这是一款基于网络的遥控器，可以通过电脑和平板电脑访问，并与现有的眼球注视系统配对，让观众只需看一眼就能控制自己的电视。Xfinity 用户可通过 xfin. tv/access 将基于网络的遥控器与机顶盒配对，实现 X1 眼控。该工具与现有的眼睛注视硬件和软件，吸气开关和其他辅助技术协同工作。使用这些工具，观众可以注视基于网络的遥控器上的一个按钮实现换频道、设置录制、搜索内容和 Xfinity 包中的其他附加服务。通过这项新服务，可以让看电视对于美国 4800 多万残疾人变得

---

① 王雪. 康卡斯特多种打法介入流媒体领域，承诺内容支出 240 亿美元/年．（2019 - 05 - 17）. https：//www. sohu. com/a/312454948_ 488163.

② Comcast. Voice Control. （2020）. https：//corporate. comcast. com/company/xfinity/tv/voice-control.

更简单。①

3. 3D、VR 技术带来沉浸式的内容体验

（1）Sky 提供基于 3D、VR 的沉浸式内容服务

2010 年 10 月 1 日 Sky 在欧洲首个开设 3D 电视频道服务，2015 年 4 月 3D 频道停播转为提供 3D 点播服务。用户通过购买 Sky + 高清机顶盒、3D 电视、订阅 Sky 电影高清套餐，再配上 3D 眼镜即能观看 3D 内容。

Sky 3D 内容发展的核心集中在体育、音乐、电影和纪录片领域。在 Sky 3D 开播的第一年中，该频道就制作了超过 100 场足球、网球、棒球等体育赛事的现场直播节目，并播出了大量的 3D 现场音乐会和知名获奖纪录片《飞行巨兽》。在自制以外，Sky 3D 的内容也来自世界顶级的 3D 电视内容提供方，如 MTV、Discovery 和 Disney 分别为 Sky 3D 提供音乐演出、自然历史以及电影类节目资源。

除了 3D 电视，Sky 还为其 VIP 客户推出了名为 Sky VR 的沉浸式内容服务，用户通过佩戴 VR 头盔及装有 Sky VR APP 的兼容设备来享受从运动到电影、从新闻到娱乐的虚拟现实内容，包括动画片《小行星!》（Asteroids!）、纪录片《安东尼·约书亚》（Anthony Joshua）、体育节目《曼城冠军》（Manchester City Champions）、游戏《11 点 11 分》（Eleven Eleven）等。

通过 3D 和 VR 电视服务，"看电视"变得不仅是"看"，而且是一种令人兴奋的互动方式，用户可以将 Sky 的最新体验带入生活，让自己沉浸在最新内容的每一刻。通过这种内容服务，Sky 可以和用户建立更深入的情感联系。

（2）康卡斯特持续布局 VR 产业

VR 一直是康卡斯特近年来投资的热点，在 2015 年 6 月到 2017 年 6 月的两年间，康卡斯特投资公司共投资文化娱乐领域项目 16 项，包括虚拟现实（VR）相关项目 9 项，涵盖 VR 硬件与内容生产，细分场景横跨航空 VR、演唱会 VR、体育比赛 VR 等领域，数量在所有的项目类型中名列第一②。其中花 1. 105 亿美元重磅投入的 NextVR 是成立于 2009 年，提供涵盖体育赛事、美国总统辩论、摇滚演唱会等方面的 VR 直播内容的公司。投资 130 万美元的 Skylights 则为航空

---

① Chris Welch. Comcast's Latest Accessibility Feature Lets Customers Change TV Channels with Their Eyes. (2019 – 06 – 17). https：//www. theverge. com/2019/6/17/18681792/comcast – eye – control – accessibility – feature – change – tv – channels.

② 王一梅，王慧敏，徐俊. 国际有线网络运营商风险投资热点分析——以 Comcast 风险投资公司为例 ［J］. 广播电视信息，2018（01）：59 – 61.

公司提供 VR 头盔和内容的"一揽子解决方案"。这一系列对 VR 产业的投资，彰显着康卡斯特对 VR 领域的野心将不止于作为内容的增值服务，而是期待它带来更大的商业价值。

（三）精准智能的营销服务

越来越碎片化、复杂化的消费者与媒体环境对媒体的广告服务提出了更高的要求，针对不同用户提供个性化的精准广告，甚至智能化地完成数据分析、用户画像、广告素材自动化生成、投放场景智能匹配等，而康卡斯特也在这方面交出了自己的答卷。

目前康卡斯特旗下提供广告服务的公司主要有四家——effectv（原 Comcast Spotlight）、FreeWheel、Watchwith 以及 AdSmart，四者之间的业务有一些交叉与融合，但都有自己独特的亮点。

图10　康卡斯特的营销服务公司

（1）effectv：主要为广告主提供跨平台的精准广告及整合营销服务

effectv 主要为广告主提供基于地理和人口统计数据的精确广告以及富有洞察力的广告分析和创新的整合营销服务。该营销平台覆盖康卡斯特以及其他有线、卫星和电信服务提供商服务的大约 3500 万个家庭。effectv 使用数据驱动的解决方案找到高参与度的受众，为客户创建有效的广告计划，并且使用最能产生共鸣的广告讯息定向投放到目标受众群体，在广告投放结束后通过广告活动数据来评估活动表现，同时还将深入研究论证广告策略的效果，以此进一步优化。

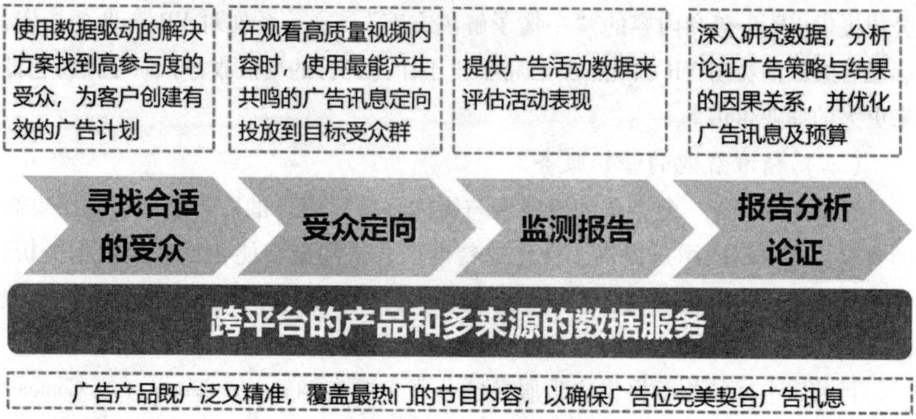

| 使用数据驱动的解决方案找到高参与度的受众，为客户创建有效的广告计划 | 在观看高质量视频内容时，使用最能产生共鸣的广告讯息定向投放到目标受众群 | 提供广告活动数据来评估活动表现 | 深入研究数据，分析论证广告策略与结果的因果关系，并优化广告讯息及预算 |

| 寻找合适的受众 | 受众定向 | 监测报告 | 报告分析论证 |

跨平台的产品和多来源的数据服务

广告产品既广泛又精准，覆盖最热门的节目内容，以确保广告位完美契合广告讯息

图 11　effectv 的服务流程

通过与超过 30 家的第三方数据提供商合作，能对用户进行深层次地洞察与更精准地细分，为广告主提供跨平台的优质广告服务。

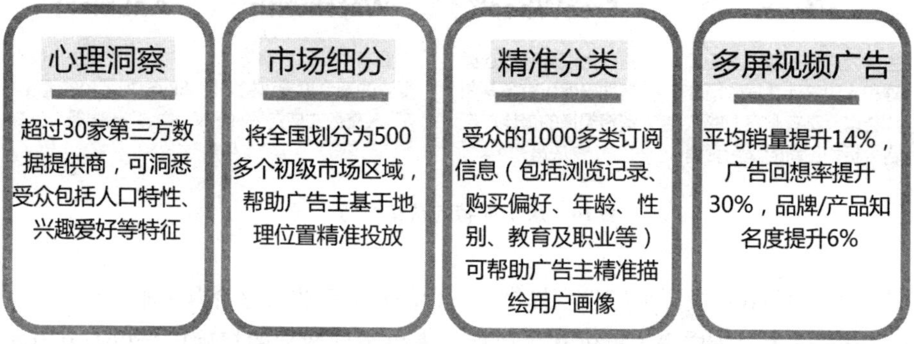

心理洞察	市场细分	精准分类	多屏视频广告
超过30家第三方数据提供商，可洞悉受众包括人口特性、兴趣爱好等特征	将全国划分为500多个初级市场区域，帮助广告主基于地理位置精准投放	受众的1000多类订阅信息（包括浏览记录、购买偏好、年龄、性别、教育及职业等）可帮助广告主精准描绘用户画像	平均销量提升14%，广告回想率提升30%，品牌/产品知名度提升6%

图 12　effectv 的业务特点

案例 1：Main Street Bank

Main Street Bank 是一家位于密歇根州宾厄姆农场（Bingham Farms）的小银行，其客户群主要位于距离一个地点约 15 英里的范围内，因此该银行转向 effectv 帮助增加存款和贷款活动并建立品牌知名度。

effectv 制定了一个仅针对最相关的周围社区消费者的跨屏幕广告活动方案，定位于高收入和高学历人群，主要投放在底特律老虎棒球（Detroit Tigers baseball）以及诸如美国国家橄榄球联盟（NFL）和美国网球公开赛等节目中，此外也在 Xfinity. com 上投放了横幅（Banner）视频广告，每月有 10000 次展示。

此次广告活动带来了 90% 的流量增长（包括网站访问、到店访问以及电话咨询）、30％的收入增加，以及银行知名度的提升。①

（2）FreeWheel：主要为媒体提供最佳广告决策

FreeWheel 成立于 2007 年，是全球视频广告和数字广告领域的领头羊，主要帮助电视网络、电影工作室及其他媒体公司销售并管理旗下视频广告，而该公司所提供的技术不仅能支持传统平板电脑设备，也可实现跨设备、跨网站的广告服务。举例来说，采用 FreeWheel 技术，运营商可在一场直播的体育赛事中完美插播广告。目前 FreeWheel 的广告平台正在被 90％以上的美国主流电视媒体和运营商使用②，包括 MLB. tv、ESPN、FOX、NBC Universal、Sky、Turner、VEVO、迪士尼以及亚马逊 Prime Video 等。毕竟，在直播类视频内容中插播广告，这种做法本身是非常微妙的：何时插入、插入内容以及插播长短，都需要相对成熟的技术。FreeWheel 通过先进的数据支持和测量技术来帮助确保所有屏幕和销售渠道的最佳广告决策，包括广告库存洞察、优化定价、动态智能的广告投放等。

除了给媒体平台提供广告销售决策以外，FreeWheel 也为代理公司提供跨电视、数字、广播、印刷媒体的媒介策划、购买、预算服务。

（3）Watchwith：基于节目内容与受众的契合度提供植入交互式广告

Watchwith 的主要特点是可以基于节目内容与受众的契合度提供植入交互式广告。通过利用强大的自动化机器智能平台，将机器视觉和内容分析与世界领先的先进视频元数据编辑工具相结合，更好地理解观看者的情绪状态而知道在视频的特定时刻发生了什么，以及理解视频中发生的与观众和广告商相关的人、地、事和行为，从而使数据驱动智能化的视频广告产品，即通过利用带有视频元数据和实时观众数据的收看行为（watch），可以提供独特的与节目上下文相关和可寻址的广告。

这项技术结合 Watchwith 在 2013 年发布的支持电视第一屏播放广告、第二屏同时在播放节目的技术平台，即可以实现在电视节目播放的过程中植入交互式广告的

---

① effectv：Success Stories，2020 年，检索于 https：//www. effectv. com/success – stories/main – street – bank。

② Adexchanger：这家硅谷公司的技术心脏，在中国——专访 FreeWheel 容力，2017 年，检索于 https：//mp. weixin. qq. com/s? src = 3&timestamp = 1641878836&ver = 1&signature = 1aeABwPQ ∗ f8uhjedkAhZFSixLc1Er5dOqJWAeSnOTENyll8gtcNEe6YzDLLvVPV4 – V5QxP ∗ MubNEWIVslYECVWG1RZ ∗ k9 ∗ PXvk5DX1SkLILmRSL0hMpmncHyR64UDMj1LXkZwl0t Temt0vrnccz5QBJw6woLUMvCmWX ∗ 2zm5XYg = 。

目的，比如提示观众提问、投票或直接在特定时刻在节目中弹出①，从而在契合观众情绪与需求的场景中提供相关广告及互动方式，提高广告的关注度及互动效果。

（4）AdSmart：Sky 电视平台的精准广告服务提供商

AdSmart 是 Sky 电视平台的精准广告服务提供商，其最主要的特点是为广告主提供数千种组合受众定向方式，除传统的人口统计学定向以外，还提供更具心理洞察的定向方式，比如是不是新技术采用者定向、搬家意向定向、是否养宠物定向、财务政策定向等，从而可以确保理想的用户能够看到其电视广告，更好地达成营销活动目标。除了详细的固定属性外，还为广告商提供了使用自己客户数据创建自定义细分的选项。

Affluence
A powerful indicator of likely spending power, related to income and other factors.

Age of Baby & Kids
Target households with a baby or children residing. Split into 9 age ranges.

Beauty
Beauty products purchased via Boots cards.

Early Tech Adopters
Households that are likely to be early adopters of new technology.

Expectant Families
Identifies households expecting and how many other children there are.

Financial Strategy
Reflects how consumers interact with financial service providers.

Home Movers
Target households that have recently moved or intend to soon.

Household Composition
Choose households based on gender and age categories.

Senior Decision Maker
Where a company owner or director of a limited company or PLC has been identified.

Lifestage
Age of head of household combined with mix of people residing.

Mosaic Types
AdSmart from Sky offers the Experian Mosaic attributes.

Second Mortgage
Households that are likely to have a second mortgage or second property.

Car Ownership
Identifies the types of vehicles owned by a household.

Pet Ownership
Identifies households that have a cat, dog or both.

Home Ownership
Identifies whether a property is owner occupied, or not.

图 13　AdSmart 的定向方式

---

① Tom Cheredar：小寻译：Watchwith 意图助力电视广告发展数字领域 . http：//blog. sina. com. cn/s/blog_ 152917a310102vpaj. html.

案例 2：无烟活动，吸引很有可能成为吸烟者的人

英国公共卫生局开展了一项 NHS 无烟活动，提醒人们吸烟造成的身体伤害，并提供支持，以最大限度地增加他们成功戒烟的机会。

使用 Sky AdSmart 和其他媒体，包括传统电视的大量曝光，英国公共卫生局将电视的力量与精确定位结合起来，以确保广告被吸烟的概率很高的人看到，告知公众吸烟的危害、鼓励市民戒烟、告知公众有助于戒烟的服务。

样本组在各种平台上也许会接触到 NHS Smokefree 的消息，但 Sky AdSmart 活动完成后，测试组更能回忆起看到 Sky AdSmart 广告素材并且其教育意义印象更深刻。[①]

三、经验及启示

康卡斯特从一家小的有线电视运营商逐渐扩张成为全球领先的传媒技术集团的过程给予了我们很多的启示。

首先，从渠道到平台演进，拓宽业务空间。从播放有线电视的管道，到集合通信网与互联网业务，到涉足前端的内容生产与后端的终端开发，集成内容，也生产内容，与外部终端合作，也生产终端，这种平台化的运作逻辑使康卡斯特拥有了广阔的业务空间。

其次，全产业链的布局有助于应对环境挑战。如果康卡斯特没有开展宽带接入业务和内容生产业务，那么它将变成"哑巴管道"或者在流媒体的竞争中逐渐失去优势，正是这两项业务的布局使得它能在下滑的经济环境以及复杂的竞争环境中保持收入的持续增长。

最后，业务的扩张应该应势而动，量力而行。可以说康卡斯特于 1988 年布局通信业务以及现在进入智慧家庭领域，都是因为看到了相应的发展趋势。但它在这种扩张中又保持着一定的理性与克制，并没有盲目地介入力所不及的领域，比如，进军与通信相关的手机制造业，或者与智慧家庭相关的家居制造业，而是依照自己的能力进行小规模的扩张。

---

① Adsmart：Smokefree Case Study, 2020 年，检索于 https：//www.skyadsmart.co.uk/wp - content/uploads/sites/3/2016/05/Smokefree - Sky - AdSmart - Case - Study.pdf。

第二节　AT&T

一、AT&T 媒体融合发展历程及现状概述

（一）发展历史及当前定位

AT&T 的前身是美国电话电报公司，于 2005 年被 SBC 通信公司（前身为西南贝尔公司）收购后易名为 AT&T 公司并沿用至今。如今，AT&T 是美国本土最大的通信运营商，2018 财年的收入达到 1707.56 亿美元，总利润接近 270 亿美元，2019 财年的前三季度总收入达到 1366.13 亿美元。它的业务现已涉及网络、终端、内容以及广告等多个领域，包括无线通信、有线宽带、终端销售、电视娱乐、流媒体视频、媒体内容以及广告营销等，俨然展露出大型融媒体公司的锋芒。

回顾 AT&T 的发展历史，我们不难看出 AT&T 在媒体融合以及业务拓展上的先行探索。依靠通信业务起家的 AT&T，借助自身在通信网络上的集成优势搭建起面对个人、家庭和企业用户的宽带网络，巩固了自身在通信网络上的覆盖优势。接着它逐步往电视内容领域发力，发展 IPTV 业务，并通过合作与并购的方式占有卫星电视网络来填补其在电视网络与业务上的空缺，进一步拓展家庭电视用户。如今，AT&T 基于自身在通信网络业务与电视业务积累的海量用户，在 2018 年正式提出建设"现代传媒公司"的目标，开始进一步探索涵盖优质内容资产、DTC 内容产业、网络渠道以及广告营销技术的融媒体产业化经营模式。

（二）内部组织结构及主营业务

AT&T 一共有通信部门、华纳传媒集团、拉丁美洲及国际事务部门、广告营销部门 Xandr（2018 年 9 月成立）四个主营事业群。每个部门都有直属的首席执行官，其中拉丁美洲业务的首席执行官 Lori Lee 除了负责拉丁美洲的业务以外，还负责监督公司在全球的品牌战略、广告、企业传播、活动、执行运营和赞助。

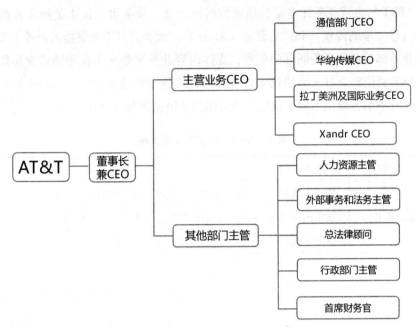

图 1　AT&T 的内部组织结构①

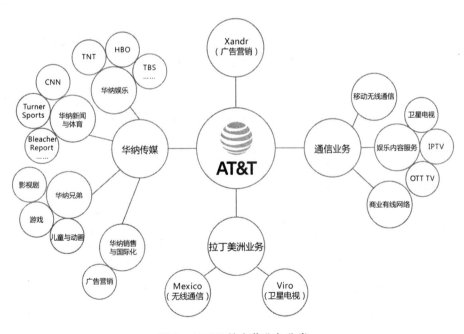

图 2　AT&T 的主营业务分类

---

① 整理自 AT&T 官网，检索于 https：//investors. att. com/corporate – governance/leadership。

AT&T 的主营业务群主要包括通信网络（通信业务群、拉丁美洲业务群）、媒体内容（毕纳传媒）和广告营销（Xandr）三大类。其中网络接入业务主要由通信业务部门和拉丁美洲部门负责；媒体内容业务主要集中在华纳传媒集团以及 AT&T 通信事业群下属的娱乐内容部门；广告营销业务主要由 Xandr 统一开展，同时华纳传媒也下设了负责广告营销的华纳销售与国际化部门。

表 1　AT&T 的主营业务介绍

事业群	业务部门	主营业务范畴
通信业务	移动无线通信	为企业和个人提供移动无线网络和通话服务
	娱乐内容服务	为家庭用户提供音视频娱乐内容的接入服务
	商业有线网络	为企业用户提供宽带和固话网络服务
华纳传媒	华纳娱乐	包括 HBO、TNT、TBS、Tru TV 等在内的精品娱乐内容产品，同时负责华纳传媒的流媒体产品的运营
	华纳新闻与体育	新闻业务包括 CNN 旗下的所有传统和数字内容业务，体育业务包括特纳体育、Bleacher Report 和 AT&T 地区体育
	华纳兄弟集团	影视剧、游戏、家庭亲子儿童动画及其他娱乐内容的制作和全球分发
	华纳销售与国际化	统合华纳集团所有的传统电视以及网络广告营销资源，服务于全球的广告主和合作伙伴
拉丁美洲业务（国际业务）	Viro	为拉丁美洲国家提供卫星视频服务
	Mexico	为拉丁美洲国家提供无线数据服务和基础设施建设服务
广告营销业务	Xandr	基于 AT&T 在电视、移动设备和宽带上的付费用户的数据来为营销人员提供广告营销解决方案

AT&T 的各类业务离不开自身的网络渠道。AT&T 在网络渠道上的布局覆盖了通信网络、电视网络与互联网络。其中通信网络是 AT&T 的发展根基，涵盖了无线通信网络、固定电话网络和有线宽带网络，向个人、家庭和企业用户提供相应的接入服务。电视网络是 AT&T 通过在 2015 年收购 DIRECTV 后拥有的卫星电视网络。除此以外，AT&T 近年来重点在流媒体渠道建设上发力，通过自建

和收购等多种形式来拓展自己的流媒体渠道和业务。

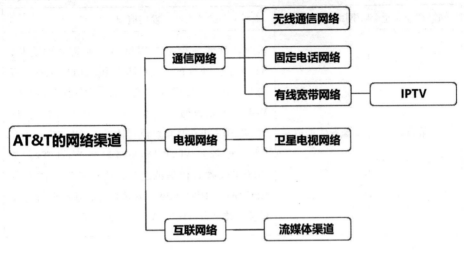

图3　AT&T 的网络渠道分类

表2　AT&T 的网络渠道概况

网络产业渠道	网络接入服务	发展概况
通信网络	无线通信网络	AT&T 是美国本土最大的电信运营商，通信网络是其核心网络。截至 2018 年，AT&T 的 4G 网络覆盖了北美洲超过 4 亿的用户，光纤网络覆盖美国本土多数商业建筑。如今 AT&T 正致力于推广其 5G 通信技术和服务 2017 年 AT&T 创建 AT&T Commuications 来整合旗下通信网络相关业务和技术部门，包括 IPTV U－verse、AT&T Mobility 和 AT&T Fiber 等
	固定电话网络	
	有线宽带网络	
电视网络	卫星电视网络	2009 年 1 月，AT&T 与 DIRECTV 达成合作，共同推出卫星电视服务；2015 年，AT&T 正式收购 DI-RECTV，拥有了自己的卫星电视网络

续表

网络产业渠道	网络接入服务	发展概况
互联网络	流媒体渠道	借助自身的通信宽带网络与企业资本的优势，AT&T 早已开始布局流媒体渠道。2014 年，AT&T 与 Chernin 集团合资创立数字品牌和媒体公司 Otter Media，开始布局流媒体业务；分别于 2016 年 11 月和 2018 年 6 月自建流媒体平台 DIRECTV NOW（现已更名为 AT&T TV NOW）和 Watch TV；在 2018 年收购时代华纳之后，获得其流媒体平台 HBO GO 与 HBO NOW。除此以外，还有即将上线的流媒体平台 AT&T TV 与 HBO MAX

（三）用户规模及经营现状

在 AT&T 完成对华纳传媒集团等一系列收购以后，截至 2020 年第一季度 AT&T 的全部业务所触达的用户数量达到 3.7 亿。① 以下是各业务部门的用户规模现状的介绍。

表3　AT&T 各业务部门的用户规模现状

事业群	业务部门	用户规模状况
通信业务	移动无线通信	2016—2018 年，AT&T 的无线用户数量实现了较大幅度的增长，2018 年比 2017 年增长率达 24.7%，无线用户总数达到 1.53 亿。另外，Mexico 的无线订阅用户数量增长迅猛，2018 年的用户总数达到 1832 万人②
	娱乐内容服务	AT&T 在美国本土共拥有 2450 万视频付费用户，其中卫星电视 DIRECTV 的订阅用户数量超过 1900 万，占比将近 78%，但卫星电视的订阅用户数量呈下滑趋势。而 IPTV 和 OTT TV 的发展趋势则向好，2018 年的订阅用户数量均比 2017 年有所增长，其中 OTT TV 的增长比例达到 37%

---

① 整理自 AT&T 官网投资者资料板块，检索于 https：//investors. att. com/investor - profile。
② AT&T：Complete - 2018 - Annual - Report，2020 年，检索于 https：//investors. att. com/financial - reports/quarterly - earnings/2018。

续表

事业群	业务部门	用户规模状况
通信业务	商业有线网络	AT&T 是美国最大的光纤服务商。截至 2018 年 4 月 25 日，AT&T 已经为美国超过 40 万个商业建筑提供高速光纤连接，涵盖了 180 多万个美国商业客户①
华纳传媒集团	HBO	HBO 在美国拥有 1.3 亿的有线和网络用户。② 同时它还在全球 150 多个国家或地区授权其节目，用户超过 3500 万。目前，HBO 已经拓展到亚洲、中欧和拉丁美洲地区③
	特纳广播电视集团	特纳在全天面向 18~49 岁的成年人的 TOP10 有线网当中占据了四个，分别是排在第一位的 Adult Swim 以及 TBS、TNT 和 Cartoon Network。同时，特纳在黄金时段面向 18~49 岁的成年人的 TOP5 有线网当中占据了三个，分别是 TBS、Adult Swim 和 TNT

AT&T 集团的营收情况总体稳定，2014—2018 财年 AT&T 的总收入和总收益基本处于增长状态。2018 财年 AT&T 总收入为 1707.56 亿美元，总利润达到 270 亿美元左右。2019 财年前三季度 AT&T 总收入为 1370.32 亿美元。

作为传统的通信网络服务商，AT&T 的通信网络业务收入一直是收入的主要来源。2019 财年前三季度的数据显示，AT&T 的通信网络业务收入占总收入的 56%，达到 771.49 亿美元，当中包括 AT&T 传统的移动无线通信业务、有线宽带业务以及拉丁美洲的通信业务收入。其次是媒体内容业务，占比达到 39%，当中包括 AT&T 下属的娱乐内容业务和华纳传媒集团的内容业务收入。最后是 AT&T 的广告营销业务，收入占比仅占到 5%，包括 AT&T 的电视广告、特纳广告以及 Xandr 的广告业务收入。伴随着 AT&T 在内容与渠道融合以及广告营销技术创新等领域的持续发力，媒体内容和广告营销板块的收入在未来仍有较大的增长空间。

---

① 整理自 AT&T 官网 AT&T 通信新闻板块，检索于 https：//about. att. com/pages/company_ profile_ communications。

② 费小丑，李静玉. 为何 AT&T 宁可负债 2000 亿美元也要收购时代华纳？. (2016 - 10 - 24). https：//www. huxiu. com/article/168123. html.

③ 整理自 HBO 官网。

二、媒体融合的策略及特点分析

（一）内容布局：回溯内容产业链上游，奋起追逐内容资产

1. 抢占优质原创内容资产，不断增加内容筹码

优质的内容是聚合用户的关键，内容资源的多少与优劣直接关乎用户对产品的忠诚度，AT&T 显然意识到了这一点。在融媒体产业化经营的进击之路上，AT&T 以内容作为首要切入点，凭借自身强大的资本力量，以收购的形式来占有优质原创内容资产。

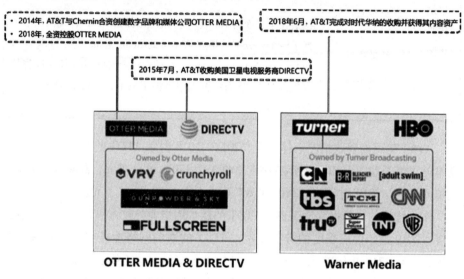

图4　AT&T 近年来对内容资产的收购历程

AT&T 瞄准的第一个目标是美国的卫星电视服务商 DIRECTV。2015 年 7 月，AT&T 以 485 亿美元的价格完成了对 DIRECTV 的收购，不仅实现了对 DIRECTV 的 2000 万美国用户以及 1600 万拉丁美洲用户的占有，更获得了它旗下超过 2000 个数字视频和音频频道资源，这极大地扩充了 AT&T 电视业务的用户规模以及内容库；随后 AT&T 专门针对电视业务创立了娱乐内容集团（AT&T Entertainmen Group），并由该集团统领 IPTV 业务 U－verse 以及卫星电视业务 DIRECTV 的内容资源管理和业务发展。

收购 DIRECTV 是 AT&T 追逐电视网络和内容资产的一大步，但 AT&T 对内容资产的野心远不止于此，它的下一个目标是坐拥特纳广播电视集团、HBO 以及华纳兄弟等大型媒体与娱乐内容服务商的时代华纳。2016 年 10 月，AT&T 宣

布将全资收购美国传媒和娱乐集团时代华纳；2018 年 6 月，AT&T 以 850 亿美元正式完成收购，并将时代华纳更名为"华纳传媒集团"（Warner Media）。该集团旗下的所有内容资产全部归属于 AT&T，包括特纳广播电视集团旗下诸如 CNN、TNT、TBS、卡通网、TCM、Bleacher Report、Adult Swim 等美国著名的电视网及其数字内容资产；付费电视服务商 HBO 旗下的流媒体内容平台 HBO GO 和 HBO NOW、诸如《权力的游戏》等热门原创内容资源；华纳兄弟娱乐工作室旗下诸如 DC 宇宙、哈利·波特、指环王、黑客帝国、大侦探福尔摩斯、疯狂的麦克斯、怪兽宇宙、乐高动画等大 IP 在内的原创内容资源等。

通过收购时代华纳，AT&T 提升了自身在内容生产与集成上的优势，为其部署电视和流媒体视频内容产品、扩大用户规模提供了丰富的内容资源。同时，这也进一步提升了 AT&T 在内容产业链上游的话语权，为其实现多元业务发展以及内容产业全链路的互融共生奠定了重要基础。

2. 加强内容合作，扩充版权内容库

除了独占内容资产以外，对外的内容版权合作也是扩充内容库的重要渠道之一。AT&T 通过购买节目版权或者与电视网合作的形式来获取外部的内容资源，以扩充自身的版权内容库，表现较为明显的是 AT&T 近年来开始逐步加大对内容版权的购买力度。比如，2019 年，AT&T 旗下的华纳传媒花费 5 亿美元拿下了动画片《南方公园》在美国的流媒体独家播放权，花费 4.25 亿美元获得了《老友记》的未来五年的独家播放权，通过子公司 TBS 花费 10 亿美元获得了《生活大爆炸》五年的流媒体独播版权以及直到 2028 年有线电视播出权等。

除了购买热门的电视剧 IP 的独播权以外，AT&T 还重视加强与美国本土的付费电视网之间的合作。比如，AT&T 与华特迪士尼公司合作，引进 Disney XD 和 ESPN；与 NBC 环球合作，引进付费电视网 Bravo 和 Diva；还与 CBS 合作，购买 Showtime 和 TMC 的内容版权等，这些内容都被 AT&T 整合到旗下的付费电视内容包里，用户通过订阅不同档位的套餐来获取不同的内容。

表4　AT&T U – verse 上的部分合作①

所属公司	付费电视网
NBC 环球	Bravo
	Diva
Discovery communication	Discovery family

① 整理自 AT&T 官网 AT&T 电视板块，检索于 https：//www. att. com/tv/u – verse. html。

续表

所属公司	付费电视网
迪士尼	Disney XD
	ESPN
CBS	Showtime
	TMC
STARZ. Inc	STARZ
米高梅	Epix
Sesame Workshops	Sesame Street

在内容产业链的各个环节中，渠道仍有其必要性但优势不再明显，内容的重要性越发突出。在以消费者为中心的网络时代，个性化的优质原创内容能够吸引用户的注意力，维持与消费者紧密直接的联系，有利于拓展付费订阅、广告和内容衍生品等多元化的商业模式。AT&T 希望通过抢占更多优质内容，然后利用自己的高速网络渠道为用户提供优质的内容产品与服务，从而获取更多的用户并拓展自身的商业模式。

AT&T 娱乐集团的首席执行官约翰·斯坦利在谈到企业转型时提到，"消费者需要的是更少的订阅费用与更多的内容。如果我们不直接参与到内容行业中去，仅作为发行渠道的 AT&T 未来将无法再与消费者紧密联系"。

（二）产品布局：跨网络多点覆盖，加码流媒体

内容是聚合用户的关键，产品是直接面向用户的内容载体，如何充分利用已有的内容资源，并发挥自身在网络渠道和终端服务上的优势，为用户提供更好的整体体验，成为 AT&T 的融媒体内容产品部署的关键所在。

现阶段，"多点覆盖，加码流媒体"是 AT&T 在融媒体内容产品布局上的总体思路。一方面继续稳步推进卫星电视产品 DIRECTV 和 IPTV 产品 U – verse，另一方面重点打造自己的流媒体内容产品矩阵。2019 年下半年，AT&T 在流媒体内容产品领域仍然持续发力，首先是将 DIRECTV NOW 更名为 "AT&T TV NOW"，接着在 8 月推出全新的流媒体内容产品 AT&T TV。除此以外，整合了华纳传媒旗下所有优质内容的全新流媒体产品 HBO MAX，预计到 2020 年春季也会上线。

表5　AT&T的融媒体视频业务产品

业务范畴	产品	价格	内容	定位	获取方式	设备支持
卫星电视	DIRECTV	有三档包年套餐，价格由每月60美金到90美金不等。	最多能为用户提供超过250个卫星频道、115个高清频道以及数个点播节目	主要提供直播节目以及热门的付费频道和点播服务	需订阅AT&T的包年卫星电视服务	任意电视设备；DIRECTV和U-verse都有相应的APP，用户使用搭载了AT&T无线网络移动设备可以在APP上观看节目
IPTV	U-Verse	有五档包年套餐，价格由每月19美金到135美金不等。	最多能为用户提供超过550个直播频道和诸如HBO、Cinemax等付费频道		需接入AT&T的宽带网并订购IPTV的业务	
流媒体业务	AT&T TV	有三档包年套餐，价格由每月60美金到75美金不等。	为用户提供直播节目，最多50000个点播节目以及5000个热门应用的访问权（包括Nexflix, Pandora）	作为DIRECTV的流媒体应用服务推出	需订阅AT&T TV的包年服务	使用电视机大屏观看需配套专门的AT&T TV流媒体机顶盒，通过移动设备观看只需登录相应应用程序即可
	AT&T TV NOW	有"PLUS"和"MAX"两档套餐，价格分别为每月50美金和70美金。另外还有五档个性化的付费内容套餐，平均价格在每月100美金以上。	最多能为用户提供125直播频道诸如HBO、Cinemax、福克斯体育等几十个付费频道	主订流媒体精品化内容服务，主要提供热门付费视频的订阅服务，同时兼顾直播节目	无需绑定无线网和宽带网，只需在网上完成注册即可	苹果手机、安卓手机以及平板电脑等移动设备，以及Roku、三星电视、合歌电视、亚马逊电视、苹果电视等电视流媒体设备
	Watch TV	每月15美金；另外还推出两档内容搭载无线网的优惠套餐，价格分别为每月48美金和40美金	最多能为用户提供37个直播频道以及15000个点播节目	主打轻量型流媒体内容服务，提供海量点播节目，同时兼顾热门直播节目	无需绑定无线网和宽带网，只需在网上完成注册即可	
	HBO GO	每月15美金，由用户所订阅的有线电视服务商定价，受到用户所在的地区和套餐类型的影响。	HBO的原创节目	提供HBO的优质节目	需要连接到约有线电视服务商预先内置的HBO内容包	
	HBO NOW	每月15美金			单独订阅，无需与电视服务商绑定	
	HBO MAX	每月15美金	提供10000小时的精选内容，包括所有HBO的内容以及来自Warner Bros.、New Line、DC、CNN、TNT、TBS、truTV、Cartoon Network、Adult Swim等的内容	HBO NOW的升级版，提供整个华纳集团的优质内容	单独订阅，无需与电视服务商绑定	

截至目前，AT&T 的流媒体内容产品矩阵包括 AT&T TV、AT&T TV NOW、Watch TV、HBO GO、HBO NOW 和 HBO MAX 六款流媒体内容产品。它们相互独立、价格不一、内容各异，各自的产品定位也有所侧重，比如有主打精品化的 AT&T TV NOW、主打轻量优惠型的 Watch TV、主打 HBO 优质内容的 HBO GO 和 HBO NOW 等。

1. 收编、自建、引导，AT&T 流媒体转型三部曲

对于网络服务商 AT&T 而言，如何成为用户在流媒体产品以及网络接入服务上的第一选择，是它在融媒体产品布局上的主要目标。基于这个目标，AT&T 展开了"收编流媒体团队""自建流媒体平台""引导用户选择流媒体"三个阶段。

首先，AT&T 通过"招兵买马"的方式探索流媒体市场，积累流媒体发展的经验。早在 2014 年，AT&T 就与 Chernin 集团合资创办数字品牌和媒体公司 OTTER MEDIA，它专注于收购、投资和推出全球性的 OTT 视频服务。OTTER MEDIA 公司旗下拥有众多流媒体内容平台与业务，包括 MCN 代理机构 Fullscreen、动漫流媒体服务 Crunchyroll、流媒体内容聚合与分发平台 Vrv、游戏内容流媒体平台 Rooster Teeth、数字内容工作室 Gunpowder & Sky 和关注女性内容题材的媒体公司 Hello Sunshine 等。

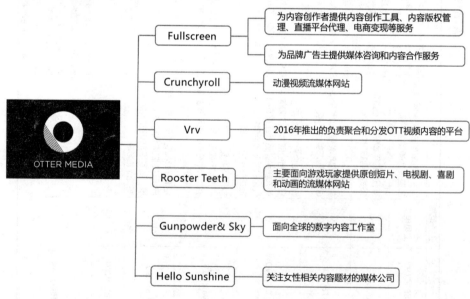

图 5　OTTER MEDIA 公司的业务结构图

AT&T 通过全资控股 OTTER MEDIA 公司，获得了多样化的、强大的流媒体内容创作团队以及流媒体内容平台，为自身的流媒体视频业务提供内容创作支持和渠道支撑，从而更好地打开流媒体市场。通过 OTTER MEDIA 的前期探索，为 AT&T 后期流媒体产品的全面铺开积累了宝贵的运营资源与技术经验。目前，OTTER MEDIA 已经被并入华纳传媒集团，专门服务于流媒体内容产品的功能优化和内容创作。

其次，AT&T 开始自建流媒体平台，在流媒体视频市场开疆拓土。它在 2016 年 11 月推出流媒体平台 DIRECTV NOW（现已更名为 AT&T TV NOW），成功在美国流媒体视频市场占有一席之地；在 2018 年 6 月推出 Watch TV，主打轻量化，旨在为用户提供优惠的内容点播服务；在 2018 年收购时代华纳之后，AT&T 将 HBO 旗下的流媒体平台 HBO GO 与 HBO NOW 收归名下，进一步扩大了流媒体市场份额；2019 年 8 月 AT&T 再次推出了全新的流媒体产品 AT&T TV，为用户提供卫星电视频道以及流媒体视频服务。除此以外，在 2020 年春季 HBO 还推出集成了华纳传媒所有优质内容的"旗舰型流媒体产品"HBO MAX。

最后，在重点发展流媒体视频内容产品的基础上，AT&T 逐步将卫星电视产品 DIRECTV 与 IPTV 产品 U–verse 的订阅用户向流媒体产品 AT&T TV 引导，通过流媒体产品，超越底层网络接入的要求，让更多的用户能够接触到 AT&T 的融媒体服务。

以 AT&T TV 为例，它是基于卫星电视产品 DIRECTV 而开发的流媒体内容产品，即 AT&T TV 是 DIRECTV 在流媒体形式上的补充。如果用户想在大屏上收看 AT&T TV 的内容，依然像 DIRECTV 一样，需要购买 AT&T 的卫星机顶盒，但是用户能够登录 AT&T TV 的应用直接观看流媒体视频内容。同时，AT&T 目前只在美国部分城市推出 AT&T TV，并明确表示将不会在"推出 AT&T TV 的市场"后继续提供 U–verse 的订阅服务。

AT&T 此举意在培养用户收看流媒体视频内容的习惯，引导用户转向订阅流媒体视频内容产品，其原因主要有三个方面。

其一，传统电视业务的运营现状不佳，卫星电视的用户纷纷转向订阅 OTT TV 业务。截至 2018 年，AT&T 的卫星电视订阅用户数量连续三年大幅下滑，IPTV 的订阅用户数量变化不大，而 OTT TV 业务的订阅用户数量在 2016—2018 年持续增长，2018 年的订阅用户数量比 2017 年增长了 37%。

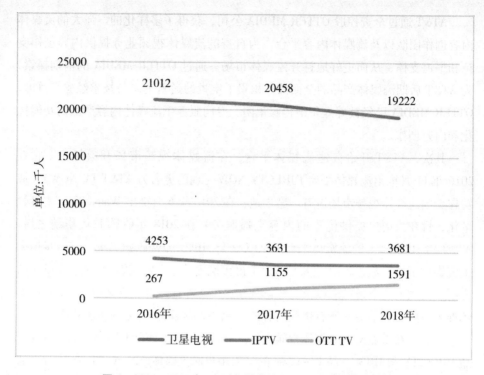

图6　2016—2018年AT&T付费视频订阅用户数量变化

　　其二，多屏终端的发展以及家庭场景的特性越发显著，用户跨屏获取内容的需求不断增长，更倾向于选择能够同时满足在家庭大屏、PC电脑以及移动设备上获取视频内容的流媒体内容产品；再加之如奈飞、Amazon、Hulu等流媒体视频平台对用户注意力的抢占加剧，AT&T对用户拓展与留存的迫切需求促使其加紧传统内容产品向流媒体内容产品的转型。

　　其三，AT&T通过开展流媒体视频业务，能够在一定程度上带动网络接入服务的销售。例如，AT&T将Watch TV与无限流量套餐、AT&T TV与宽带服务捆绑销售，以更优惠的价格为用户提供组合订阅服务，吸引更多用户进行消费，实现内容产品对网络接入服务的销售促进。

表 6　AT&T 的电视内容与网络接入服务捆绑套餐

渠道与产品的组合	价格情况	具体服务介绍
Watch TV + Wireless	共有两款组合套餐，价格分别为每月 40 和 48 美元，组合订阅比单独订阅分别能够节省 5 和 13 美元	提供 Watch TV 的流媒体内容服务以及无限流量服务和流量热点服务；并且为用户提供 6 个月的 Spotify 会员体验
AT&T TV + Internet	共有三款组合的套餐，价格从 90 美元到 105 美元不等，组合订阅比单独订阅能够节省 20 美元	提供 AT&T TV 的流媒体的内容服务以及 AT&T 的有限宽带服务

2. 差异化包装流媒体产品，匹配用户个性化的需求

面对规模庞大的内容资产，AT&T 并没有进行单一的打包销售，而是注重对旗下的流媒体产品进行差异化的包装，包括在产品定位、所提供的内容以及价格等方面的差异化，以匹配用户对视频内容获取的个性化需求。

以 AT&T 旗下主打轻量级与性价比的流媒体内容产品 Watch TV 为例，用户每月只需支付 15 美元，就能够观看 37 个直播频道以及 15000 个点播节目，其中不乏特纳电视网旗下的 CNN、TBS、TNT 和 Boomerang 等老牌电视直播频道，这对于追求性价比和喜欢热门点播节目内容的用户而言，无疑是一个不错的选择。

再比如 AT&T 的流媒体内容产品 AT&T TV NOW，它除了为用户提供"PLUS"和"MAX"两档常规内容套餐以外，还为用户提供了可单独购买的热门频道内容以及包含不同特色内容包的套餐。除此以外，AT&T 还为用户提供了包括越南、巴西和韩国等国际电视频道的付费内容包，给予了用户更多的自主选择权。

除此以外，即将在 2020 年春季上线的 HBO MAX 也与原来的流媒体产品 HBO GO 与 HBO NOW 形成了差异，与 HBO GO 与 HBO NOW 只提供 HBO 电视网的内容不一样，HBO MAX 将集成华纳传媒旗下所有的内容资源，为用户提供最全的优质原创内容。

AT&T 自身丰富的内容资源为其能够实现内容集成的差异化、提升流媒体内容产品的价值奠定了重要基础，也使得它在融媒体产品布局上更加灵活地匹配

用户个性化的需求，为平台吸引更多的用户。

3. 部署云 DVR 和智能语音，提升流媒体产品体验

AT&T 不仅在流媒体产品的内容上实现了差异化，在产品的服务上同样形成了自己的特色，比如说它的云 DVR 系统以及智能语音服务。

目前，AT&T 的 Cloud DVR 系统已经在 AT&T TV 和 AT&T TV NOW 两款流媒体产品中投入应用。用户能够实时录制节目内容，并将其存储在云端上，然后用户可以随时跨设备管理自己的数字内容库。

除此以外，AT&T 还为用户提供智能语音服务。目前，用户只能在 AT&T TV 上体验该功能，订阅了 AT&T TV 的用户在安装了由 AT&T 提供的、搭载了安卓电视系统的 OTT 机顶盒之后，通过在谷歌电视应用商店下载 Google Assistant 应用，即可直接通过由 AT&T 特供的、内置了谷歌语音助手的遥控器进行语音操控，享受谷歌语音助手带来的各项服务，包括频道内容搜索、频道切换、天气查询和日常搜索等。AT&T 通过集成谷歌语音助手所提供的智能语音搜索业务大大简化了用户内容获取的流程。

同时，用户还可以使用该遥控器来控制家里其他的智能家电，包括调节灯光亮度和室内温度等。AT&T 希望将自己的 OTT 机顶盒打造成智能家居的中控系统，使用户能够通过遥控器控制家里的智能家电。

（三）商业布局：以用户为中心，建构融媒体产业化经营模式

AT&T 的融媒体产业化经营模式主要是以用户为中心，向上抢占优质内容资产、巩固网络渠道优势，发展 DTC 内容产业，继续扩大用户规模；向下通过盘活用户数据拓展程序化广告营销业务，提升自身的商业服务能力；向外拓展内容增值模式，围绕内容进行衍生品开发与版权交易，最终实现内容产业链上、中、下游的自主把控与融合共生，创造更大的商业价值。

1. 渠道、内容与终端相辅相成，推动 DTC 付费订阅业务发展

AT&T 凭借其自身的网络渠道优势，基本实现网络对美国本土绝大部分地理范围的覆盖，为内容的传输提供了必备的渠道。同时，AT&T 通过并购和版权合作的方式抢占了一系列的优质内容资产，拓展了自己的视频内容业务，尤其是流媒体视频内容业务，紧接着顺利推出了包括 AT&T TV、AT&T TV NOW、Watch TV 等流媒体内容产品，当然还包括收购获得的 HBO GO 和 HBO NOW。在集成了内容与网络渠道的双重优势之后，AT&T 将自身的网络渠道接入服务与内容产品订阅服务进行组合销售，吸引用户付费订阅。在这个过程中，AT&T 还会为用户提供网络接入以及体验特定功能所需要的各种终端设备，以此来获得终端销售的收入。

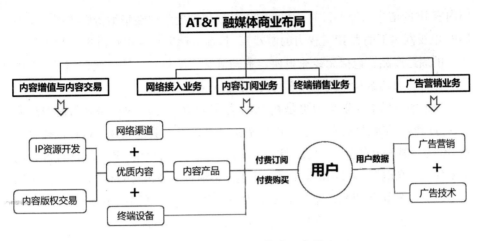

图7　AT&T 的融媒体商业布局

　　AT&T 的内容产品、网络渠道以及终端设备相辅相成、互相促进，向用户提供了丰富的优质内容资源、稳定快速的网络连接服务以及升级的功能体验，为 AT&T 扩大 DTC 订阅用户的规模、提升订阅业务的收入以及占据更大的流媒体市场份额创造了良好的条件。

　　2. 塑造内容 IP，拓展衍生交易

　　除了利用内容资源来部署视频内容产品以外，AT&T 还注重内容资源的增值，包括通过加强内容版权交易、塑造内容 IP 以及开发衍生产品等方式来提升内容的价值。

　　AT&T 对外内容版权交易所获得的收入主要集中在华纳传媒集团，其中华纳兄弟占比最高，2018 年的内容版权交易收入为 82.16 亿美元。通过加强对外的版权交易以及优质内容输出，AT&T 一方面能够通过内容交易获得版权收入，另一方面也能够提升自身优质内容的国际影响力，有利于其拓展全球市场，发掘更大的商业机会。华纳传媒首席执行官 John Stankey 认为，华纳传媒需要探索如何在全球范围内最大限度地优化内容并且创造更大的价值，比如游戏和消费品业务都已在中国落地。

　　还有热门付费电视网 HBO，目前它已经在 150 多个国家或地区授权节目。用户不仅能够通过订阅 AT&T 的电视业务观看 HBO，在其他的有线电视网上用户同样能够以添加视频内容包的形式观看 HBO。除此之外，用户还能在其他的诸如苹果电视、亚马逊电视等 OTT TV 上订阅 HBO GO，或直接订阅 HBO NOW，然后就可以在任意设备上观看 HBO 的节目内容。

　　不仅是加强版权内容交易，AT&T 还注重挖掘内容 IP 的价值，比如推出热门内容 IP 的衍生品等。目前，AT&T 的 IP 变现主要集中在华纳传媒集团。比如 HBO 电视网旗下的大 IP《权力的游戏》，目前 AT&T 官网正在出售《权力的游戏》的周边产品，包括无线充电座、葡萄酒杯、手机壳、充电线、帽子、T 恤等印有《权力的游戏》剧中元素的衍生创意产品。

其中华纳兄弟娱乐集团更是在 1984 年就建立了专门的华纳兄弟消费品公司，专门制作华纳兄弟旗下著名 IP 的周边产品以及向其他制片厂授权制作，包括 DC 的《神奇女侠》《正义联盟》《海王》《哈利·波特》和《神奇野兽》电影系列和乐高电影。[①] 2018 年 1 月，华纳兄弟消费品公司与 Lot18 联名推出了四款指环王纪念款葡萄酒，每款葡萄酒限量 6000 瓶，分别纪念电影中对应的人物。华纳兄弟还有自己的在线商城 WarnerBro Shop，目前商城在售种类包括书籍、影碟、收藏品、衣服、玩具和游戏等，比如经典电影《蝙蝠侠》的全套高清影碟和哈利·波特权杖纪念品等。

3. 搭建程序化广告平台，发展实时跨屏广告营销业务

除了重点发展流媒体内容与渠道以外，AT&T 也有意识地拓展自己的广告业务。2018 年 8 月，AT&T 收购了程序化广告公司 AppNexus，在同年 9 月成立了自己的广告营销公司 Xandr，并由 Xandr 来统一负责 AT&T 的广告营销业务。

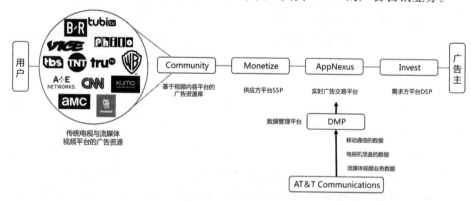

图 8 AT&T Xandr 程序化广告的架构

Xandr 基于 AppNexus 的技术架构搭建了自己的程序化广告平台，不仅有自己的供应方平台、需求方平台、实时广告交易平台以及数据管理平台，还建立了基于视频内容平台的广告资源库。

---

① 整理自华纳兄弟官网，检索于 https://www.warnerbros.com/company/divisions/consumer - products。

其中基于视频内容平台的广告资源库"Community"整合了 AT&T 所有的视频广告资源，包括传统电视与流媒体业务；供应方平台"Monetize"和需求方平台"Invest"都是基于 AppNexus 原有的平台原型建立的；AppNexus 则继续作为实时广告交易平台为 Xandr 提供实时竞价与广告优化的技术服务。

同时，Xandr 自身具备海量的数据，这些数据主要来自 AT&T 的大通信，包括无线移动业务的数据、电视机顶盒的数据以及流媒体视频业务数据等。Xandr利用自有 DMP 对海量用户数据进行分析挖掘，为程序化广告交易提供科学的用户画像。

表 7　Xandr 的三款广告产品

产品名称	产品属性	具体介绍
Community	基于视频内容平台的广告资源库	Xandr 将自有的传统电视与流媒体视频平台的广告资源进行整合，类似于"广告联盟"
Monetize	供应方平台 SSP	Xandr 的 SSP 平台，媒体资源方能够通过该平台进行广告资源的在线销售
Invest	需求方平台 DSP	Xandr 的 DSP 平台，广告主通过该平台能够进行广告资源的在线购买。只有通过"Invest"才能获取"Community"的广告资源

通过搭建程序化广告平台，Xandr 一方面为媒体资源方提供广告资源的销售服务，另一方面为广告主提供"一站式"的在线跨屏广告投放服务，完成了在线广告买卖双方市场的建构。媒体资源方通过借助 AT&T 的大平台让自身广告资源获得更多关注；广告主借助 Xandr 提供的工具化平台，能够精准快速地跨屏触达自身的目标受众。同时，Xandr 还能充分盘活 AT&T 在移动业务、电视业务和流媒体视频业务的数据，实现跨屏的受众监测和用户画像，为广告营销提供数据支持和科学的决策参考。

广告营销业务是 AT&T 拓展商业变现模式以及向现代媒体公司进发的重要着力点，相信随着 AT&T 的电视和流媒体视频内容业务的壮大，其广告营销业务也可以迎来较好的发展。

三、经验与启示

完善网络布局，巩固跨网络渠道的优势。渠道是提供内容和服务的基础。传统物理意义上的网络渠道的主导权逐渐弱化，但是其优势尚存，一方面它能够基于广泛的人群覆盖聚拢用户在使用网络服务时所产生的数据，另一方面能够利用网络渠道与内容和服务的融合去拓展各项业务。尤其是基于互联网络创建的流媒体平台或应用，它们作为虚拟的内容分发渠道，摆脱了设备与实体网络供应商的束缚，更能获得移动互联网时代下用户的青睐。AT&T作为传统的通信服务供应商，借助自身在通信网络上的集成优势，往互联网方向拓展，搭建起面对个人、家庭和企业用户的宽带网络。同时大力发展IPTV业务，并积极通过并购的方式占有卫星电视网络，来填补其在电视网络上的空缺。此外，它还通过一系列的并购提前布局流媒体业务，推出相应的流媒体视频产品来打开流媒体市场，直接对标奈飞与Hulu等美国的流媒体平台，以抢占更多的用户。AT&T重视完善网络渠道布局，充分发挥雄厚的资本力量去填补自身的空缺。同时不仅限于物理网络渠道的建设与维护，还积极拓展流媒体渠道，真正地实现了"三网"渠道全覆盖，为将来的各项内容与增值业务创造了条件。

进军内容产业上游，延长内容产业链和价值链。在巩固网络渠道的布局优势之后，AT&T着力往内容产业链的上游进发，延长内容的产业链与价值链。一方面强势收购华纳传媒集团以获得其旗下的优质内容资产，同时加强与其他内容提供商的版权合作，拓展优质内容来源；另一方面在集成了丰富的优质内容资产以后，AT&T推出多款定位差异化且相互独立的流媒体内容产品，充分发挥内容资源优势，以满足用户的个性化需求。

此外，AT&T对原创内容培育的投入力度也在逐渐加大。此前AT&T华纳传媒首席执行官约翰·斯坦利提到，在2019年会继续加大对华纳传媒旗下的，包括HBO在内的付费电视网在原创内容上的投入，并将继续以独立的品牌运营，进一步提升内容的影响力。值得一提的是，AT&T还注重对内容IP的衍生品开发和销售。它通过华纳兄弟以及AT&T官网的线上商城销售相关的内容衍生品，包括《权力的游戏》《蝙蝠侠》以及《哈利·波特》等著名内容IP的衍生品。

AT&T不满足于网络服务供应商的单一身份，坚决进军内容产业的上游，并通过抢占优质内容资产、推出差异化的流媒体内容产品、加大力度培育原创内容以及内容衍生品开发等方式来延长内容产业链和价值链，从而拓展自身的商业模式。

增强数据应用的意识和能力，拓展商业模式。业务的拓展与用户规模的增长意味着相关数据的体量和维度也在增长，这要求企业增强自身对数据管理与应用的意识和能力。AT&T自身拥有通信业务和内容业务的数据，包括移动通信业务的数据、电视机顶盒的数据以及流媒体内容业务的数据，除此以外它还持有华纳传媒集团旗下的数字资产。面对庞大的数据资产，AT&T通过收购程序化广告技术公司 AppNexus 来搭建自己的程序化广告平台，利用自身的数据来为媒体资源方和广告主提供精准的广告营销服务，由此来拓展自身的广告商业模式。

传统的通信运营商在业务拓展的过程中积累了海量的数据资产，我们要重视对这些数据资产的利用，要注重打通不同业务数据间的壁垒，包括组织架构的壁垒、技术的壁垒以及实际应用的壁垒，这样才能通过盘活数据资产来拓展更多元的商业模式，才能在数字网络经济时代获得更多的话语权。

第三节　Orange（法国电信）

一、Orange 媒体融合发展历程及现状概述

（一）机构简介及业务发展历程

如今的 Orange 是法国的一家电信运营商，它的前身是"法国电信"。法国电信成立于 1988 年，是法国邮政和通信局的一个分支机构。它最初是一家国有企业，于 1998 年私有化（尽管法国政府持有该公司 27% 的股份）。

2000 年 5 月法国电信收购英国电信运营商 Orange 的全球业务，并于 2013 年将其旗下所有的移动电信业务重新命名为 Orange，即如今的法国通信运营商 Orange。[①]

目前 Orange 主要提供移动网络、固定宽带网、商业数字与网络基础设施（包括大数据、物联网、人工智能、网络安全）、金融等服务。

图 1　Orange 的发展历程

---

① Orange：DDR 2018 Orange VA，2018 年，检索于 https：//www. Orange. com/en/Investors/
Results – and – presentations/Folder/2018 – Financial – Reports。后文数据若无特别标注，
皆出于此财报。

(二) 业务范围和组织架构

Orange 的业务遍布全球，在欧洲覆盖法国、西班牙、比利时、卢森堡、波兰、罗马尼亚、斯洛伐克、摩尔多瓦共 8 个国家；此外还在美洲加勒比，非洲和中东地区的摩洛哥、马达加斯加、喀麦隆、约旦、埃及等一共 18 个国家开展业务。

为了方便管理全球业务，在网络通信业务方面，Orange 主要以国家地区分布来分别管理。例如，法国、西班牙、欧洲、非洲和中东地区的业务范畴主要包括网络融合服务、移动网络服务（Mobile - only）、宽带网络服务（Fixed - only）、数字商业零售服务（Wholesales）、设备销售（Equipment Sales），其中欧洲业务部门和非洲及中东业务部门的业务还包括 IT 及互联网集成应用服务（IT & integration services）。

除此之外，Orange 还开设了国际零售与分销部门（International Carriers & Shared Services）、企业服务部门（Enterprise）。

业务种类	法国	西班牙	欧洲	非洲和中东地区	业务介绍
网络融合服务	✓	✓	✓	✓	提供至少由一份固定宽带接入和一份移动服务构成的捆绑业务
个人移动服务	✓	✓	✓	✓	提供移动服务（接听和播出电话，语音，短信和数据）
个人固网服务	✓	✓	✓	✓	提供传统的固定电话，固定宽带业务（包含 IPTV 业务）
2B移动	✓	✓	✓	✓	面向企业提供移动、语音等传统通信业务
2B固网	✓	✓	✓	✓	提供企业网络解决方案（B2B）
终端销售	✓	✓	✓	✓	销售于其业务相关的固定和移动设备
IT集成			✓	✓	向客户提供统一的沟通和协作服务、托管和基础架构服务、应用程序服务、安全服务等
内容业务	✓		✓	✓	参与内容相关谈判和管理所有Orange内容服务（OCS、VOD服务）以及SVOD和多领域电视服务的收购
金融业务	✓	✓		✓	提供移动金融服务
其他	✓	✓	✓	✓	安全和反欺诈服务，海底光缆建设和维护，集团的其他跨领域活动（研究创新、房地产）

图 2 Orange 的业务分布

（三）用户规模

表1　Orange 的用户分布情况①

用户种类 ＼ 截止时间	2019 年 12 月 31 日	2018 年 12 月 31 日
融合业务用户	107.62 万	104.12 万
移动用户	2.07 亿	2.01 亿
固网用户	2068.5 万	2014.4 万
固话用户	378.09 万	401.99 万

　　截至 2019 年 12 月 31 日，Orange 集团一共约有 2.66 亿用户，较 2018 年的 2.64 亿呈上涨趋势，但由于市场趋于饱和，整体增幅较小。其中，在网络融合业务上拥有 1080 万用户，比 2018 年增长了 3.4%。这也巩固了 Orange 欧洲领先的融合运营商地位，与此同时，730 万光纤用户也使其成了欧洲光纤领域无可争议的领导者。

（四）经营现状

　　近两年 Orange 的收入保持微弱的增长态势，2019 年收入为 422.38 亿欧元，同比增长 0.6%；2018 年收入为 413.81 亿欧元，同比增长 1.3%。增长放缓的原因还是源于其主要市场欧洲逐渐趋于饱和，非洲和中东市场虽然增幅较大，但总利润依旧占比不高，对于整体增长的贡献较小。

　　从业务种类来看，网络融合业务（Convergence）、IT 与互联网集成应用业务（IT&IS）、设备销售（Equipment）、移动通信业务（Mobile Only）的收入均有增长，其中网络融合业务的增长幅度巨大。

---

　　① 整理自 Orange 官网新闻稿 Financial Results at 31 March 2020，2019 年，检索于 https：//www. Orange. com/en/Investors/Results – and – presentations/Folder/Latest – consolidated – results。

单位：亿欧元

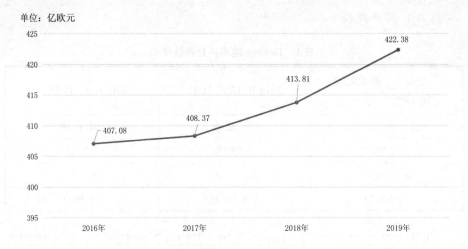

图3　2016—2019 年 Orange 营收情况①

二、媒体融合的策略及特点分析

（一）依托运营商优势，推出融合业务

作为目前欧洲最大的电信运营商之一，Orange 在其业务范围内建立了完善的数据传输网络，这也成了其在内容分发领域的重要优势。覆盖三网的分发渠道使得用户可以在多种终端上收看 Orange 的内容，进而满足其在不同场景的娱乐需求。为了应对传统固定宽带业务及移动业务市场的逐渐饱和，Orange 推出了网络融合服务，让用户可以以较为优惠的价格同时订购 Orange 的有线、通信及电视业务，一站式解决家庭娱乐和通信的问题。该业务的推出巩固了 Orange 在欧洲电信运营商中的地位，也从侧面推动了 Orange 旗下不同渠道的融合。"LOVE"计划正是这一业务的"代表作"。

"LOVE"计划是 Orange 在比利时地区推出的"Internet + Mobile + TV"的综合计划。用户能够一次性订购宽带、移动业务和电视业务。订购的具体流程如下：首先，用户需要选择移动业务套餐，套餐一共有五档：蜂鸟、海豚、考拉、鹰、鹰 Plus。它们为用户提供不同的流量数据和通话时间，其中鹰和鹰 Plus 为用户提供了无限流量，考拉、鹰和鹰 Plus 为用户提供了无限通话服务。不同的业务对应着不同的价格，最贵的一档的价格为每月 61 欧元，最便宜的一档的价

---

① 整理自 Orange 官网新闻稿 Financial Results at 31 March 2020，2019 年，检索于 https：//www. Orange. com/en/Investors/Results – and – presentations/Folder/Latest – consolidated – results。

格为每月 8 欧元，充分满足了不同层次用户的需求。其次，用户可以决定是否选择 Orange Circle 家庭套餐业务和"互联网＋电视"套餐。最后，可以根据自己选择的套餐进行付款订购。①

（二）持续加码内容业务，构建家庭娱乐生态

作为一个以电信运营商起家的企业，Orange 涉足内容业务既是出于其全面布局的必要，也是其拓展业务的必然。面对早已饱和的传统通信服务市场，光是建立管道已经很难进一步拉拢用户了，与其参与无休止的价格竞争，抓住渠道上游，提供更好的内容才能进一步抓住用户。Orange 计划将内容与新技术结合起来，进一步推广其超高速宽带、光纤和 4G 产品。

为了更好地管理内容业务，2017 年，Orange 创建了一个跨职能实体 Orange Content，隶属于 Wholesales（数字商业零售服务）部门，负责管理 Orange 内容战略并支持相关部门开展内容业务，旗下包括三大部门——Orange Studio、OCS 和 Orange Prestations TV，其中 Orange Studio 负责独家内容生产，OCS 负责国际市场电视剧和电影的发行以及自有频道 OCS② 的运营，Orange Prestations TV 负责电影、视频和电视节目的后期制作，管理视听内容资源。此外，Orange Content 还负责集团 OCS、VOD 服务的内容版权集成，以及第三方 SVOD 和电视服务的谈判等业务。

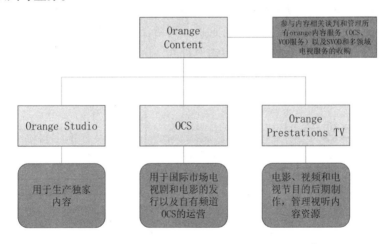

图 4 **Orange Content** 下辖部门及其主要职能③

---

① 整理自 Orange 波兰官网，检索于 https：//www. Orange. pl/pakiety/love。

② 法国电信 Orange 的系列频道服务品牌名称的法语缩写，转译成英文为 Orange cinema series，可直译为"法国电信影视系列"。

③ 整理自 Orange 官网，检索于 https：//www. Orange. com/en/Group/Activities/Content.

自 Orange Content 成立以来，其在内容方面的投入便持续加码。2018 年 Orange 整个集团的贸易和内容支出为 72.28 亿欧元，占集团总支出的 17.5%，占比相较 2017 年增长了 0.1%。其在内容层面的投入可谓巨大。

1. 从注资支持到联合制作，逐步增加自制内容的影响力

内容自制方面，Orange Studio 是 Orange 内容的主要生产部门，成立于 2006 年，是 Orange 旗下专门从事电影的联合制作、发行和版权交易的内容工作室。作为内容制作领域的"门外汉"，该部门从为潜力影片投资开始，一步步积累自己的内容制作经验，参与制作的作品数量也不断增加，也斩获不少国内外奖项。截至 2017 年，其参与制作的电影多达 200 部（自创建以来平均每年 15 部），并拥有近 1200 部影片的版权。2018 年，Orange 特别投资了两部电视剧《玫瑰之名》和《魔鬼》，该剧在其自有频道 OCS 上播出，并联合制作了电影 Les Chatouilles，该片成功入围戛纳电影节。在影视剧制作以外，其在电影发行方面的投入也十分大。2018 年，Orange Content 与法国电影业达成了新的协议，承诺在 3 年内（2019 年至 2021 年）投资 1.25 亿欧元用于法国和欧洲电影制作，从而将电影发行和付费电视播出之间的时间间隔缩短到了短短 6 个月，极大提高了其内容竞争力。

2. 多方面采购内容资源，构建独特的内容生态

除了自制内容，Orange 还会以购买版权或合作等方式丰富自己的内容资源。Orange 的内容采购范围也十分广泛，从电影、电视剧到游戏、音乐、漫画、资讯等，几乎涵盖了人们家庭娱乐的方方面面，再结合其大力推进的融合业务，成功构建了较为完善的内容生态。用户只需要订购一份套餐，就可以享受几乎所有的家庭娱乐服务。这种优势是那些只提供基础通信服务的运营商难以比拟的。

图 5　Orange 购买的内容种类①

---

① 整理自 Orange_ and_ Content_ Thanks，2018 年，检索于 https：//www. Orange. com/en/Group/Activities/Content。

表2　与 Orange 合作的内容提供商和其提供的相关内容①

内容种类	内容提供商	代表内容
电视	法国 Télévisions、TF1、M6、AB、迪士尼、beIN SPORTS、奈飞、Filmo 电视	欧洲冠军联赛的独家转播，高清法网转播，热播网剧，少儿节目
影视剧	HBO、UGC、Sony Pictures Television、Studio Canal、Wild Bunch、BBC、Pathé、Paramount、Lionsgate、MGM、Fox、Starz、Eone	四个月之前上映的国内外院线电影，HBO 剧集独家转播，Orange Studio 参与制作的电影、剧集
游戏	Square Enix、世嘉、Gameloft、育碧、迪士尼、华纳、阿努曼、Deepsilver	包括古墓丽影等知名游戏在内的 200 多种流媒体视频游戏，无须付费即可访问
音乐	Deezer、Anghami、Digster、Playzer	资源丰富的 Deezer 音乐库（5300万条曲目）
报刊	ePresse、Youscribe	多达350种刊物的电子版，随时随地查看所在地区的报纸和杂志

在内容版权购买方面，Orange 不仅和法国本土的电视台签署合作协议来获取如 CANAL + 等本土频道节目的播放权，也在国际上购买许多热门频道和影视节目资源的版权。用户在 Orange 上不仅能够看到法国本土的电视节目，还能收看到卡塔尔体育频道品牌 beIN Sports、美国的时代华纳、米高梅和迪士尼等内容提供商的内容。

Orange 在对外版权购买上的典型案例是与 HBO 的合作。Orange 在 2008 年就开始与 HBO 的合作，由 OCS 代理 HBO 的节目在法国的首播。2012 年，OCS 通过提供美国 + 24 服务进行了创新，使得 HBO 的节目在美国播出 24 小时后，用户即可在 Orange 上看到。2013 年 10 月，Orange 推出了 OCS City 频道，该频道集成了所有 HBO 的影视资源；同时 OCS 还推出了 OCS Go，用户可以按需观看 HBO 的系列节目，简化了点播流程。2015 年 4 月，OCS 成为法国首个使用户与美国同步收看 HBO 的节目的频道。2017 年 3 月，Orange 正式获得 HBO 在法国独播权，法国的用户只能在 Orange 上收看 HBO 的节目。由此我们可以看出

① 整理自 Orange_ and_ Content_ Thanks，2018 年，检索于 https：//www. Orange. com/en/Group/Activities/Content。

Orange 对优质内容的重视。

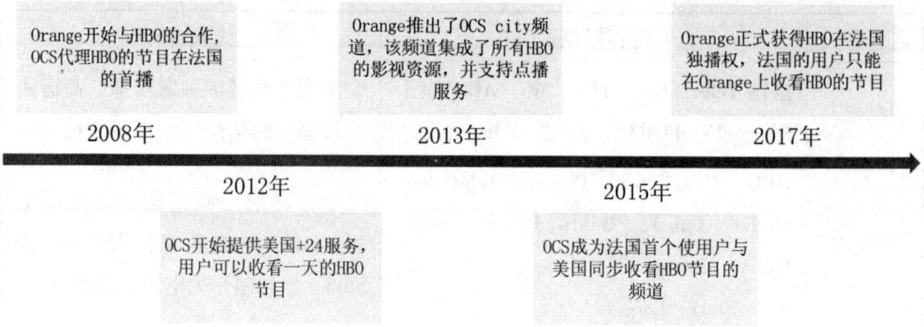

图 6　Orange 与 HBO 的合作历程①

除了购买电视节目资源的版权，Orange 还会购买游戏的版权资源。比如 Orange 有跟日本的游戏开发商史克威尔艾尼克斯合作，购买了古墓丽影的版权。

另外，Orange 还会与音乐、漫画与资讯内容提供商合作销售。比如 Orange 与流媒体音乐内容提供商 Deezer 合作，捆绑销售 Deezer 的音乐内容包；与文创内容提供商 fnac 合作，推广它的漫画和有声书内容包；与资讯类内容提供商 ePresse 合作，推销新闻和资讯内容套餐；等等。

（三）建立内容品牌，整合分发渠道

1. 建立自有频道 OCS，提高品牌竞争力

OCS 成立于 2008 年，是 Orange 独有的一系列主要播出电影的主题频道。它将 Orange 购买和自制的内容加以整合，以其独特的内容提高了 Orange 内容品牌的影响力。OCS 主要有 4 个主题频道，分别是 OCS MAX、OCS City、OCS choc、OCS geants。

①　整理自官网新闻稿 OCS to Become Exclusive Broadcaster of HBO Programs in France，2017 年，检索于 https：//www. Orange. com/en/Press – Room/press – releases？ year = 2017& Orangecom_ categcommuniques = 1229。

表3　OCS 的四大主体频道简介①

频道 logo	名称	内容类型
OCS MAX	OCS MAX	适合家庭收看的法国或国际大型电影系列
OCS City	OCS City	独播美国 HBO 的电视剧节目
OCS choc	OCS choc	动作、惊悚、恐怖类型的影视节目
OCS geants	OCS geants	经典电影

目前，用户能够通过 Orange TV、CANAL、SFR、Free、PlayStation、Fransat 等电视经销商来购买 OCS 的套餐。另外，用户还可以通过注册付费并下载 OCS Go 应用程序来观看 OCS 的节目。

在定价方面，OCS 的套餐主要分为两档，均为新用户提供 1 个月的免费试用体验。其中一档用户每月支付 9.99 欧元，能同时在两个终端设备上收看 OCS 的节目；另一档的价格是每月 11.99 欧元，可同时在三个终端设备上观看 OCS 的节目。②

2. 整合分发渠道，推行流媒体业务

作为 Orange 最主要的内容分发平台，Orange 旗下的卫星电视、IPTV 和流媒体业务都集成在 Orange TV 品牌当中。用户能够在电视、PC、平板、手机和 Xbox 等不同终端上收看直播、点播以及回看节目，其中包括超过 40 个高清频道、点播大约 15000 部系列电影等内容。

---

① 整理自 OCS 官网，检索于 https：//www. ocs. fr/offre。

② 整理自 OCS 官网，检索于 https：//www. ocs. fr/offre。

表 4　Orange TV 的业务范围①

服务名称	服务类型	使用终端	服务内容
Orange TV	卫星电视	电视（机顶盒）	提供 40 多个高清频道，点播超过 20000 部影视剧，随时暂停和回放最近电视节目
	IPTV	电视（路由器）	
	流媒体应用	智能手机/平板电脑	
		计算机	
		网络电视（TV Key）	
		Xbox	

3. 围绕核心业务开发终端，提高用户体验

在传统电信运营商竞争日趋激烈的当下，仅仅依靠铺设"管道"获取利润已经日渐艰难。为了得到进一步的发展，运营商不应只是提供简单的语音业务。技术的发展、用户不断增加的需求迫使其不能仅仅提供"管道"接入服务，而要为用户提供更多元的服务。如今移动增值业务收入已经成为 Orange 收入的主要部分之一。为了提供更具差异化的业务与服务，进一步获取竞争上的主动权，Orange 基于其三网服务开发了多种终端供用户使用。自主研发的终端可以在最大限度上确保服务质量的稳定，也可以在一定程度上培养用户习惯，帮助 Orange 获取更加忠实的用户。

表 5　Orange 参与开发的终端②

业务类别	设备名称	功能
互联网业务	Live Box 4（路由器）	支持 ADSL、VDSL 和光纤信号接入，同时提供无线信号。帮助用户管理 Internet 访问
	无线中继器（Wi-Fi 增强设备）	帮助用户扩大 Wi-Fi 信号

---

① 整理自 Orange TV 官网，检索于 https：//boutique. Orange. fr/tv。
② 整理自 Orange TV 官网，检索于 https：//boutique. Orange. fr/tv/services - tv - inclus。

业务类别	设备名称	功能
广电网业务	UHD 电视解码器（电视机顶盒）	可以为用户提供高清电视节目体验。另外它还支持节目录像功能
	Extender TV（电视信号扩展设备）	通过连接 Live Box 和 Extender TV，用户在房间的任意角落都能收看到 Orange TV 的节目内容
	Orange TV Key（无线电视棒）	借助无线网络就能够收看到 Orange TV 的节目内容
游戏业务	游戏手柄	该手柄配备无线接收器，有 PC 和 Live Box 两种模式供用户切换，满足用户在电视和 PC 上玩游戏的需求

三、经验及启示

抓住渠道上游，以优质内容促进业务增长。面对传统运营商之间的竞争日趋激烈，发展空间不断紧缩的情况，Orange 并没有选择固守传统业务，而是主动向内容层面发力，从一个渠道商成为一个平台。通过优质的内容和服务拓展用户规模，同时也能从内容生产中获取利润，使得其拥有了更加广阔的业务空间。

全面布局，构建自己独特的家庭娱乐生态。从内容生产到终端制造，全产业链的布局使得 Orange 为用户提供的服务更有保障，也使得其在面对同行业竞争过程中更加具有竞争力，多样的业务布局使得其在传统通信业务之外有了更多增长点。此外，布局全面的特点同样体现在其对内容的占有上，从与其主营业务配套的影视剧资源，到音乐、游戏、漫画、杂志等，几乎覆盖了人们日常文化娱乐的各个方面，多种内容类型的聚合也在一定程度上提高了其竞争力和抗风险能力。

注重品牌建设，以独特的内容和便捷的用户体验树立品牌形象。Orange 并不仅仅满足于做一个内容提供的中间商，而是投入重金，积极推动自身内容品牌的建设。通过推广自有频道 OCS 和搭建流媒体平台 OCS Go，Orange 已经逐渐向一个内容提供商转变，日渐壮大的自制内容和围绕核心业务的终端开发都会成为其品牌发展过程中不可忽视的力量，也有助于其应对各种新兴媒体形态的冲击。

第三章

海外互联网机构的媒体融合运营

第一节　亚马逊

一、媒体融合发展历程及现状概述

（一）机构简介

亚马逊公司是美国最大的网络电子商务公司，位于华盛顿州的西雅图。它是网络上最早开始经营电子商务的公司之一，成立于1995年，一开始只经营网络的书籍销售业务，现在则扩展到全品类的产品，已成为全球商品品种最多的网上零售商和全球第二大互联网企业。同时，亚马逊集团通过收购等方式不断丰富其业务，目前业务板块已扩展到包括云计算服务 AWS、数字媒体内容业务、终端业务等。

电商业务出身的亚马逊，用电子书业务推动了数字阅读行业发展，完成了基于数字阅读内容的"平台＋硬件（kindle）＋软件（电子书资源）"的服务闭环，既是媒体业务成功的实践，也启发了它进一步向多样的流媒体形态扩张。亚马逊对数字媒体业务的全面涉足，与其逐渐完善的平台与硬件生态有关，构建软件生态完善用户服务闭环，是它进入流媒体行业，到如今打造融媒体的主要目的。

（二）业务发展进程

从1995年成立至今，亚马逊经历了三次战略转变。

在成立初始，亚马逊以"全球最大的书店"为目标，占据着美国的图书电商市场，随着亚马逊网上商店的商品品类扩展，亚马逊逐渐向"最大的综合零售电商"转型，从音像制品、服饰到玩具、电子产品、办公用品等，亚马逊逐渐成为美国综合电商行业的主角。

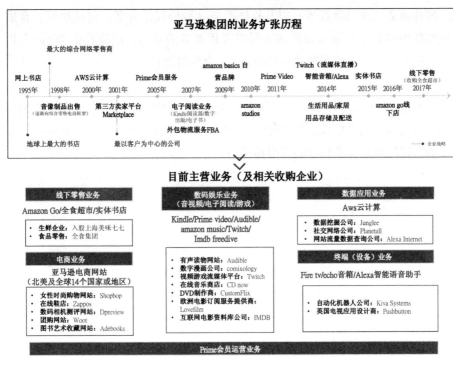

图1　亚马逊的业务发展历程及其现主营业务

自2001年开始，亚马逊在商业模式上寻求更多的突破，从用户增值服务、第三方服务等方面入手，以成为"最以客户为中心的公司"为目标，包括推出了面向第三方B端的卖家平台Marketplace、AWS云计算平台、物流服务FBA等，并在2005年推出Prime会员服务，同时将音乐、影视等数字媒体资源一步步整合在网上商店及会员增值服务中。

此后至今，亚马逊在数字媒体内容业务、终端业务上持续拓展，包括不断收购影视、游戏、漫画等娱乐类企业，并在2010年成立亚马逊工作室正式进军影视内容的生产等；推出Echo系列家庭智能终端设备，并通过研发出智能语音助手Alexa巩固了自身在智能音箱乃至智能家居产业中的地位。

近年，亚马逊积极向线下零售布局，包括发展实体书店、无人线下商店Amazon Go，以及高额收购全食超市，亚马逊希望渗透到客户生活的方方面面。

在流媒体业务方面，目前也涵盖影视、游戏、音乐等多样内容，在这之中，亚马逊始终保持软硬结合的发展思路，这也成为亚马逊融媒体生态的关键环节。

（三）发展现状

从盈利来看，亚马逊的盈利以零售电商为主，而云计算服务近年来发展迅速，硬件业务（亚马逊设备）以及软件业务（数码娱乐业务，包括视频、音乐等流媒体内容服务）更多被视为亚马逊零售业务的延伸，即被看作 Prime 会员的增值服务，其发展更多被视作反哺 Prime 会员的增长。

1. 营收分析

亚马逊 2018 年总营业额达 2328.9 亿美元①，其中北美市场业务占主要销售收入，且持续大幅度增长，AWS 业务近年来增长迅速，在总营业额中的占比逐渐增加，国际市场业务相较而言增幅较小。

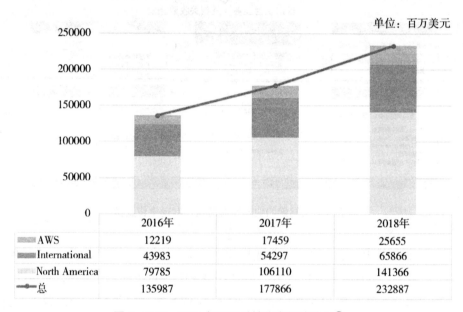

图 2　2016—2018 年亚马逊销售净额统计图②

从营业收入来看，2018 年集团营业收入（这里的收入指利润）达 124 亿美元，其中 AWS 云计算业务连续三年收入超越北美市场，表现出色，而国际市场业务受业务扩张成本的制约，仍旧处于亏损的状态。

---

① Amazon：2018 Amazon Annual Review，2019 年，检索于 https://s2.q4cdn.com/299287126/files/doc_financials/annual/2018 – Annual – Report.pdf 。后文数据如无特别标注，皆出于此财报。

② 数据来源：亚马逊 2018 年度财务报告。

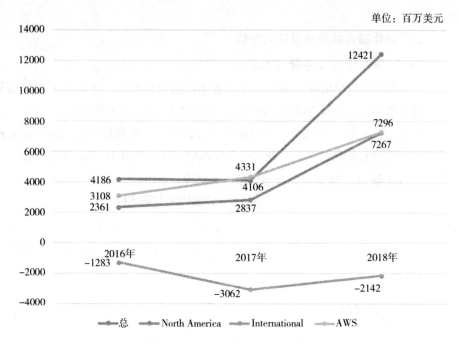

单位：百万美元

图3 2016—2018年亚马逊营业收入统计图①

2. 用户规模

从用户规模来看，作为亚马逊业务板块重点的 Prime 会员业务在 2018 年 4 月首次公布其订阅用户数，即 Prime 会员全球订阅用户已超过 1 亿②，2018 年 5 月宣布上调 Prime 会员价格至每年 119 美元之前，Prime 会员每年为 99 美元，这意味着亚马逊每年会员费的收入可达 99 亿美元，这样的收入占亚马逊 2017 年总营收 1778.7 亿美元的 5.5%，可见 Prime 会员服务对亚马逊收入的极大贡献。

此外在终端业务上，亚马逊也占有了一定的用户份额。2019 年第二季度的财报展示，亚马逊的 Fire TV 已拥有 300 万的活跃用户。③

---

① 数据来源：亚马逊 2018 年度财务报告。

② Amazon：Amazon Shareholder Letter，2018 年，检索于 https：//s2. q4cdn. com/299287126/ files/doc_ financials/annual/Amazon_ Shareholder_ Letter. pdf。

③ Amazon：AMAZON COM INC，10 - Q，2020 年，检索于 http：//d18rn0p25nwr6d. cloud-front. net/CIK - 0001018724/e77b9a6a - 64f9 - 4ded - 8264 - 270fd2c6e3ec. html。

二、媒体融合的策略及特点分析

(一) 融合化的业务管理机制

与其多元化发展的业务相比，亚马逊集团的组织架构，尤其是上层的高管团队较为稳定，是亚马逊持续不断开拓新业务领域的"定海神针"。

亚马逊集团以 CEO 杰夫·贝索斯为核心，建立了被称作"S 小队"的囊括 17 人的最高管理团队，他们在亚马逊的供职时间平均达到 16 年，而亚马逊公司创立才只有 24 年，展现出对公司较高的忠诚度。

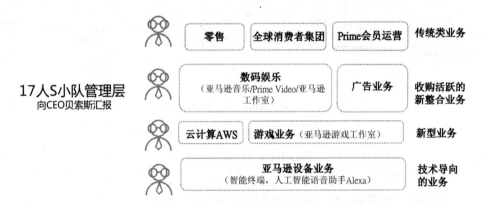

Amazon集团业务管理结构

图 4　亚马逊集团管理层的业务管理结构（不完全整理）

这些管理者分别领导着电商业务、AWS 云计算业务、Alexa 和娱乐等其他新业务，以及财务、法务和人力资源等职能部门。为了提升管理效率和业务间的联系度，每位高管都基本负责不止一项业务，其中传统类的业务包括零售业务、全球消费者集团以及 Prime 会员的运营服务等都由一位高管领导；新整合业务如音乐、视频等的娱乐业务，以及重新整合的广告业务，则由主操盘及管理收购事务、负责企业发展板块的高管统筹领导；近年来快速发展的 AWS 云计算业务，以及处于开发阶段的游戏业务包括游戏工作室，则划分到同一位高管管辖下；带领 Alexa 团队的高管则同时还负责着亚马逊设备业务。

事实上，"S 小队"中的许多高管由于长期在亚马逊供职，都曾在公司发展过程中参与多个业务的工作，这也是他们得以同时兼管多个业务团队的原因，有时高管间甚至可出现互换岗的情况，体现了高层管理人员对集团业务的高度理解力。

（二）多种类内容、多层次内容产品相互融合

亚马逊网上商店	视频类	综合娱乐（游戏）	Twitch 视频游戏的实时流媒体视频平台	
		影视	Prime Video 订阅流媒体视频服务	Imdb freedive 免费流媒体视频服务
	音乐		Amazon Music	
	电子读物		Kindle books Kindle电子书	Comixology 数字漫画
			DPReiew 数字摄影	AbeBooks 艺术类读物
	有声书		Audible 有声书	
	教育		Amazon Inspire K-12教育资源：课件、教学计划等	
	儿童		Amazon Rapids 儿童短篇故事	

图5 亚马逊目前的主要媒体内容资源

亚马逊经历十多年的收购与合作，积累了版权丰富、类型多样的数字媒体内容资源库，包括视频类如电影剧集、音频类如流媒体音乐及有声书，以及游戏、漫画、教育等领域的内容。面对如此多种类的内容资源，亚马逊主要利用网上商店及会员体系来对其做深层次的整合，并在会员订阅服务下对内容做进一步精细化运营，针对不同需求层级的用户，将内容集成多样的内容产品，提升内容的融合性以及商业价值变现效率，形成融媒体的内容生态。

视频类内容在亚马逊目前的数字媒体生态中扮演着重要的角色，因此内容板块将以其为重点分析对象。

1. 融合多样来源的开放式内容仓库

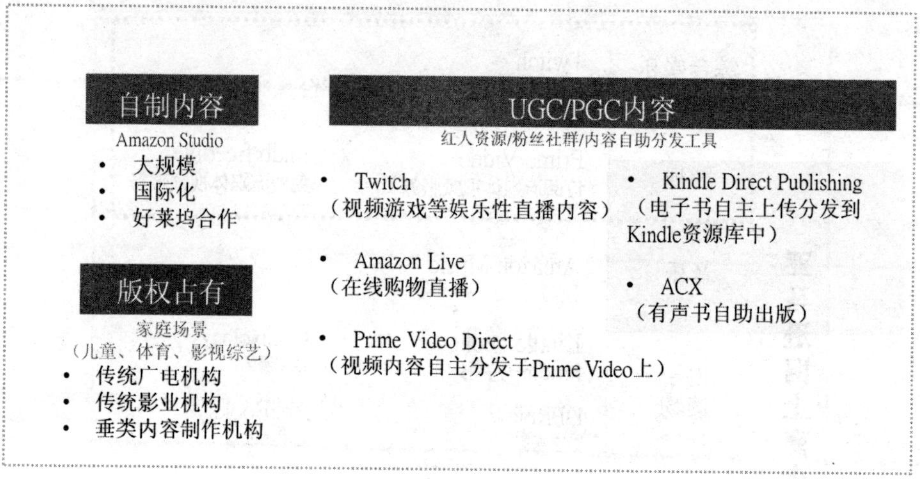

图6 亚马逊的视频类媒体内容仓库

依托强大的资本积累，亚马逊的影视内容库涵盖了海量版权影视内容，近年来自制电影与剧集在逐渐丰富。为了吸纳更多的内容创作者，亚马逊还为内容创作者提供协助拍摄制作、分发的多类型在线服务平台，广纳专业原创团队。此外，借助旗下 Amazon Live 以及 Twitch 平台的红人直播内容，亚马逊内容仓库中的 UGC 内容与内容创作团队也在不断扩充，从而构建出亚马逊多元化、开放式的内容仓库。

（1）规模化、国际化的好莱坞式内容自制

在自制内容方面，亚马逊在 2010 年成立影视公司 Amazon Studio，并在 2015 年正式进军电影行业，目前呈现出投入规模化、制作国际化、贴近好莱坞的特点。

亚马逊目前对于原创内容的投入金额占比不大，但集团正在逐渐增加投入资金。近几年，亚马逊每年在原创内容上的投入基本在 50 亿美元上下：2017 年，亚马逊在原创视频上投入了 45 亿美元，在超过 200 个国家和地区上线；2018 年全年亚马逊在各个业务领域的总投资一度达到 2200 亿美元之多，而在原创内容领域的资金投入却只有 50 亿美元，占比较小。Wedbush Securities 分析师 Michael Pachter 认为，2019 年亚马逊将向视频内容投入 75 亿美元，约占上年公司运营利润 124 亿美元的 60%。①

这样的推测不无依据，亚马逊的确开始打造一些投资更大、规模更大的剧集，这也许源自亚马逊与奈飞竞争的升级，也源自原创剧价值的不断显现。

如在业界广为流传的，亚马逊花费 2.5 亿美元拿下《指环王》的电视剧改编版权，便是有力证据。据业内预测，如果整部剧集拍摄三季，将制作成本与营销成本纳入计算，亚马逊很可能要投入 10 亿美元左右的总成本，这毫无疑问将是好莱坞电视史上最大的一次冒险，但如果成功了，收益也将是惊人的。剧集一旦成功，不仅能帮助亚马逊进一步赢得北美市场，更能强力推动亚马逊的征途。

与流媒体视频巨头奈飞的争夺，促使亚马逊持续关注着全球各地的流媒体市场，在主题选择与制作上都呈现出国际化的特征：例如，在印度，奈飞推出了第一部印度原创恐怖剧集，而亚马逊也计划发布针对印度的第四部原创剧 Comicstaan。在日本市场，奈飞拍摄了《火花》，亚马逊也拍摄了《东京女子图鉴》。

在电影的制作上，亚马逊擅长且倾向与好莱坞的大牌制作人与明星合作，毕竟对于财力雄厚的亚马逊来说，他们在抗风险能力上，要超过绝大多数传统电影公司，但仍旧是不够专业的跨界新人，还不具备开发大项目的能力。因此，亚马逊持续与传统电影公司合作，联合好莱坞，从高口碑入手，签了伍迪·艾伦、吉姆·贾木许、斯派克·李等知名导演，并向独立、小众的题材以及海外导演的电影上倾斜，希望占据高口碑、精品化的电影产出，甚至冲击奥斯卡，打响亚马逊影业的品牌。

（2）广覆盖、场景化的版权占有

在版权占有上，亚马逊与传统广电集团如 HBO、ABC、SHOWTIME、CBS、Starz 等，以及大型影业机构或制片厂如环球影业、箭影公司、米高梅影业都有长期的版权合作关系。传统广电集团以及影业机构资本雄厚，内容生产能力扎实，且其产出的内容由于长期的口碑积累，对绝大部分大众内容消费者而言有高认可度与熟悉度，甚至是不可或缺的存在，对亚马逊等影视内容领域新人者而言，是至关重要的合作者。

亚马逊重视儿童及家庭内容的版权投入，与 PBS KIDS、Up faith&family 等专注提供儿童内容的广电机构有长期内容合作关系，亦获得《小猪佩奇》《天线宝

---

① 新浪财经. 奈飞劲敌来了 亚马逊旗下工作室计划每年发 30 部电影. (2019 - 02 - 20).
https://finance. sina. com. cn/roll/2019 - 02 - 20/doc - ihqfskcp6746384. shtml.

宝》等经典 IP 形象的版权，可见亚马逊也意识到视频内容在大屏端与家庭场景是不可分离的。

亚马逊对体育赛事版权的投入也在不断提升，除了与 MLB TV 的深度合作以外，2018 年开始，亚马逊大举进入网络体育直播领域：包括拿到了玛丽·多诺霍运营的经典体育赛事及未来 20 场英超比赛的独家直播权；斥资 500 万美元从推特网站手中抢走了美国职业橄榄球联盟的转播权；再度获得了职业网球协会的大量赛事直播权；收购了纽约扬基手中的 Yes 电视网约 80% 的股份。

体育类视频内容对大众而言，是具有不可替代的、黏性强的内容，未来也仍是亚马逊的投资重点。值得一提的是，亚马逊并不寄望于通过体育直播获取大量广告收益，而更注重通过体育直播这个渠道来推广宣传今年其自制的影视内容作品。

（3）内容流程工具化吸纳中小内容创作者，丰富垂类内容

为了提升对内容创作者的吸引力，亚马逊工作室提供了可用于资源招募、作品分发的服务平台，便于内容创作团队在前期制作及后期分发。

Prime Video Direct 是一个影视内容分发工具，定位于帮助制片人、分发负责人、个人电影制作者等将作品自助分发到 Prime Video 平台以及亚马逊 Prime 支持的各终端中去。内容创作者可以自由选择计算特许权费用的方式，亦可随时根据内容的订阅量或观看量优化其展示设计甚至修改剧情。

这一功能主要服务于中小型内容创作团队，可使得其能便捷利用亚马逊的 Prime Video 平台作为分发出口，赚取利润。亚马逊通过这一功能吸引了大量垂类内容制作机构进驻 Prime Video 平台，涵盖音乐主题类、体育健身类、教育科普类、纪实类、真人秀类、外国类、LGBT 群体内容等，持续活化亚马逊内容仓库，从而进一步吸纳外围的中小型内容机构，营造开放性的内容生态，形成双方流量互通互流。

IMDbPro 是被亚马逊收购的互联网电影资料库公司 IMDb 为影视从业者提供的一项服务，支付每月 19.99 美元或每年 149.99 美元的费用后，影视从业者可以随时在其中发布招募演员试镜、投资、宣传渠道等信息，并能与其他从业者建立联系，同时可在平台上随时获取最新的影视项目投资、演员招募等内容，保持与影视行业的紧密联系。

以上内容流程服务工具的构筑，展现了亚马逊对于影视内容创作的开放性态度，尤其是对于资金或人员不足的内容团队而言，他们可以利用这些工具与行业建立连接，从而推进项目，其创作的好作品也找到了分发口。亚马逊便是以这样的方式，希望以开放的姿态吸引更多的影视从业者聚集到亚马逊工作室

之下，丰富其影视内容生态。

除了影视内容以外，亚马逊也为图书及有声书创作者提供了自助上传作品到 Kindle Books 及 Audible 的服务，展现亚马逊在媒体内容生态建构上的开发性态度。

（4）直播社区扩充 UGC 内容

除了保持与专业影视机构以及广电集团的良好关系以外，亚马逊也关注到了 UGC 的力量，旗下 Amazon Live 以及 Twitch 两个聚集大量各行业达人及其粉丝的直播社区，每日都在为亚马逊的数字媒体资源库输送新内容，常驻平台的达人的生产能力有时甚至不输专业机构，随着粉丝量扩大，有望赋能于亚马逊电影及剧集内容的开发与创作。

Amazon Live 是亚马逊联手美国著名电视购物集团 QVC 推出的流媒体直播服务，类似国内的淘宝直播，卖家可申请在其中围绕某商品开设直播间，具有创意性的商品直播主题时常会在其中出现，包括科普性的、趣味性的、盘点型的、实测型的内容，都对普通消费者有不少吸引力，长期在其中开设直播的商家甚至会策划周期性的如购物节目一般的直播形式，展现亚马逊电商商家不容小觑的内容生产力。

流媒体直播平台 Twitch 原本是供人们在线直播或播放游戏视频的地方，但是随着它的观众群不断壮大，这个平台的内容范围已扩大到了烹饪节目、视频博客以及各式才艺节目、电视节目内容等。

①游戏直播与互动：在专业电竞比赛领域中，Twitch 是最大的在线直播平台。除了流媒体播放电竞比赛外，它还资助各种比赛在其网站上播放。此外，还有很多专业游戏玩家在这个平台上直播自己玩游戏的过程。大量主流视频游戏出版商、开发者和电竞比赛的组织者，都开设了 Twitch 频道，Twitch 还经常与他们合作在线播放他们的比赛，以及提供相关的内容。Twitch 在与暴雪娱乐公司达成了合作协议后，在 2018 年在线播放其电竞比赛。很多游戏媒体网站也开通了自己的 Twitch 频道来讨论电竞比赛联盟、竞赛、游戏新闻和视频游戏内容。

②各式才艺展示内容：Twitch 在 2015 年创办了 Twitch Creative 频道，专门为艺术家和手工艺者提供展示自己创作过程的平台，包括创作音乐、烹饪食物以及缝制动漫人物服装的过程。

③电视节目：Twitch 平台还会播放各种特别电视节目，包括朱莉娅-查尔德（Julia Child）的烹饪节目、《恐龙战队》（*Power Rangers*）和《神秘科学剧院3000》（*Mystery Science Theater* 3000）电视剧。2015—2016 年，亚马逊利用这个

平台作为其电视试播节目的试验场。

近年来，亚马逊也逐渐看重游戏业务的开发，背靠 Twitch 平台资源成立了亚马逊游戏工作室，未来亚马逊工作室与游戏工作室有许多 IP 联动、联合开发创作的可能。

2. 以订阅会员集成内容，精细化运营内容产品

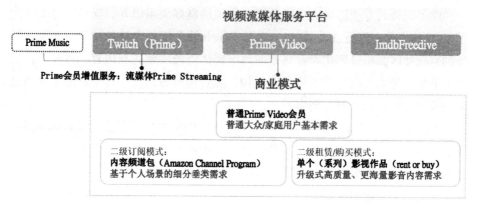

图7 亚马逊的视频媒体内容商业模式及内容产品结构

对于亚马逊而言，如此丰富多样的内容仓库的运营，主要是为了提升 Prime 会员的忠诚度，以及促进 Prime 会员规模的增长。亚马逊在 2005 年推出 Prime 会员服务，起初主要是为电商消费者提供更便捷优质的物流配送服务。而在亚马逊将音乐、影视等影视、数字媒体资源一步步整合在网上商店后，Prime 会员增值服务也变得丰富。

目前亚马逊将绝大部分的流媒体视频内容都整合在了 Prime 会员订阅服务的 Prime Streaming 增值服务板块中，会员订阅包年为 79 美元，包月为 7. 99 美元，Prime Streaming 涵盖了 Prime Video、Twitch Prime 以及 Prime Music 三者，其中 Prime Video 作为亚马逊最重要的流媒体视频平台，集成了其绝大部分的影视版权内容以及自制影视内容，也是单独可订阅的流媒体视频服务，价格为每月 5. 99 美元。

在 Prime Video 的订阅服务之下，亚马逊对 Prime Video 的内容做进一步包装与售卖，形成需要进一步付费的内容频道包订阅以及单片租赁或购买两种内容产品形态。

一般的 Prime Video 订阅服务满足的是大部分受众特别是家庭受众的基本娱乐需求，其包括的内容主要是亚马逊自制的影视综艺内容、大部分的儿童类版权内容以及流行、热门的如 ABC 电视台的影视、综艺内容、体育赛事直

播内容。

表1　Prime Video 订阅服务下的二级订阅服务——频道内容包（不完全整理）

内容类别	频道内容包	内容详情
综艺娱乐类（接受传统电视频道类，符合家庭大屏场景）	itv	无线电视频道
	Sundance tv	AMC 旗下的付费电视频道
	Insight tv	4k 视频内容（iptv 内容提供商）频道
	hayu	真人秀节目频道
	Arrow tv	综合影视频道
	Starz play	好莱坞电影/自制电视剧制作方
	discovery	探险类节目
电影类	MGM	米高梅公司出品的电影
	Universal studio	环球影业——好莱坞制片厂
	viewster	流媒体视频服务（电影为主）
	realeyz	获奖电影人的独立电影
纪实科普	Pbs America on deman	纪录片
	History play	纪实片
	Curiosity stream	科学/人文类纪录片
	The great courses	教学类节目
	docsville	原创/经典纪录片
亲子类	Up faith&family	家庭内容
	hopster	儿童内容
体育健康	motorland	摩托——极限竞技
	Yogaanytime	瑜伽教学视频
	Gala	视野拓展/瑜伽类视频服务
	sweatflix	健身类视频
	Undisputed champiion	拳击赛事
惊悚类	Arrow video	Cult 片/恐怖片（影视公司）
	shudder	惊悚恐怖类内容
美食类	tastemade	美食类视频

续表

内容类别	频道内容包	内容详情
音乐类	Stingray djazz	爵士乐主题电视频道
	Stingray qello	演唱会视频
海外类	Pycckoe knho tv1000	俄语视频服务
	erosnow	印度电影、音乐录像带、综艺等内容
	b4u	集成宝莱坞内容的电视频道
动画类	funimation	动画内容
同性类	Here tv	LGBT 类内容频道
	dekkoo	同性类视频流媒体

在 Prime Video 订阅之上的频道内容包则因其内容类型的多样化以及垂直化，更切合个人场景的需求。这些频道内容包主要是来自大型内容制作方以及垂类视频内容提供机构的内容，这一内容产品的出现基于的是亚马逊在 Prime Video 平台上推出的 Amazon Channels Program 项目，鼓励各大内容制作商，例如 HBO 在此处售卖自己旗下的各个频道，购买者需在开通 Prime Video 订阅服务的前提下，为频道内容包每月支付 2.99 美元到 7.99 美元不等的费用。亚马逊不仅会帮助运营这些频道，还会定期在网站和旗下的影视在线数据库 IMDb 上做推广，包括在 Prime Video 上设置各频道包的专门介绍与展示页，进一步吸引细分的人群，特别是一些如 Jazz 音乐频道、瑜伽频道、拳击频道等的特定类型的内容包，对追求个性化定制服务的年轻消费者而言有巨大的吸引力。

单片租赁或购买的内容产品主要是来自好莱坞的商业影片，如漫威系列、诺兰的蝙蝠侠系列，以及优秀获奖的剧集如 HBO 出品的《大小谎言》等，单片租赁价格一般在 5 英镑内，购买价格在 15 英镑内。

表 2 Prime Video 订阅服务下的二级订阅服务之单片订阅的内容类型

单片订阅内容类型		
电影	综艺娱乐	体育与健身
家庭和儿童	外语	科普纪实
恐怖/科幻/奇幻	艾美奖提名/获奖	

一般 Prime Video 订阅服务以及频道内容包、单片租赁的组合式的商业模

式，展现的是亚马逊对视频内容服务的精细化运营，以组合式的产品给予用户丰富多样的选择，从普通大众家庭用户到追求个性化、高质量影音体验的用户群体都可依据自身的兴趣、经济实力等自由组合选择视频订阅服务，提升用户满意度。而对内容制作方及亚马逊而言，则是更扩展了内容的商业价值空间，强化 Prime Video 平台对优质内容制作方的吸引力。

　　针对视频类内容，除了提供订阅服务的 Prime Video 平台以外，为了提升广告业务的收入，亚马逊还通过旗下互联网影视数据库 IMDb 推出免费的支持广告的流媒体视频服务 IMDb Freedive，它可以视作免费版的 Prime Video 服务，支持 Prime Video 的设备均支持 Freedive，通过 Alexa 也可以直接呼出此应用。IMDb Freedive 的内容与 Prime Video 相近，此后也将继续扩充其内容。

　　（三）软硬深度融合与拓展的终端生态

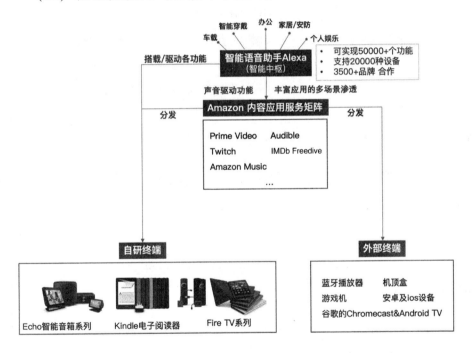

图 8　亚马逊媒体内容服务的分发

　　亚马逊拥有由数十个自研智能家居硬件组成的智能家居终端生态，并与许多终端服务提供商包括 Smart TV 等拥有良好的开放合作关系。自研与合作共同构筑其内容分发渠道，其多维的内容库资源便是在 Prime 订阅服务的整合下，通过应用商店以应用程序的形式，如 Prime Video、Amazon Music、Twitch、IMDb Freedive、Audible 等分发到各终端设备中，包括各类蓝牙播放器、机顶盒、游戏机、安卓及 iOS 设备以及谷歌的 Chromecast 和安卓 TV。

值得一提的是，随着亚马逊智能语音助手 Alexa 系统生态的持续丰富，其基于 Prime 会员订阅的福利也将吸引亚马逊的内容产品进入更多的终端设备中。

表 3　亚马逊的自研终端设备（不完全整理）

Echo	Echo	智能音箱
	Echo Plus	智能家庭路由器：Echo + 更好的扬声器和内置的智能家庭中心，连接任意可连接设备，各种智能家居设备
	Echo Dot	迷你智能音箱，可用作闹钟
	Echo Dot Kids Edition	迷你智能音箱，赠送一年 Free Time Unlimited 内容，包含迪士尼、华纳兄弟、国家地理 Nickelodeon 等板块的视频音频图文内容
	Echo spot	智能闹钟，有显示屏，可显示内容/打视频电话
	Echo Show	有屏智能音箱（类似平板）
	Echo glow	有小夜灯功能的智能音箱，定位儿童用户
	Echo buds	智能无线耳机，对垒 airpods
	Echo studio	智能音箱，支持杜比全景声和 3d 音频
	Echo flex	扩展设备，本质是微型音箱，可插在任意插座上，可将 Alexa 功能扩展到家里每个角落
	Echo Look	人工智能穿衣助手
	Echo auto	行车使用，手机连接
	Smart Family	智能家居设备（灯泡、插座等）
Fire Tablets	Fire7/Fire　HD8&10（Kids Edition）	平板电脑
Fire TV	Fire TV stick（4K）	电视棒
	Fire TV Cube	电视盒子
	Fire TV Recast	录制免费无线电视频道的 DVR 设备（录制与回放无线电视节目）
	Insignia/Toshiba　Fire tv edition（Smart tvs）	智能电视
Kinde e – readers	Kindle/Oasls/paper-white	电子书阅读器

亚马逊近年来主要关注家庭场景下智能硬件设备的开发与更新,目前形成了 Echo 智能音箱、Fire TV、Kindle 电子阅读器三条主要产品线,对消费者的日常家居生活、出行、娱乐生活场景等都有覆盖。

其中 Echo 以及 Fire 系列都支持语音交互的功能,内置 Alexa 人工智能语音助手,从而实现用语音唤醒及控制各类内容产品服务的功能,尤其是针对 Amazon Music 的播放与控制十分完善,由此把媒体内容产品融合在 Alexa 的应用生态中,推动其向生态中其他设备的分发。

在全球范围内,Alexa 已经拥有 50000 个功能,与 20000 种设备相容,并与超过 3500 个品牌合作①,支援的设备涵盖家庭、汽车、办公等多种场景,如 Alexa 支援的全新设备包括华为 AICube 智能音箱、华硕 ZenBook 笔记本电脑和耶鲁的 Sync 家庭报警系统。Alexa 为了支援更多不同的智慧硬件,还推出了"Alexa Mobile Accessory Kit"的开发者工具,开发者可以让 Alexa 透过蓝牙功能在可穿戴领域使用,如耳机、智慧手表、健身追踪器等智慧设备;亚马逊还推出 Alexa 汽车核心(AAC)SDK 或 AutoSDK 的开源版本,以帮助汽车制造商将 Alexa 语音控制连接到汽车及其资讯娱乐系统,并用于替代导航、媒体等功能所需的荧幕操控。

Alexa 支持设备的增多,也有助于增加其背后整个生态系统和应用商店模式的接触面,包括其涵盖的亚马逊各类内容产品皆有与消费者更丰富场景的连接度。

(四)多业务数据与强云端计算力,赋能融媒体内容运营全流程

亚马逊丰富多样的业务生态为其积累了大量的数据,包括来自电商平台的消费数据、影音图书数据及相关的用户浏览数据、终端设备使用行为数据、线下零售数据以及收购 Alexa Internet 后获得的营销流量数据。亚马逊仍在持续不断建立和购买更多消费者行为的新数据来源,其中包括收购 Whole Foods(WFM)、打造无收银员便利店 Amazon Go、持续拓展 Alexa 人工智能语音服务,以及快速扩充其流媒体视频库等。

① 雷锋网. Alexa 新的数据里程碑:50000 个技能、20000 种设备、3500 个品牌.(2018 - 09 - 03). https://www.sohu.com/a/251720168_ 114877.

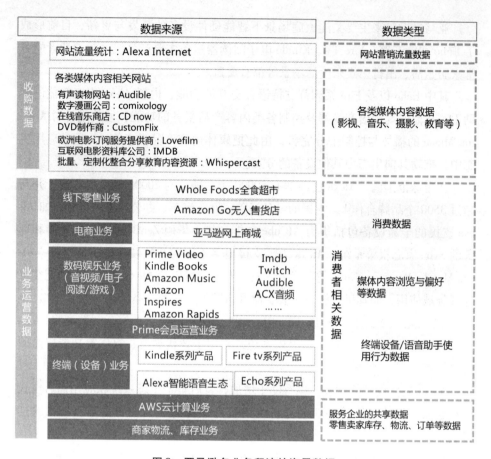

图9　亚马逊多业务积淀的海量数据

　　亚马逊的云计算产品 AWS 则可对如此海量的数据做统一管理以及分析计算，AWS 提供了云存储、托管和一整套其他工具，用于在远程数据中心管理整个数字基础设施，它还在机器学习、人工智能、物联网以及无服务器计算技术等新兴领域持续创新。AWS 对亚马逊自有数据的出色把控与利用使得亚马逊可充分调用数据库，赋能于内容的运营以及广告营销上。

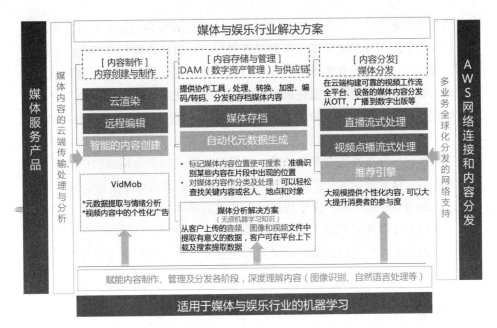

图 10　亚马逊 AWS 云计算服务针对媒体与娱乐行业提供的解决方案

　　针对融媒体业务，背靠 AWS 云计算平台融合多样媒体形态的服务及产品，以及 AWS 网络连接对融媒体全球分发的强有力的支持，AWS 云计算服务为亚马逊的媒体与娱乐业务提供了从内容制作、存储与管理到分发交付的全流程的解决方案。

图 11　亚马逊 AWS 云计算服务中适用媒体与娱乐行业的产品及服务

其中最为突出的，是 AWS 的机器学习能力在融媒体内容运营全阶段中的赋能，其强化了使用者对融媒体内容的深度理解：在媒体内容的个性化广告植入方面，机器学习通过提取媒体内容及相应的用户数据，做情绪维度的分析，利于营销人员更高效及精准地创建视频内容中的个性化广告；在媒体内容资产管理与储存方面，机器学习中的"Amazon Rekognition 智能图像和视频分析功能"以及"Amazon Comprehend 发现文本的见解和关系的功能"能对媒体内容中的特定位置做标记、分类及进一步的处理，如识别与标记归类影视内容中的情节特点、演员名、背景音乐等，使媒体内容数据可供企业直接搜索定位，同时 AWS 在这之上融合多种机器学习模型构建了工具化的媒体分析解决方案，借助工具平台，使用方可以无须机器学习的知识便可存储及搜索、提取到音频、图像、视频媒体内容中有意义的数据；在媒体内容分发方面，机器学习推动企业或媒体客户构建推荐引擎，借助 Amazon Segemaker 功能模块，企业使用者可以大规模构建、测试和部署针对自身融媒体业务受众特点的推荐算法，以提供规模化的个性化内容持续提升受众及消费者的黏性、参与度与忠诚度。

由此可见，AWS 云服务在实现亚马逊的大数据生态对融媒体业务运营赋能的同时，也为媒体与娱乐行业中的其余媒体机构如奈飞、BBC，内容生产机构等提供融媒体运营全流程的解决方案。

可见亚马逊云端数据处理能力强大，且有架构完善的、依托数据资产赋能融媒体生产到分发的运营全流程的服务矩阵。背靠亚马逊 AWS 云服务出色的数据处理能力以及其整合程度高的会员服务与终端生态促进的多业务数据的互通，数据对于亚马逊的融媒体运营能力以及营销能力都有强有力的赋能。

（五）电商导向的会员社交化，媒体内容的社交感不足

Prime 会员对于亚马逊而言是与其大量用户的主要联系入口，除了通过收购等方式扩充业务来丰富会员增值服务，从而持续留住及吸引消费者以外，为了提升 Prime 会员之间的联系度，以及对亚马逊的黏性，亚马逊曾经推出社交化工具，但由于其目的过分商品导向，并未对会员社交有实效。

亚马逊推出了名为"Spark"的社交购物工具，其功能及界面与 Instagram 相近，它的主要工作是供亚马逊的会员分享自己的购物生活。在 Spark 的内容平台上，你会发现和亚马逊官网几乎一致的产品分类，而每一张照片中，亚马逊都会帮助用户找到标注产品的方法，来鼓励其他用户点击购买。

Spark 模仿了 Instagram 展示图片流的一些特点，另外还要求新用户选择至少五个兴趣类型，以显示像 Pinterest 这样的个性化图片推荐。Prime 会员用户可在其中发布内容、分享内容及关注同好者，普通用户则只可浏览。亚马逊的目的

是让用户分享各种商品图片，相互推荐或者点赞，并且让用户通过图片进入店铺，推动其核心的电子商务业务。

2017 年，亚马逊还将 Spark 与 Echo Look——人工智能穿衣助手联合在一起，打通时尚、社交这两个紧密联系在一起的内容。从体验来看，打通后的 Echo Look 评价功能，使用起来与之前基本相同，用户通过 Echo Look 拍摄两张穿搭的照片，然后照片将被放到 Spark 平台上，并等待其他用户的反馈。

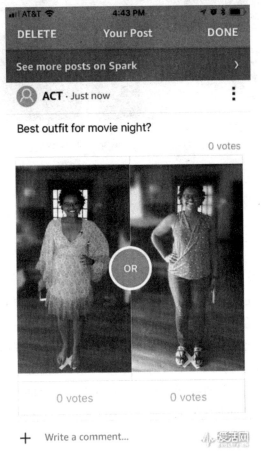

图 12　Spark 截图——以 Echo Look 拍摄造型后发布
在 Spark 上等待其他用户投票

然而，这一产品从未流行起来。亚马逊现在将访问者重新定向到其新的#Found It On Amazon 网站，推荐用户感兴趣的商品。

图 13　#FoundIt On Amazon 网站

Spark 的失败很大程度上是由于基于会员社群的社交思维过于电商导向，其社区生态难以构建起来；过度集中于商品化的内容；社交功能过于简单，难以维系用户的长期兴趣；用户原有社交圈的迁移成本过高。

事实上，亚马逊的会员目前大量聚集在 Prime Video、Twitch、Audible 等各内容平台上，但此类媒体内容平台的社交感不足。目前其中 Twitch 平台的社区化是最为突出的，用户与直播者、用户之间观看直播时的互动都十分突出，但其忠诚度是留存在 Twitch 之上，未向亚马逊内容业务生态的其他板块拓展。

亚马逊未来可提升会员社区化的方向，或许应是基于媒体内容业务生态，用同一账号拓展各内容平台中的社交功能，加强平台内普通用户间的互动，以及在 Prime 会员日拓展线下活动等。

三、经验与启示

亚马逊作为一个由电商业务起家，如今坐拥多样业务生态的互联网机构，在打造媒体内容融合的过程中，过硬的多业务整合能力、海量的数据资产、庞大的资金积累以及扎实的技术实力是其可充分利用的优势点。而在媒体内容生产上专业性的不足，以及在内容分发渠道上缺乏基础通信网络或广电网络，则是它在打造融合化媒体内容生态过程中需要弥补的主要缺口。

基于此，亚马逊在内容与终端设备上同步发力，构建出软硬结合的融媒体内容生态，对于具备终端设备开发能力的企业而言，或许具有借鉴意义。

开放性是融媒体长尾内容的活力源。内容的生产从来需要多方共同协作开发，才能不拘泥于单一类型或视角的内容，有效增强内容生态长尾部分的活力。传统的"大内容"诚然与版权占有与资本投入息息相关，但头部内容之下，垂类领域内容拥有无限的开发空间，它是打造差异化内容策略的有力增值点。

融媒体内容企业筑起具备开放性的内容平台或服务，广泛吸纳垂类内容创作者进驻内容库，无论是对个人创作者抑或是机构创作者，都是可贵的连接点，是提升内容生态丰富度，活化内容对用户的吸引力的关键。

以数据力强化融媒体纵深度，持续互联互通。多业务模块是融媒体机构时常面临的境况，未连接的业务之间数据壁垒厚重，整合程度低，唯有实现"破壁"，才能推进融媒体的融合纵深度，从应用端到底层数据都实现打通。

统一简洁的商业模式如会员制是绝佳的解决方案，通过会员将多样的业务模块串联，实现业务间的相互促活，相互增值；企业机构基于整合的数据资产，可形成对单个用户数据的多维收集与分析，从而赋能运营。其中，机构的数据力，便成了毫无疑问的制胜点，系统性的数据打通，依托云计算服务的加持，才可实现数据对融媒体运营的有效赋能。

终端广连接，推进融媒体生态持续扩张渗透。富有硬件基因的企业，在打造融媒体生态时，有着不可忽视的优势——可全面升级软硬结合的发展路径，基于平台业务、软件业务与硬件业务，全方位融合。在这期间，终端生态对于融媒体服务在各场景的渗透起关键作用。

终端生态的打造，可以补足内容分发渠道；而用户量稳定的终端产品又可反向拉动融媒体服务对用户的吸引度。在当前对家庭场景尤为重视的融媒体发展生态中，通过打造终端力，构建家庭场景的入口，融媒体内容服务将因此而得以渗透，生态得以扩张。

如同亚马逊一般的互联网机构，应全方位活用用户思维与产品思维，搭建产品多元化、终端广连接、精细运营、数据驱动的融媒体生态，以实现多场景的占有、开放性的生态以及智能化的互联，从而不断维系及拓展与更广大用户的深度沟通与长效运营。

第二节 脸书

一、媒体融合发展历程及现状概述

（一）机构简介及组织架构

脸书（Facebook，简称 FB）是源于美国的社交网络服务及社会化媒体网站，总部位于美国加州圣马特奥县门洛帕克市，在 2004 年由当时就读于哈佛大学的马克·扎克伯格和其室友创立。

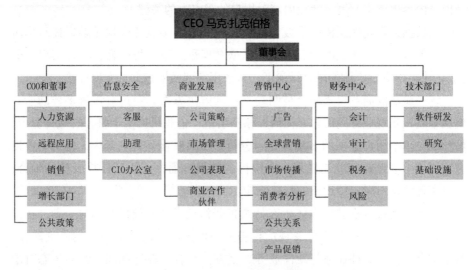

图 1 脸书公司的组织结构

脸书有一个矩阵组织结构。该结构的特点在于可以满足公司的组织需求，尤其是创意和创新的需求。

1. 基于公司职能的团队

脸书公司根据其业务职能维护企业团队，管理整个组织结构中的运营活动。该结构特征基于在线社交媒体业务的各种需求。由于矩阵型的公司结构，一些职能团队往往与公司各个地理分部和产品分部有所交叉。每个团队的高级经理或行政负责人领导每个团队。脸书的职能团队包括：首席执行官、财务部门、运营部门、信息部门、技术部门、计财部门、隐私部门、安全部门、营销部门、法律部门、商业与市场部门、全球政策部门、投资者关系部门、产品管理部门以及人力资源部门。

2. 基于地理的分部

地理区域部门是脸书公司结构的另一个主要特征。鉴于社交网络和在线广告市场的差异，脸书设立了不同的地理分部进行运营。这种组织结构特征解决了人们和广告商在使用脸书旗下的社交网站和应用程序时的行为差异。例如，与欧洲广告商相比，拉丁美洲广告商倾向于以不同方式使用该公司的社交媒体服务。

人力资源也在区域分部中得到管理。地理因素包含在战略管理中，以解决业务的远程或宏观环境中的外部因素，这些地理部门中的一些部门与职能团队共享资源和管理人员。地理区域和基于职能的团队之间的交叉决定了脸书公司很多关于运营管理战略层面的原则。即使公司结构中存在这些地理分支，公司也没有为每个地区设立高级企业管理团队。相反，脸书仅仅使用区域性团队对其进行管理。

3. 基于产品的部门

脸书在其组织结构中采用基于产品的部门。此结构功能涉及管理特定产品运营的公司或全球团队。这种全球化或全公司化的视野是对当下社交媒体业务的数字媒体业务环境加以考虑的结果。虽然该公司的大多数业务都专注于其社交网络服务，但也考虑了潜在的扩张和多样化。例如，随着新产品或企业的发展，企业将在其公司结构中改变或增加更多基于产品的部门。脸书基于产品的部门包括：APP 业务群、新平台与基础设施业务群和核心产品服务业务群。

（二）发展历程

脸书的雏形源于扎克伯格在哈佛大学就读学士期间撰写了一个名为"Facemash"的网站程序，"Facemash"会从校内的网络上收集照片，每次将两张照片并排后让用户选择"较火辣"（hotter）的照片。2004 年 2 月 4 日，马克·扎克伯格与他的哈佛大学室友正式创立"the facebook"。其会员最初只限于哈佛学生，但后来逐渐扩展到其他在波士顿区域的同学，包括常春藤名校、麻省理工学院、纽约大学、斯坦福大学等学校的学生。

在获得来自 PayPal 共同创办人彼得·西尔（Peter Thiel）的第一笔投资后，该网站以 20 万美元购得 facebook. com 域名后将"the"从名称中去除，正式更名为"Facebook"，并逐步开始向大众开放。

表 1 脸书的重要产品梳理

产品	Logo	上线 & 收购时间	业务
Facebook		2004 年 2 月	脸书能够让人们在移动设备或个人电脑上去联通、分享、发现和与他人实现交流。在脸书上人们有很多方式去和他人建立关系
Instagram		2010 年 10 月	Instagram 是一个分享图片、视频和信息的社区,并且能够让人们发掘自己感兴趣的内容
Messenger		2011 年 8 月	Messenger 是一个简单但是强大的通信软件,它能够让用户与朋友、家庭、组织和公司进行跨平台和设备的沟通
WhatsApp		2014 年 2 月	WhatsApp 由 Facebook 耗资 193 亿美元收购,是一款简单可靠并且安全的通信软件,它被全球的个人用户和公司组织运用于私人通信领域
Oculus		2014 年 3 月	Oculus 是一家美国虚拟现实科技公司。为了发展旗下的 VR 业务,脸书以 20 亿美元现金及股票收购 Oculus

（三）发展现状

经历大约 15 年的发展, 时至今日, 脸书已在全球范围内收获了 20 亿用户, 成了现象级的社交软件。然而成功的背后总暗含着隐患, 调查数据显示越来越多的年轻人开始逃离脸书, 相较之下 Snapchat 和 Instagram 则更受欢迎。另外随着近些年短视频的火爆, YouTube 及 Tiktok 等视频类应用大量抢夺了年轻人的注意力, 这也对脸书造成了巨大的压力。因此脸书决心进军流媒体市场, 用更多元的视频内容挽回年轻用户, 同时也为其他用户提供更好的体验。

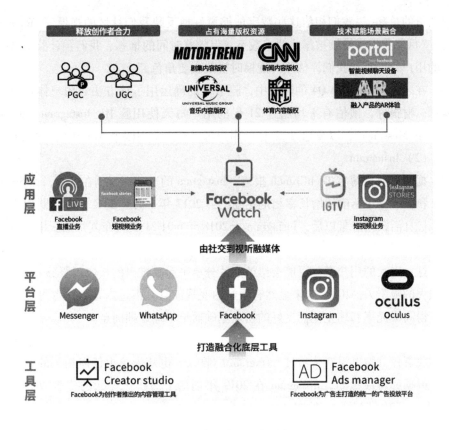

图 2　脸书融合化业务结构

1. 用户规模

（1）脸书

脸书于 2019 年 1 月 30 日盘后发布 2018 年 Q4 财报。2018 年是脸书最为困难的一年，由于被控滥用个人信息、侵犯隐私，激起了用户的强烈不满，公司的市场形象受到了严重的影响。市场担心大量的负面事件会导致脸书的用户数量和用户黏性下降，股价在 2018 年下半年出现了超过 30% 的下跌。

实际上并没有明显的证据表明脸书的用户群正在萎缩，第四季度全球 MAU 增速回升，欧洲地区摆脱了连续两个季度的下滑重回增长。

脸书第四季度全球月均活跃用户量为 23.20 亿，环比增长 2.2%，其中北美用户 2.42 亿，保持稳定，欧洲用户 3.81 亿，环比增长 1.6%，扭转了连续两个季度的下跌，这有助于打消市场对于脸书的担忧。

同时，首席财务官 David Wehner 在该公司的财报电话会议上表示，脸书将很快停止报告单独脸书平台上的数量，取而代之的是所有脸书旗下社交平台用户数量的总和。"我们相信这些数字能够更好地反映我们社区的规模。"Wehner 说,"目前我们将继续披露这两组数字,但随着时间的推移,我们预计脸书 APP 群的用户数据将在我们评估用户规模时扮演主要角色。"

在之后的 2018 年 Q4 的财报中,脸书也的确运用了该方法对用户体量进行展示。财报称,预估有平均超过 21 亿的用户每天使用脸书、Instagram、WhatsApp 和 Messenger,以及超过 27 亿的用户每月至少使用四个 APP 中的一个。[①]

（2）Instagram

据国外科技博客 TechCrunch 报道,Instagram 的迅速崛起仍在继续,让 Snapchat 和脸书停滞不前的增长率相形见绌。继 2017 年 9 月达到 8 亿月活跃用户量和 5 亿日活跃用户量以后,Instagram 于 2018 年 6 月 21 日宣布其月活跃用户量已经突破 10 亿关口。

这一庞大的用户基础可能会给该照片分享平台新推出的长视频服务 IGTV 带来强大的吸引力。IGTV 未来显然有很好的变现前景,不过内容制作者可能会为了获得高曝光率和建立他们良好的粉丝基础而早早地蜂拥而至。

达到 10 亿用户的里程碑,可能会促使 Instagram 在脸书大家庭中承担起更多的创收责任。脸书没有公布过 Instagram 的收入,也从未给出任何相关的业绩指导。但据彭博社报道,Instagram 在 2019 年创造了 200 亿美元的广告收入,占 Facebook 2019 年总收入的四分之一以上。

（3）WhatsApp

WhatsApp 宣布,如今每天使用其流行的聊天和照片分享应用的用户数已经达到 10 亿,这是该服务新的里程碑,也是其巨大增长的又一信号。2018 年,公司表示他们的月活跃用户数达到了 10 亿。

2015 年,脸书以 190 亿美元收购了 WhatsApp,即便对这家社交网络巨头而言,这个价格也相当惊人。根据 Business Insider 的数据,WhatsApp 当时的月活跃用户约为 4.5 亿,日活跃用户为 3.15 亿。WhatsApp 是一项免费服务,不通过广告挣钱。脸书主要将其作为数据来源,用于改善社交网络,对后者而言,广告收入是核心业务。如果 WhatsApp 的实际数据就像他们提供的那样出色,我们就能更好地理解脸书的首席执行官马克·扎克伯格当年为何以如此高的价格冒险收购了这项服务。

---

① Facebook. Q4 – 2018 – Earnings – Release. （2019）. https：//s21. q4cdn. com/399680738/ files/doc_ financials/annual_ reports/2018 – Annual – Report. pdf.

2. 经营状况

表2　2016—2018年脸书营收、成本、利润各项数额①

（单位：百万美元）

	2018 年	2017 年	2016 年
收入	55838	40653	27638
总成本和费用	30925	20450	15211
净收入	22112	15934	10217

　　脸书最大的财政增长来源是移动端的广告收入。2018 年，脸书估计手机端的广告收入占据了所有广告收入的 92%，而这项数据在 2017 年为 88%。2018 年的广告收入增长是由于广告分发数量的增长以及每条广告的平均单价增长了 13%。广告分发的数量在 2018 年增长了 22%，而在 2017 年增长了大约 15%；广告平均单价 2018 年增长了 13%，而在 2017 年增长了 29%。

　　广告分发数量的增长源于用户的增长，以及展示在脸书产品上的广告的数量和频率的增长。广告单价的增长源于广告库存需求的增长。导致广告库存需求增长的因素包括现有广告主的投入增加以及在平台投放的广告的数量、质量、相关性和表现的提升。脸书预计未来的广告收入的增长将会源于价格和投放数量的变动。

表3　2016—2018年脸书各项成本数额②

（单位：百万美元）

	2018 年	2017 年	2016 年
收入成本	9355	5454	3789
研究和开发成本	10273	7754	5919
营销和销售成本	7846	4725	3772
管理和总务成本	3451	2517	1731
总成本	30925	20450	15211

---

① Facebook. 2018 – Annual – Report.（2019）. https：//s21. q4cdn. com/399680738/files/doc_ financials/annual_ reports/2018 – Annual – Report. pdf.

② 同上。

相较于 2017 年，2018 年的成本增长了 39 亿美元，即 72%。成本的增加大部分用于数据中心和基础设施维护的运营花销，以及包括获取流量和内容购买在内的成本增长。

2019 年，脸书预计成本会进一步增加，因为他们计划继续扩展数据中心的容量和增加基础设施以支持用户的增长，还将提供给用户更多的新产品和服务。

二、媒体融合的策略及特点分析

（一）超越社交范畴，进军视听融媒体市场

1. 以 Facebook Watch 为中心，多元融合产品互补

作为拥有 20 亿用户的全球最大社交平台，为了维持新鲜感、增加用户黏性，脸书必须在扩大广告收入与维持用户基础间做出抉择，而进军视听融媒体市场，制作独家原生内容，正好能同时达成这两项目标，这也驱使着脸书这个社交领域内的巨人在 2017 年以 Facebook Watch 为中心开始试水融合化媒体行业。

2017 年 8 月，脸书把平台上所有的 Video 按钮替换成了 "Watch"，以此来打通视频的界限，Watch 涵盖了短视频、长视频、美剧、赛事直播、转播等一系列视频内容。据相关数据显示，现在每月有 7.2 亿以上的人，每天有 1.4 亿人在 Watch 上花费至少一分钟。平均而言，Facebook Watch 上的访问者每天在 Watch 上花费的时间超过 26 分钟。

作为脸书从社交走向融媒体的核心产品，Facebook Watch 在成长过程中逐渐整合了大量脸书的其他视频视听资源。例如，2015 年上线的 Facebook Live 如今在 Facebook Watch 中也可以观看，据消息称，脸书还开始研究将 Instagram 的 IGTV 视频联合到 Facebook Watch 的方法。据科技博客作者 Jane Manchun Wong 报道，Instagram 可能允许用户在脸书和 Instagram 上发布其 IGTV 内容。如果该功能顺利推出，预计会有更多视频创作者使用该功能在两个平台上同时分发。

另外，除了长视频内容和直播内容外，短视频方面脸书也有 Facebook Stories 和 Ins Stories 两个产品储备。Stories 可以分享用户拍摄的短视频，用户可以在短视频中添加投票、涂鸦、效果、表情包，到后来也增加了背景音乐功能。Stories 这一功能早在 2013 年就由 Snapchat 推出，用户可自行美化照片或为视频增加简单特效、文字描述、表情包，一经发布，照片或视频会在 24 小时后自行删除，带有 Snapchat 一贯 "阅后即焚" 的属性。2016 年，随着 Stories 的产品逻辑逐渐成型，脸书也开始着手布局多个与 Snapchat 类似的 Facebook Stories 产品与之抗衡，撬动用户社交的杠杆，决心成为这一新风口的引领者。

2. 融合化的内容资源，收购与自制并重

在当今内容深度融合和用户导向的时代，各家媒体公司的核心竞争力实质上是由其积累的内容资源广度以及整合内容产品组合的能力决定的。社交媒体出身的脸书虽然在内容版权积累方面起步较晚，但近年来脸书频频发力，并且呈现出明显的融合化特点。

Facebook Watch 为其原创节目敲定了一些大牌明星：贾达·萍克特·史密斯（Jada Pinkett Smith）在 Facebook Watch 上主持了一档脱口秀节目 Red Table Talk；Tia Mowry 的 Quick Fix；凯瑟琳·泽塔·琼斯（Catherine Zeta-Jones）担纲出演了一部名为《选美皇后》（Queen America）的电视剧；还有 Instagram 美妆达人 Huda Kattan 携个人化妆品品牌出镜的真人秀。此外，平台也会有剧集节目进驻，例如由凯莉·华盛顿（Kerry Washington）出品的青少年电视剧 Five Points，该剧已于 2018 年 6 月 4 日开播。而在 2018 年 12 月份，脸书也宣布续约包括 Five Points、Huda Boss、Sacred Lies 和 Sorry For Your Loss 在内的四部原创剧，可见其深耕原创内容市场的决心。

在体育内容方面，脸书已经取得美国职业棒球联赛、美国职业橄榄球大联盟、墨西哥甲级足球联赛以及诸多小型项目，如跑酷、3×3 篮球的直播与转播权。同时 ESPN 也表示将在 Facebook Watch 平台上提供一些独家内容和数字节目，包括 Fantasy Focus Live 和 Countdown to Game Day 的独家版本。

新闻内容方面，脸书已经与多家主流媒体合作，预订了一批独家新闻节目进行直播，合作媒体包括 ABC 新闻、CNN、福斯新闻频道及美国西班牙语电视网 Univision。此举部分原因是为了弥补脸书此前的假新闻风波，这些节目有着名新闻人物坐镇，如 CNN 的安德森·库珀（Anderson Cooper）和福斯新闻频道的谢珀德·史密斯（Shepard Smith）。

分析师预计，脸书将会投入大量资金把已经在美国推出的 Facebook Watch 发展成为像电视一样拥有大量用户基础的互动式视频平台。脸书管理层更希望这让 Facebook Watch 像电视一样吸引大量的广告投放。

3. 培育内容创作者，释放内容创作合力

脸书对内容培育体现在资金及技术上的支持。2018 年，脸书已经与出版商和工作室制作合作伙伴会面，为那些将由脸书出资，由制作伙伴制作，在脸书、Instagram 和其他社交平台上拥有大量粉丝的网红主演的节目做推广。这个类似孵化器的项目横跨娱乐、新闻和体育等垂直领域。消息人士称，内容创作者将负责节目的实际制作，脸书将提供资金和其他支持服务。

这个特别的脸书项目可以视为脸书整合内容创作者的重要举措，这些内容创作者在脸书、Instagram、YouTube 和其他社交平台上已有庞大的粉丝基础。无论是像 Jada Pinkett Smith 这样的名人，还是像 MTV 这样的流行网页所有者，脸书都倾向于选择那些可以"热启动"的项目。

同时脸书也在线下持续举办内容创作者研讨会，供内容创作者互相交流内容创作心得，体会最新的内容生产和管理技术。2018 年 6 月，该公司邀请 120 名内容创作者参加在洛杉矶举行的第一个"创作者日（Creator Day）"，在这一天，脸书展示了 VR 新产品，并举办了 Facebook 产品经理和内容创作者之间的研讨会。而 2019 年 7 月份在洛杉矶举行的第二届"创作者日"上，脸书又发布了一系列旨在为内容创作者更好管理作品的新功能。例如，内容管理和发布工具 Creator Studio（用于 Facebook Watch、Instagram Feed 和 IGTV 视频）为内容创作者提供了一站式服务，内容创作者可以轻松地从终端桌面管理脸书和 Instagram 上的内容。脸书提供更多工具层面的支持来激发内容创作者热情，鼓励这些内容创作者与粉丝分享新颖有趣的内容。

4. 为融媒体注入社交基因，创造"视频＋社交"新打法

脸书视频业务主管 Fidji Simo 在接受采访时称："视频始终具有社交属性，即便是在互联网诞生之前，那时的人们都在观看相同的少数频道，每个人在闲聊时都在讨论他们最喜欢的节目。"

对于脸书来说，盲目模仿奈飞或 YouTube 的模式并不是其发展流媒体业务的思路，脸书希望做到的是要让人们再次聚在一起看节目，即最大化地利用其社交基因，用社交激发用户观看视频的热情。

图 3 Facebook Watch 的用户旅程

在实际操作环节，脸书也的确遵循这样的战略来构架自己的产品逻辑。以脸书自制内容 Red Table Talk 为例，用户进入频道主页后，即可看到热门内容和热门评论同时出现在推荐位置，点击观看视频后便可以与其他用户就视频内容进行互动，用户也可以选择 Watch Party 功能与好友一同观看视频并聊天互动。一旦用户点击订阅并累积一定量的观看市场及互动次数就获得了成为该频道的超级粉丝的资格，而通过回答问题更可以加入兴趣社群与更多铁粉和主创直接互动。这不仅促进了用户完成从路人到订阅者再到群员的身份进阶，更增强了用户黏性并培养了其对节目的忠诚。

同时为了通过挖掘更多的社交上的联结，脸书在推荐算法上面也做了相应的跟进。Facebook Watch 在向用户推荐新节目时会根据用户朋友和社区正在观看的内容进行编排和组织。例如，用户会找到"最受关注的话题"（Most Talked About）之类的部分，其中突出显示了引发对话的话题；"引人发笑的内容"（What's Making People Laugh），其中包括人们评论最多"笑脸"的那些节目；以及"朋友正在观看的"（What Friends Are Watching）的节目，帮助用户与朋友交流有关他们也关注到节目的信息。

（二）融合化底层工具支撑

1. 融合化的广告管理工具：Ads Manager

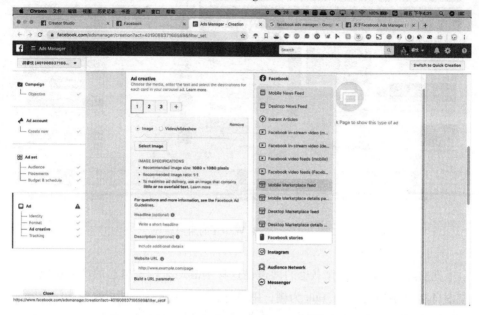

图4　Facebook Ads Manager 可以投放和管理多平台、多形式的广告

脸书之所以能实现平台融合化以及快速发展融媒体，很大一部分需要归因于它有融合化的底层工具作为支撑。如融合化的广告管理工具——Ads Manager。Ads Manager 能够让广告主在脸书、Instagram、Messenger 或 Audience Network，即脸书旗下全平台上投放多种形式广告，同时能够帮助广告主管理广告并监测广告效果。

具体操作介绍如下：

制作广告。使用 Ads Manager，广告主可以逐步设计广告。制作广告时，广告主可以选择营销目标、目标人群、展示广告的位置以及广告格式。

同时管理多个广告。在 Ads Manager 中，广告主可以跨多个广告编辑设置（如受众群体、预算和展示位置），并通过复制来创建广告副本。

查看广告效果。查看有关广告效果的最新数据并生成报告。广告主可以从更加详细的视角查看所有广告系列的运行情况，从应用细分标签来查看自己关注的指标，并创建定制化的广告报告。①

2. 融合化的内容管理工具：Creator Studio

除了为广告主开发融合化的工具外，脸书也有一套名为"Creator Studio"的集成化的内容管理平台供内容创作者使用。它的作用是集成管理 Facebook 页面所需的所有工具，包括发布、货币化和衡量所有页面中的内容。

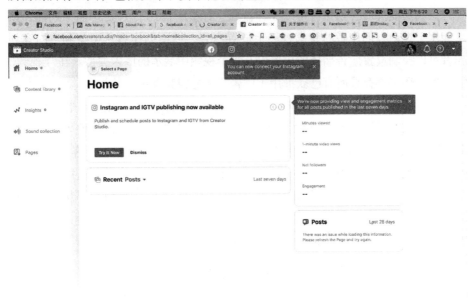

图 5　Creator Studio 界面

具体的核心功能如下：

创意功能。内容创作者可以直接在 Creator Studio 中发布内容。只需转到"主页"选项卡，单击"发布内容"，然后选择要将内容发布到哪个页面。内容创作者可以从 15 种以上的帖子格式中进行选择，其中一些格式包括照片、视频、多媒体、民意调查、事件、列表、要约/折扣以及问答，也可以将帖子另存为草稿，日后再发布。同时 Creator Studio 还提供了编辑播放列表和添加音乐效果的功能帮助内容创作者创作内容。

管理功能。内容库是 Creator Studio 的重要功能，内容创作者可以查看在页面上发布的所有内容的概述，以及每篇文章的数据洞察。内容创作者还可以通

① 《Facebook 广告管理工具简介》，检索于 https：//www. facebook. com/business/help/200000840044554？id＝802745156580214。

过单击帖子旁边的复选框来编辑，增强或删除特定帖子。内容库的另一个节省时间的好处是可以交叉发布，内容创作者可以在多个页面上重用视频，而不必重新上传。在 Creator Studio 的"收件箱"选项卡中，内容创作者可以管理脸书和 Instagram 帖子上的评论以及 Pages 上的消息。内容创作者可以对多平台的信息进行回复和管理。

盈利功能。内容创作者可以在"盈利"标签中找到"广告中插"功能，该功能用于在内容创作者的脸书视频上放置广告，以便创作者从中盈利。内容创作者可以控制放置广告插播的位置以及每个视频中展示的广告类型。在"视频"标签中，还可以查看所有已获准用于广告插播的视频及估算其收入。

分析功能。通过使用 Creator Studio 中的"数据分析"标签，内容创作者可以非常详细地了解内容的效果。内容创作者可以查看视频的播放效果，包括观看时间、观看次数和关注者行为以及哪些关注者是自己视频的回头客。

在表现部分，可以看到特定时间段和特定内容的数据。只需选择要查看的页面和日期范围即可查看观众的浏览时间、评论、分享、反应、受众增长。在"受众群体"部分，内容创作者可以在一个或多个页面上查看有多少人看到、观看并参与了自己的视频。Creator Studio 还可以帮助内容创作者根据年龄和性别等受众特征来了解受众。

（三）融合化的商业变现

1. 多元广告模式之外，探索内容付费

在脸书上投放广告有多种方法。包括付费在脸书的 News Feed 或 Facebook Stories 中投放广告或者在流媒体视频播放之前和播放期间播放商业广告，而这通常指的是在 Facebook Watch 上投放广告。

Facebook Watch 方面，随着该产品日均活跃用户数的增长和高质量自制内容的不断丰富，越来越多的广告主开始在 Facebook Watch 上投放广告。据《华尔街日报》报道，为 YouTube 和脸书上的营销人员提供品牌安全服务的科技公司 OpenSlate 的首席执行官 Mike Henry 表示，使用脸书特定产品计划的所有客户（40 位）在广告支出上至少花费了"六位数，有时甚至是七位数"插播脸书广告。Mike Henry 补充说："已经开始在脸书上花钱的广告商继续花钱并增加预算。"

而 Stories 方面，在 2019 年 4 月的电话会议上，首席运营官 Sheryl Sandberg 告诉听众，有 300 万广告客户在脸书的整体应用生态系统中使用了 Stories 广告形式。因此，脸书虽然没有公开这些广告的利润，也没有明确指出是否大部分广告都投放在 Instagram 上，但似乎完全理解运用短视频这一概念进行营销并将其应用于整个移动产品组合，主要包括脸书、Instagram 和 Messenger。

除了广告之外，脸书还尝试了通过售卖流媒体付费内容来赚取利润。2019 年 8 月，脸书开始尝试与合作伙伴 BritBoxTV、CollegeHumor Dropout、MotorTrend App 和 Tastemade Plus 在美国的脸书 Watch 视频测试订阅内容。其目的是帮助这些平台通过社交网络出售会员订阅服务，用户可以在脸书上无广告地观看这些流媒体内容。而脸书则可以与四家流媒体内容供应商进行收益分成。

2. 内容 + 电商快速转化

Instagram 在 2019 年 3 月上线了 Checkout 系统，人们可以直接在 Instagram 内结算购买，而不用进入零售商网站。目前与 Instagram 合作的品牌包括 Adidas、Burberry、ColourPop、Dior、Huda Beauty、H&M、KKW Beauty、Kylie Cosmetics、MAC Cosmetics、Michael Kors、NARS、Nike 等。

每当用户点击图像中的产品标签时，新的结账功能就会显示"在 Instagram 上结账"按钮。一旦用户在 Instagram 中保存他们的购

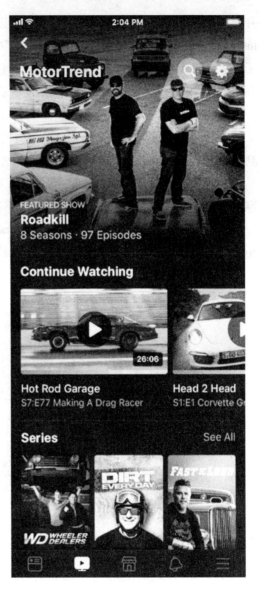

图 6　Facebook Watch 上的
"汽车趋势"（MotorTrend）内容

买信息，他们将能够通过在 Instagram 中的结账按钮直接进入购买界面，并且借助 PayPal 完成最终的付款，还能在应用程序内追踪和管理他们的订单。通过将电商模式无缝融合到内容信息流中，Instagram 加快了消费者购买决策的过程，形成快速的落地转化。

据 Instagram 透露，每月在应用程序中点击产品标签的用户数量从 2016 年 9

月的 9000 万增长到 2017 年的 1.3 亿，这足以证明该标签的重要性。也就是说，Instagram 在其最重要的流量口之一上开放了电商购物的功能，而该平台上集聚了非常多的品牌商给自己的产品进行推广和积累粉丝。

（四）用技术优化用户体验，打造场景化的终端融合

1. AR 赋能内容创作

2019 年的脸书开发者大会上，脸书宣布结束 Spark AR 在 Instagram 上的内测，并正式在 Instagram 上启动 Spark AR 的公开测试版本。

Spark AR 使艺术家、设计师、普通素人都能够制作自定义效果，并且在内容创作者社区共享，并实现更生动的数字表达形式。

目前已有超过 10 亿的人在脸书、Instagram、Messenger 和 Portal 上使用了由 Spark AR 提供支持的 AR 效果和滤镜，脸书希望有更多的人体验 AR 在 Instagram 上提供的所有功能。[①]

2. 智能视频通话设备打入家庭场景

图 7　脸书智能视频通话设备

2019 年 9 月，脸书推出了 3 款新的 Portal 设备。重新设计的新 Portal 和全新的 Portal Mini 可无缝安装到任何房屋中，使人们在家庭的任意一个房间都可以与家人和好友进行视频语音通话。Portal Mini 具有 8 英寸高清显示屏，Portal 具有较大的 10 英寸高清显示屏，可进行视频通话、纵向或横向显示照片和观看视频。自适应显示器可调整周围环境的亮度和颜色，使视频通话以及 Superframe

---

① Matt Roberts：Creativity for All：Facebook's Spark AR Now Lets Anyone Build and Share Effects on Instagram，2019 年，检索于 https：//www. cyber - gear. ai/facebooks - spark - ar - now - lets - anyone - build - and - share - effects - on - instagram/。

上的照片和视频看起来自然。Portal 和 Portal Mini 都具有强大的内置扬声器，非常适合在不通话时播放音乐。①

　　Portal TV 则将智能视频通话带入用户家中最大的屏幕。它可以安装在电视上方或下方，以进行沉浸式视频通话，用户在通话过程中四处走动却仍然可以被对方看到。除了通话功能以外，借助 Portal TV 上的 Amazon Prime Video 应用程序，用户可以流式传输自己喜欢的节目和电影，包括 Amazon Originals 的内容。用户还可以下载其他应用程序，如 Showtime、CBS All Access、Starz、Pluto TV、Red Bull TV 和 Neverthink，用户可以收听 Spotify、Pandora、iHeartRadio 和 iHeartRadio Family 中喜爱的音乐。②

　　但该产品缺少来自奈飞以及其他流行视频流服务的内容。如果没有 Roku、苹果以及亚马逊等竞争对手流媒体厂家提供的视频和应用程序，该产品可能面临着更严峻的竞争。

三、经验与启示

　　注重社交关系，强调互动分享。脸书发展融媒体最大的闪光点就在于它的社交视频的战略。做社交是脸书的看家本领，聚合在脸书各类社交软件中的用户群体是脸书的独有资源，而将社交融入视频观看则是脸书挑战奈飞等流媒体巨头，在市场中占据一席之地的制胜法宝。不仅是视频观看，脸书在包括内容创作、内容推荐等环节上无不重视社交玩法对提高用户参与度的作用。通过寻找人与人之间的联系，脸书实际上构建了一种独特的社区化的氛围，在这里观看视频不再是单一个体的需求而是一个个小圈层、小群体的需求，更多的人容易被有温度的社交关系带动，加入脸书 Watch 的用户中来。

　　重在软硬件结合，布局大屏场景。脸书发展融媒体的另一个闪光点体现在其兼顾软硬件发展上。虽然目前的 Portal TV 在内容方面只能依赖于其他流媒体厂商提供的视频和应用程序，或是通过手机将 Facebook Watch 的视频内容投屏。但是不妨设想，如果有一天 Facebook 推出内置的大屏端流媒体订阅业务，加之独特的视频通话功能，将会使 Portal TV 在电视盒子领域具有相当强的竞争力。硬件的开发不仅是在营收方面起到开源的作用，其更深远的意

---

① Facebook Newsroom. Meet the New Portal Family: Smart Video Calling on Your TV and Anywhere in Your Home. (2019 - 09 - 18). https: //about. fb. com/news/2019/09/meet - the - new - portal - family/.

② 同上。

义在于拓展业务生态和抢占更广阔的场景。如今互联网电视高速发展让观众的注意力又逐渐流回到家庭大屏上，大屏场景便成为不可放弃的赛道。因此如果想要实现流媒体内容有效分发和充分利用，开发独立的内容传输设备是很好的选择。

第三节　奈飞

一、奈飞媒体融合发展历程及现状概述

（一）机构简介

奈飞是一家国际流媒体服务公司，于 1997 年成立。目前奈飞可以提供海量综艺、电影、动漫、纪录片等的流媒体付费点播服务，业务覆盖全球 190 多个国家和地区。[①]

奈飞在原创影视内容制作上也有着不可小觑的地位，其制作的作品在艾美奖、奥斯卡中的提名数量直逼好莱坞老牌制片厂以及传统广电，已被美国电影协会（MPAA）正式接纳，与老牌制片厂处于同样的地位。

面对传统广电机构如 HBO，影视集团如迪士尼、亚马逊以及苹果公司等在流媒体服务上的围剿，奈飞仍旧在顽强地稳固自身的内容壁垒，同时持续提升技术力，以特性鲜明的内容库和接近用户的沟通方式在流媒体行业中占据上层地位，对抗新旧流媒体平台对它的围剿之势。

---

① Netflix：2019 Annual Report，2020 年，检索于 https：//www. netflixinvestor. com/financials/annual – reports – and – proxies/default. aspx。Netflix：2018 Annual Report，2019 年，检索于 https：//www. netflixinvestor. com/financials/annual – reports – and – proxies/default. aspx。Netflix：2017Annual Report，2018 年，检索于 https：//www. netflixinvestor. com/financials/annual – reports – and – proxies/default. aspx。Netflix：2016 Annual Report，2017 年，检索于 https：//www. netflixinvestor. com/financials/annual – reports – and – proxies/default. aspx。后文数据如无特别标注，皆出于以上财报。

（二）发展历程

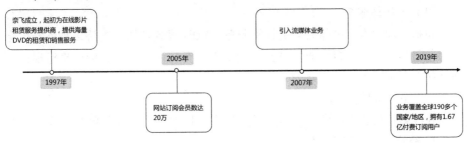

图 1　奈飞发展历程

1997 年，奈飞为在线影片租赁服务提供商，提供海量 DVD 的租赁和销售服务；2005 年，其网站的订阅会员数便达到了 420 万；2007 年，奈飞引入了流媒体服务，并通过与各网络提供商、设备提供商等持续合作，拓展其流媒体服务的覆盖地区。

从互联网影片租赁商到全球流媒体服务提供商，再到内容行业上游的深度参与，奈飞将科技与娱乐全面融合，并在技术与大数据的驱动下，依托于重金投入，不断强化着多样类型的内容产出、增强与全球分发渠道、团队间的融合并相互赋能。

（三）发展现状

1. 主营业务和服务

图 2　奈飞的公司组织架构

业务遍布全球的奈飞在各地都设有分部。总部位于美国加利福尼亚州洛斯盖图（Los Gatos），主要负责工程、数据 & 分析、设计、产品等板块；美国洛杉矶分部毗邻好莱坞，主要负责内容业务、市场营销等工作，有一间规模很大的办公室，被称为奈飞的娱乐中心，诞生了许多优质内容作品；美国的另一分部费利蒙，负责奈飞最早期的业务即美国本地的 DVD 租赁业务，与流媒体业务的分部交流较少。奈飞在海外各地区都设有分部，以管理各地流媒体业务。

奈飞的公司业务简单专一，主要业务包括流媒体服务与 DVD 租赁业务。

（1）流媒体服务

包括美国国内、国际的会员订阅服务、VOD 视频点播，支持多种终端。会员只要每月支付一定费用即可享受大量奈飞专有的视频内容，会员价格根据所在地区有所不同。

（2）DVD 租赁业务

在线影片租赁提供商，在美国国内提供奈飞海量的 DVD 并免费递送。

2. 经营状况与用户规模

自 2007 年奈飞正式开展流媒体业务以来，其营收便在不断上涨。在美国国内流媒体业务逐渐饱和后，奈飞不断提升内容支出，用以持续拓展国际市场，强化流媒体业务在海内外的扩张，这逐渐驱使国际业务在 2018 年实现对国内业务收入的超越，整体用户规模持续上升，其中国际用户规模增长速度十分可观。

（1）2016 年至 2019 年营收稳步增长

奈飞 2019 年全年营收为 201.6 亿美元，相较 2018 年的 157.9 亿美元有了一定的增长，主营业务成本 124.4 亿美元，净利润 18.7 亿美元，营收及利润实现增长。

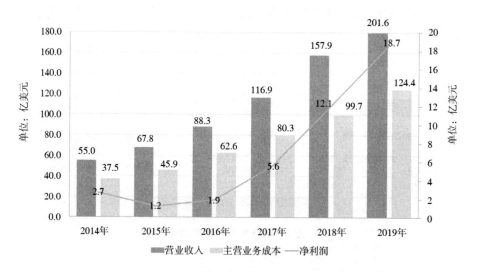

图 3　2014—2019 年奈飞每年营收、成本及净利润

2014 年至 2016 年，净利润下滑，这与 2015 年开始全面布局全球市场，海外发展支出增大，内容成本大量增加，以及美元汇率的变化相关。

（2）内容支出持续走高

奈飞在 2016 年的内容支出达 69 亿美元，2017 年 89 亿美元，2018 年 120 亿美元，内容支出逐年大幅度上升，现金流持续为负，负债加重。

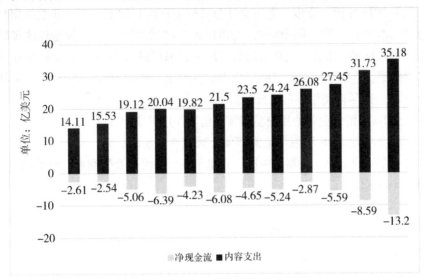

图 4　2016 年 Q1—2018 年 Q4 奈飞净现金流与内容支出统计

（3）国际流媒体业务成首要收入来源

用户订阅服务是主要收益来源，2019 年用户订阅总营收（streaming revenues）达 198.6 亿美元，与 2018 年的 154.3 亿美元相比实现了增长。自 2018 年第二季度奈飞的国际流媒体业务收入首次超过美国本土业务后，最大经营收入来源逐渐转变为国际订阅用户，而 DVD 租赁业务的收入及成本则逐年下降。

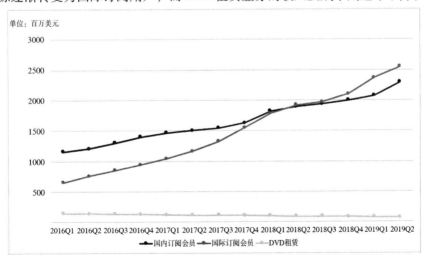

图 5　2016 年 Q1—2019 年 Q2 奈飞每季度各业务收益

（4）美国本土用户量基本饱和，国际用户稳步增长

截至 2019 年第二季度，奈飞全球总订阅用户达 1.52 亿，近 3 年总体用户增长速度基本持平。其中美国国内订阅用户数为 6010 万人，增长幅度较往年同期下降，第二季度国内会员出现负增长；国际订阅用户达 9150 万，增幅与往年同期基本持平。目前整体国际订阅用户占总订阅用户数的 60%，2018 年年末其占比为 56%，国际订阅用户量增长较快。

本土 DVD 租赁业务的用户量持续下滑，2018 年共 271 万用户，较往年下降20%，2017 年较 2016 年用户减少 17%，减速有所加快。

目前奈飞的用户已遍布除中国、克里米亚、朝鲜以及叙利亚以外的超过 190个国家 / 地区。

二、媒体融合的策略及特点分析

（一）分权式决策，融合化协作的运营架构

作为一家极其强调员工个人能力的企业，奈飞内部的运营架构与传统公司有所差别，更加扁平化，且在决策上授予更多的员工权力。

1. 双层深度协作的整体管理层结构

奈飞的高管团队由 CEO 里德·哈斯廷斯（Reed Hastings）以及 7 位直接向其汇报工作的"R 级员工"组成，包括总法律顾问、首席营销官、首席人才官、首席财务官、首席产品官、首席内容官以及首席传播官，大部分的高管在公司已有很长的任期，掌握着较高的话语权。在"R 级员工"之下，则是"E 级员工"，即公司副总裁，他们负责管理公司各个团队，分别专注于原创内容、平台架构、区域营销等业务。在过去 4 年，奈飞发展成全球性巨头过程中，"E 级员工"规模快速扩大，如今已超过了 100 人。

图 6　奈飞的内部运营架构

"R 级员工"和"E 级员工"每年约见面 10 次，在此期间主要讨论一些宏

观战略项目。每位成员需要对公司整体事务发表自己的看法，而不能仅局限于自身部门相关事务。例如，当公司讨论在欧洲的扩张以及应该专注于哪些国家时，所有高管都应当就先打入北欧国家还是荷兰市场发表自己的看法。

这使得处于管理层的员工都能直接参与公司的战略事务，也要求他们对公司发展有整体性、深层次的理解，对各方面的事务发展都有所思考。这样的机制一定程度上促进了各个团队间平时的交流与理解，在协作项目时，也更容易融合为一体工作。

2. 多部门合作机制辅助核心内容部门尽快输出

奈飞核心团队为首席内容官泰德·萨兰多斯（Ted Sarandos）的内容团队，目前有7位副总裁向他报告工作，涉及的领域从原创节目、电影和真人秀到授权电影、电视节目。这7位副总裁均有自己的团队，每人手下都有4~8名不等的执行副总裁。内容团队由多位具有传统和非传统好莱坞工作经历的人员组成，其中不乏来自大型电影公司的人员。随着奈飞在北美以外投资的节目越来越多，公司也在不断壮大其国际内容团队，为国际原创内容、亚洲业务等都设置了执行副总裁。

奈飞的其他部门协同建立了固定合作机制，辅助内容部门更快输出。为了让电影和电视节目尽量立项，不同部门（包括法务和财务）的人员会组成特别团队来讨论预算问题。团队的构成并不固定，会根据具体项目进行相应调整。和传统电影公司不同之处在于，这些团队的成员并非专门研究某一个方向。

3. 去中心化的分权式决策机制

相比于传统电影公司的节目、电影等影视制作权由公司高层把控，奈飞允许更多人参与版权购买等决策，形成了分权式决策机制，简化了决策步骤，使奈飞的内容项目比传统电影公司运转得更快。

具体而言，节目总监，即首席内容官泰德·萨兰多斯的下属可以直接决定新节目或购买电视节目在线播放权；而原创内容副总裁 Cindy Holland 下面的两层中级管理组织也都握有极大的决定权。这代表除了有五六名以上的编剧开发主管有权让一个项目成立外，奈飞内容团队的其他部门，包括国际原创部、无剧本内容部、纪录片部、单口喜剧部的负责人也同样拥有是否开设项目的权力。①

分权式决策机制在一定程度上避免了因为决策者的单一决定而错失优质作品的情况，比如2017年夏天上线的《美国囧案》，萨兰多斯不止一次地告诉开发团队他认为这没有意义，但团队最后还是实施了。最终，这部作品在奈飞上

---

① 影视产业观察. 几乎每天上线一部作品的 Netflix，是如何选择内容的？. （2019 - 01 - 06）. https：//www. jiemian. com/article/2767310. html.

获得了极高的口碑，后来还制作了续集。

当然，较低级别的管理人员并不是完全自由的决策代理人，而是具有预算限制，即超过一定金钱的项目需要向上级汇报，再由上级协同做决策，这保证了奈飞在巨额支出上有高管从大局把关的保障。

奈飞拥有如此自由的决策机制，离不开其内部稳定的高层管理人员组织，尤其是"R级员工""E级员工"的基本稳定性，强化了分权式决策的合理性。

（二）"精品+国际"战略打造独占式内容库，突破合剿

从2015年开始，奈飞投入大量资金用于原创内容的制作和优质内容的版权购买。从2016年用在内容投入上的69亿美元、2017年的89亿美元到2018年的120亿美元，3年内奈飞对内容投入的金钱翻了近一倍。为了发展原创内容，奈飞多次大举借债，负债已过百亿美元，现金流持续为负且绝对值不断增大，奈飞面临的资金情境并不乐观。

据国外媒体Quartz报道，奈飞在2018年推出了近90000分钟——接近1500小时的原创剧集、电影和其他作品，数量超过850个，包括原创与引进来自包括巴西、印度和韩国在内的21个国家，数量远超亚马逊、HBO Go和Hulu等其他流媒体平台。

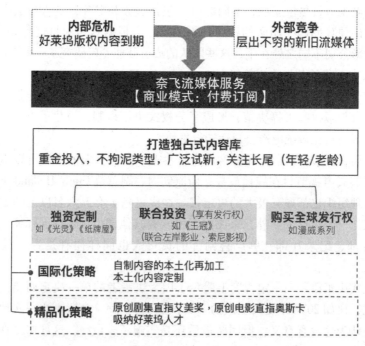

图7 奈飞的影视资源内容库

　　奈飞将重资金投入内容采买和制作上，一方面是希望以崭新、精品化的内容塑造平台的内容独占性，不断拓展国际市场；另一方面，传统好莱坞制片厂迪士尼、亚马逊以及传统广电集团等都在积极布局流媒体服务，对占据广阔市场的奈飞呈现围剿的态势，奈飞希望以高投入的内容尽快建立自身的内容壁垒。

　　1. 奈飞内容资源库遭受内外夹击

　　目前而言，奈飞与版权合作方共持的内容仍占其内容来源的较大部分，并且奈飞仍然十分依赖合作方提供的视频内容，特别是好莱坞内容对美国市场的吸引力巨大，好莱坞将内容撤走对奈飞来说可能是一次巨大的考验。

　　数据分析公司 7Park Data 的统计显示，2018 年 10 月奈飞美国观看量的原创内容比例为 37%，高于 2017 年 10 月的 24% 和 2017 年 1 月的 14%，但这也意味着奈飞在美国的观看量仍主要集中在版权内容（占 63%）上，版权内容人气高于自制内容，类似《老友记》等传统作品的地位难以撼动。

　　从 2017 年开始到 2019 年，奈飞架上的版权内容将陆续到期。其中，占观看量 8% 至 12%（2017 年至 2018 年 10 月）的迪士尼内容从 2019 年起开始下架。随着迪士尼完成对 20 世纪福克斯的收购，以及 Disney + 视频点播服务的推出，奈飞可能还会失去福克斯的内容。此外，AT&T 旗下华纳媒体也表示会在 2019 年第四季度上线流媒体服务。

　　此外，漫威街头英雄也正逐渐从奈飞内容库中"隐退"。7Park Data 数据显示，2018 年，由漫威电视和 ABC 工作室共同出品的漫威剧集在奈飞的美国观看量占比平均为 1.7%，其中《超胆侠》最受欢迎，但奈飞已陆续砍掉了《铁拳》《卢克·凯奇》《超胆侠》三部漫威作品。[①]

　　从外部来看，HBO、Hulu 等都在流媒体的建设中十分活跃，行业竞争激烈。迪士尼自己的流媒体服务 Disney + 上线，亚马逊的流媒体视频服务 Prime Video 上的影片库已经是奈飞的 4.5 倍……尽管奈飞上新片的数量还是远超其他流媒体平台，但可以预见到，流媒体视频领域的战争将会愈演愈烈。[②]

　　2. 重金开发新型影视内容，关注长尾需求

　　奈飞在内容战略上主要包括三种方式：一是独资定制项目，奈飞享有制作权和版权，比如平台耗巨资打造的电影《光灵》，以及爆火的《纸牌屋》等；二是联合投资项目，奈飞享有发行权，比如与狮门影视和 Tilted Productions 合作的《女子监狱》、与左岸影业和索尼影视合作的《王冠》等；三是购买项目的

---

　　① Variety. Netflix 原创内容收视增长 但仍不如版权内容受欢迎.（2018 - 12 - 11）. https：//www. jiemian. com/article/2697862. html.

　　② 极客公园. Netflix 涨价，Hulu 降价，流媒体团战一触即发.（2019 - 01 - 31）. https：//www. huxiu. com/article/283586. html.

全球发行权，比如漫威系列影片，以及我国出海的《后来的我们》《白夜追凶》等。①

目前来看，奈飞在内容项目的采买、投资和制作上，倾向广泛试新，不拘泥于单一类型，希望以此吸引更多受众，以类型的特色丰富度弥补库存量的相对不足。

在自制内容方面，2013 年起，奈飞投身原创。其在原创内容上的投入逐年增加，2018 年，奈飞已经成为整个好莱坞对原创内容投入力度最大的制片公司，全年共投入了 80 亿美元②，用于制作原创内容。奈飞自制剧堪称豪华，它在选角和拍摄制作过程中毫不吝惜金钱，《纸牌屋》折合每集成本为 400 万美元左右，10 集历史剧《马可波罗》的投入更是高达 9000 万美元。而内容种类也覆盖了剧集、电影、纪录片、脱口秀、真人秀、儿童节目等。③

而在内容版权采买上，传统媒体都希望作品能够提升自己平台的调性，比如像 HBO、FX 和 AMC 这样的频道都希望引进获得业界广泛好评或获得过艾美奖等大奖的作品，尽管这种方式有时会导致观众数量缩减，但奈飞却不采用这样的方式。原创内容副总裁 Cindy Holland 表示："我不想让我们任何的节目定义我们的平台，我也不想让我们的平台来定义任何节目，"他说，"这种想法会让人变得狭隘，我们就是要个性化。"因此，奈飞一直在寻找新的类型，《迷失太空》《纸牌屋》《黑镜》《欢乐再满屋》《马男波杰克》……从太空科幻剧、白宫政治剧到讽刺动画，几乎涵盖了所有类型。

与亚马逊相比，奈飞的影视库量远不如其庞大，而奈飞选择更广泛类型的作品也是为了更好地吸引长尾部分的用户。奈飞的内容覆盖了许多不同地域、不同年龄段的人群。但随着用户基数的扩大以及时间的沉淀，奈飞发现用户正在向年轻化和老龄化两个极端扩展。所以奈飞一方面正在投资越来越多的原创儿童内容，2017 年年末平台上有 60 个原创儿童系列，都是由一些电视台的顶级制作人参与自制的项目。此外，奈飞也在增加对动漫系列的投资。另一方面，针对年龄偏大的用户，奈飞拥有能吸引他们的内容——电影《夜晚的灵魂》（*Our Souls at Night*）、剧集《同妻俱乐部》（*Grace and Frankie*）和《西镇警魂》（*Longmire*）。

---

① 影视产业观察. 几乎每天上线一部作品的 Netflix，是如何选择内容的？. （2019 - 01 - 06）. https：//www. jiemian. com/article/2767310. html.
② Jesse. Netflix 涨价，Hulu 降价，流媒体团战一触即发. （2019 - 01 - 31）. https：// www. geekpark. net/news/237953.
③ Business Insider 中文站. 一张图看清 Netflix 成立 20 周年发展史. （2017 - 08 - 31）. https：//tech. qq. com/a/20170831/118546. htm.

3. 国际化的原创内容策略，为海外扩张提速

作为已遍布全球 190 多个国家和地区的奈飞，在原创内容的生产上推崇国际化战略以及本土化战略，如奈飞首席内容官泰德·萨兰多斯所说："我们并不是要让全球的用户看到更多的好莱坞内容，而是把某个区域的内容推向世界上其他的地区。"具体而言，主要包括自制内容的本土化再加工、本土化内容定制两部分。

（1）自制内容的本土化再加工

自制内容的本土化再加工主要针对的是已有内容在国际市场上的发行制作。在国际市场中，多数国家的官方语言都不是英语，而且单纯的字幕也会降低收看的满意度，因此需要将已有的美式风格内容转换成当地人们能够理解、乐于接受的本土剧集。这就需要从内容、结构、语言风格、节奏等方面实施本土化，如配音演员需选择当地知名度高、认可度高的一线影星，以提升声音的感召力。① 奈飞会大量出资支持配音和字幕质量，希望以此通过技术与资金投入提升字幕、配音质量，实现针对广泛的地区制作本地化内容，甚至推广到全球。

如针对在美国获得艾美奖提名，备受评论家青睐的原创剧集《怪奇物语》在全球的发行，奈飞在翻译以及配音上，为了符合各地区的语言环境及偏好做了深入的探讨与调整。在翻译上，为了找出剧集中 "Demogorgon"（古代神话中的魔王）在各种语言中的确切的翻译，奈飞做了 "关键名称和短语" 工具（key names and phrases，简称 KNP），一张巨大的表格中有各种内容：小说中的地名、只存在于科幻作品里的术语、流行语、口头禅等。这张表格可以理解为 "怪奇宝典"，能确保翻译公司、各译员以及配音工作室的翻译保持一致。KNP 能让奈飞知道这些千奇百怪的名词和短语是什么、怎么念，不管是希腊语、西班牙语、瑞典语还是越南语。

《怪奇物语》的故事背景是 20 世纪 80 年代，有很多符合那个年代特征的用语，与现在的说法很不一样，因此奈飞的内容本地化和质量管控部门需要深入钻研故事中的背景基础、具体细节。包括《龙与地下城》从前在不同国家的翻译，看 "Demogorgon" 在 70 年代不同文化中的翻译。奈飞还翻出 Eggo 华夫饼几十年前的宣传材料，以得到当时的翻译。

对于一致性的执着追求，不仅体现在奈飞对文字翻译的高要求上，奈飞在配音演员的声音上也力求完美，专门找到跟原剧组声音相似的演员来配音。奈飞希望他们对待字幕和配音的创作热情能打动观众，真正创造出为播出国家带来巨大文化影响、让观众有共鸣的翻译，使剧集在全球观众面前更具吸引力。

---

① 执牛耳传媒．"王牌" NetFlix ｜ 深读．（2018－12－22）．https：//www.sohu.com/a/283811958_ 505891.

（2）本土化内容定制

国际化的另一个层面是奈飞对本土化内容定制的重视，这是目前奈飞在海外原创内容生产上的重点方向。奈飞首席内容官泰德·萨兰多斯在瑞银（UBS）一年一度的媒体与传播大会上表示：本土化原创作品的数量在 2019 年将提升到70 部。

在亚洲地区，2015 年至今，奈飞完成了一次"环大陆区"布局：在日本市场推出了《SWORD GAI 装刀凯》《恶魔人 Crybaby》《职场小烈》等动画作品，《双层公寓：敞开新扉》和《恋爱巴士》等原创综艺，《火花》《内衣白领风云》等剧集；在韩国市场初推出了惊悚丧尸题材的《王国》、真人秀综艺《犯人就是你》等，并宣布 2019 年下半年在其平台上增加《辅佐官：改变世界的人们》《喜欢的话请响铃》等 5 部自制韩剧和一部韩国长篇电影；2017 年，奈飞对华语市场进行布局，宣布制作首部华语剧集《摆渡身》（现已改名《罪梦者》），爱情偶像剧《极道千金》（Triad Princess）以及恐怖、惊悚题材的《彼岸之嫁》（The Ghost Bride，又名《鬼新娘》）也在 2019 年年末及 2020 年年初陆续上线；2018 年，在印度市场也推出首部原创剧《神圣游戏》，还有《方寸之爱》《爱欲四重奏》两部电影，2019 年累计宣布了 14 部在印度制作的原创剧集；同时，在泰国也宣布将上线《绝境岛》《鬼窟惊魂》。

针对欧洲及北美市场，奈飞在小语种剧集领域逐步发力。2015 年，奈飞原创的墨西哥题材西班牙语剧《毒枭》在北美热播。2016 年又推出了葡萄牙语剧《3%》。奈飞已经投拍了包括法语、西班牙语、葡萄牙语、挪威语在内的十几部小语种剧，2017 年还推出西语剧《接线女孩》、阿根廷西语剧《艾达》、德语剧《暗黑》等小语种剧。

奈飞针对不同国家和民情，以当地的文化背景、民间传说、流行小说、传统经典为故事情节主线，同时又融入了国际化的时尚元素，拍摄手法上采用先进手法，讲求画面效果的震撼与冲击感，通过对逼真的情景的再现，将观众带入真实故事情节当中。

在挑选演员方面，奈飞也努力做到将本土和国际结合。每部剧集本土演员比例占到了 60% 以上，主要阵容由一线明星、人气最旺的新人、国际影星组成，次要角色均采用本土演员。观众既能被本土明星的人气感召，又可以欣赏国际化的时尚元素，这种土洋结合的办法取得了很好的效果，尤其受到了当地年轻人的欢迎。①

在本土化内容定制上，奈飞还注重引进本土资本，改善资本结构，实现当

---

① 执牛耳传媒．"王牌"NetFlix．（2018 - 12 - 22）．https：//www.sohu.com/a/2838119
58_ 505891.

地资本和影视资源的有机结合，如在中国大陆市场是通过与中国国内主流视频网站合作的形式布局，奈飞一度与爱奇艺达成在剧集、动漫、纪录片、真人秀等领域的内容授权，计划将部分原创内容于爱奇艺平台发行，但是双方合作没有维持很长时间。

为了保证海外本土内容项目的质量，奈飞目前在亚洲、欧洲、拉丁美洲等地区都有本土的制作团队。如在西班牙，奈飞收购了位于新墨西哥州阿尔伯克基的一个大规模的生产基地用于内容制作，并找到当地最好的编剧和演员，为西班牙语国家制作西班牙语的剧集，比如在全球大火的《纸钞屋》和《名校风暴》。

4. 精品化策略直指奥斯卡，抢占影视产业上游地位

除了以国际化战略拓展及深入渗透海外，面对好莱坞传统制片厂对流媒体市场尤其是电影内容行业中的抢夺，奈飞运用精品化的战略攻占好莱坞，吸纳好莱坞大牌内容创作者，优选内容项目，力求原创作品实现获奖——原创剧集直指艾美奖，原创电影直指奥斯卡。

奈飞最初以剧集作为突破点，除了在资金投入上力压传统有线电视台，最大的创新举措无疑是一次性放出全季的"刷剧模式"（binge‒watching）。《纸牌屋》以及这种新模式迅速成为奈飞的标志，《纸牌屋》在艾美奖的大获全胜显示了奈飞的胜利，使得美剧更加精品化并扩大其在全球的影响力，一直以高质量美剧而为人所称道的 HBO 也遭遇到了最强的竞争对手。但对整个美剧产业而言，这种全球影响力的扩大无疑会使所有处于产业中的参与者受益。

而 2017 年，奈飞在全球的订阅用户数量突破一亿，并且几乎将服务拓展到全球所有国家和地区后，仅仅在艾美奖以及金球奖上的剧集类的收获已经不能满足奈飞的野心。奈飞由此将目光投向了电影，将斩获三大国际电影节最高奖以及奥斯卡视为其下一个想要达成的目标，这对传统好莱坞制片厂而言是直接的竞争信号。

事实上，在此之前，由于奈飞坚持院线与网络同步发行的策略，便已屡受传统影视以及奥斯卡的抵制与无视。2015 年奈飞推出了第一部自主出品的电影作品《无境之兽》，尽管收获了威尼斯与金球奖的提名，但由于当时其强硬坚持院线、网络同步发行的策略，《无境之兽》遭到了 Regal、AMC、Carmike 和 Cinemark 北美四大院线的联合抵制，直接被奥斯卡无视。

2018 年，奈飞推出的原创电影超过 80 部，而好莱坞六大电影公司在 2018 年首次上映的电影一共 104 部，输出产量对比之下有相当大的差距。其中，奈飞联手阿方索·卡隆导演打造的《罗马》在被戛纳拒之门外之后，转战威尼斯电影节拿下金狮奖，并在此后几乎横扫了各大风向标奖项，包括英国电影学院

奖等。这种强势的表现加上奈飞投入的千万级公关费用，奈飞最终带着《罗马》横扫奥斯卡——奈飞在 91 届奥斯卡揽获 15 项奥斯卡提名，电影《罗马》则拿下了最佳导演、最佳外语片和最佳摄影奖三项大奖。这对于传统巨头们而言是个不小的冲击，也意味着奈飞不仅在电影发行与制作上打破了传统秩序，还在电影产业上游市场获得了认可。

2019 年，奈飞在威尼斯电影节上推出"梅姨"梅丽尔·斯特里普与加里·奥德曼主演的犯罪电影《自助洗衣店》、"寡姐"斯嘉丽·约翰逊主演的《婚姻故事》，以及"甜茶"蒂莫西·柴勒梅德主演的传记电影《兰开斯特之王》三部电影作品。有《罗马》在前，奈飞冲奥意图昭然若揭，这个成绩也已经超过了华纳、索尼、派拉蒙等传统巨头。奈飞花费了 1.05 亿美元从派拉蒙手中买下了该片的制作与发行权，随后还投入 1.4 亿美元成本预算。业界已经知晓，奈飞想成为奥斯卡的常客。

在创作团队方面，奈飞加强与好莱坞知名人士的合作，增强在内容制作上的专业性与行业影响力：2017 年 8 月，奈飞与好莱坞金牌编剧和制作人珊达·瑞姆斯（Shonda Rhimes）签署长达 4 年、价值 1 亿美元的合作协议。珊达·瑞姆斯的代表作有《实习医生格蕾》（Grey's Anatomy）、《丑闻》（Scandal）等。2018 年 2 月，奈飞与好莱坞金牌编剧和制作人瑞恩·墨菲（Ryan Murphy）签署长达 5 年、价值高达 3 亿美元的合作协议。瑞恩·墨菲的代表作有《欢乐合唱团》（Glee）、《美国恐怖故事》（American Horror Story）等。

在进击速度上，奈飞比迪士尼、苹果等更快。这一方面得益于奈飞"自产自销"的平台属性，奈飞出品的电影并不在院线大规模上映，而是自家平台推出，发行周期短，发行流程简约不少；另一方面，奈飞保持着持续高额的内容投入成本，在内容制作上不遗余力。

这样的进击方式也会产生相当大的副作用。从电影发行的角度而言，副作用集中展现在奈飞与传统院线上。奈飞大部分出品电影都没有在主流院线大规模上映。如此次备受瞩目的《爱尔兰人》依旧是在独立院线小规模上映，传统院线希望保持 90 天窗口期，保证电影内容能够得到充分的转化时间，收割票房红利，但是对于奈飞而言，公映窗口期越长，电影线上放映具备的吸引力越弱。目前平台运营模式上的问题，让这个矛盾无法调和。

奈飞通过推进精品化战略，在各大影视颁奖礼及电影节中大放异彩，并成为 MPAA 会员，奠定了其在影视行业上游的地位，再加上全球市场的扩张，特别是亚洲市场的稳步推进拓展，为奈飞在与迪士尼、华纳、环球、苹果、HBO、Hulu、亚马逊等对手在流媒体领域的竞争中巩固了护城河。奈飞也的确比它的竞争对手们在影视上游上前进得只多不少。

5. 付费订阅整合内容库，拓展衍生品推动内容品牌化

表1 奈飞的分级式会员订阅服务

	基础档 Basic	标准档 Standard	高级档 Premium
正式订阅每月费用（首月试用免费）	$8.99	$12.99	$15.99
高清画质	×	√	√
超高清画质	×	×	√
同时可使用的设备	1	2	4
在手提电脑、电视、手机及平板上观看	√	√	√
不限量影视综艺作品	√	√	√
随时取消订阅	√	√	√

在商业模式上，奈飞的流媒体服务主要采用付费订阅的方式，将订阅服务划分了三个档次：基础档、标准档以及高级档，分别为 8.99 美元、12.99 美元以及 15.99 美元每月，订阅者都可在手提电脑、电视、手机以及平板上点播无限量的影视综艺，在同时支持设备数以及画质上不同档次有所区别。

奈飞高级档 Ultra HD 服务的订阅价已经超越 HBO NOW，成为价格最贵的主流流媒体视频服务。

在付费订阅模式之外，奈飞在缓慢推进着其围绕优质内容开展的衍生品业务，但奈飞主要将其作为打造剧集品牌的手段，而非主要收入来源。

奈飞认为随着其优质原创内容的增多，越来越多的剧集会成为流行文化。衍生品将是一个有效的工具，让人们认识到奈飞。不过奈飞首席内容官强调，衍生品业务在未来 5 到 6 年内不会再增长的计划中，他认为尽管影视周边市场十分活跃，现在奈飞也在尝试进入，但对他们来说，这不是一个主要的收入来源，更多的是打造剧集品牌的一种推广手段。

目前奈飞在衍生品开发上拓展程度较高的是对原创剧集《怪奇物语》衍生变现，包括为《怪奇物语》与美国及英国品牌合作推出了服装、双肩包、帽子、手提箱、人物玩具、咖啡杯、DVD 等衍生产品，此外还授权了三款相关桌游的制作发行，制作了一个谈话节目供粉丝讨论剧情，并首次与环球影城合作，让《怪奇物语》进驻主题公园。

具体而言，2016 年奈飞与美国年轻人中极具人气的潮牌 Hot Topic 小规模合

作出售《怪奇物语》的衍生产品，包括毛衣、系列咖啡杯、人物玩具和 T 恤衫；奈飞还联手英国品牌 Topshop 推出了一系列《怪奇物语》的衍生品，包括服装、双肩包、卡车帽、手提箱，以及剧中主人公的 Q 版公仔等；2017 年 10 月，Target 和奈飞宣布独家合作伙伴关系，联手打造广受欢迎的奈飞原创节目《怪奇物语》的相关独家产品，包括复古风格的《怪奇物语》第一季的蓝光/DVD 套装、服装、配饰等；2018 年，环球影城宣布与奈飞以及《怪奇物语》主创合作，在三家环球影城（佛罗里达环球影城、好莱坞环球影城和新加坡环球影城）旗下的主题乐园里打造粉丝熟悉的一些标志性场景和人物，"真实再现"《怪奇物语》，为游客提供沉浸式的体验。游客可以体验到根据剧中的平行宇宙——Upside Down（按照剧中虚构的印第安纳州霍金斯镇而设置）设置的各种主题的鬼屋迷宫，甚至平行宇宙中的怪物"Demogorgon"到时也会出现在恐怖之夜追踪游客。①

奈飞也在通过收购以及人才引进的方式初步建立衍生品开发团队。在 2017 年以前，奈飞对旗下原创内容的周边开发都只是小规模的合作生产状态。在 2017 年 2 月，奈飞开始寻找一名管理者来领导整个内容授权及衍生品开发团队，负责把奈飞的内容授权给全球范围内的书籍、漫画、游戏玩具、收藏品、电影配音、装饰品行业的零售商、供应商，以及开发面向消费者、贸易和零售市场的市场营销计划，以增加对奈飞产品的需求，同时通过电子商务和实体零售创造增长战略。2017 年 8 月，确定由前世界摔角娱乐（World Wrestling Entertainment）北美地区衍生品授权部门副总裁 Jess Richardson，担任奈飞的全球特许经营和纪念品销售部门主管。

此外，奈飞成立二十年来的唯一一次收购便是在 2017 年 8 月收购了漫画界传奇人物 Mark Millar 成立的漫画创作公司 Millarworld，以便在漫画、玩具等衍生品上获利。Mark Millar 地位相当于现代的 Stan Lee（美国漫画界元老），Millarworld 最出名的作品有《王牌特工》（Kingsman）、《海扁王》（Kick – Ass）和《通缉令》（Wanted）等，奈飞希望借此次收购，通过电影、系列剧集和儿童节目等形式将 Millarworld 的漫画系列独家呈现给奈飞全球用户；同时进行更深层次的原创内容创作，输出优质的原创电影。

（三）重视用户体验升级，技术赋能内容运营与推广

无论是在奈飞的内容分发终端的合作上，还是在内容的运营及推广上，提

---

① 东西文娱. Netflix 为何"半遮半掩"进行原创内容衍生变现？. (2018 – 05 – 07). https://mp.weixin.qq.com/s? src = 11&timestamp = 1641880554&ver = 3551&signature = bwc5e4s5jGPmd8e0 – 4eMjikeclj8MvJTgBts1QwCMKNG0PARaU2I6 ∗ NwLCBOo9dKudUVQ ∗ rvQ1MT7jXjB – – QKWxzt78lJMNRrLEpossCN1H4dpWDYVFPma – Jc ∗ Mc9toJ&new = 1.

升用户体验感都是奈飞希望不断强化的方向，希望以此笼络用户。

具体而言，带有浓重硅谷气质的奈飞与传统的好莱坞制片厂相比，更看重并擅长运用人工智能影响下的大数据及其他新技术，并赋能流媒体服务的内容生产、内容推荐，实现更精细化以及更具有自身特色与优势的运营，增强用户对平台的黏性，提升用户体验感。

1. 强化家庭场景的全方位、进化式的终端合作

奈飞通过不停升级与各地区、各渠道的合作，促使其流媒体服务进入更广的市场、更多样的终端设备中，尤其是进入家庭场景中的重要终端电视中，为用户提供大小屏联动、随处可得的体验。目前奈飞流媒体服务支持在 Smart TV、Playstaion、Xbox、Chromecast、Apple TV 以及各种蓝牙播放器中使用。

奈飞最初跟电视制造商、消费类电子产品公司等合作，给他们的产品带来了巨大的附加价值。随着智能电视的出现，奈飞还推出了认证电视机的项目，项目旨在测试市面上各款电视机在播放奈飞时的体验，并对符合测试要求的电视机进行认证推荐。奈飞在公司总部的一间静电屏蔽室中进行电视机测试，测试包括：奈飞应用是否可以快速启动；当用户再次打开奈飞应用时，应用是否可以记得上次观看的时间点。

认证电视机的项目十分巧妙，奈飞可以以此推动电视机制造商来设计其心目中完美的奈飞体验，同时又避免自己成为硬件制造商。这一举措对提升用户体验感有重大的意义，奈飞可以保证使用电视终端的用户都能享受到最舒适的奈飞体验，从而提升用户对其的忠诚度。

在运营商层面，奈飞过去几年与他们的合作十分活跃，例如，与 MVPD（多频道视频节目分发商）、ISP（互联网服务提供商）、移动各运营商包括美国 T－Mobile、比利时的 Proximus、法国的 SFR Altice 等运营商达成捆绑销售，提升其应用在各地市场的占有。为了在海外市场找到新的用户，奈飞与各区域市场的蜂窝和有线网络运营商达成了协议。虽然这些协议需要几个月甚至几年才能完成，但它们是互利的。奈飞几乎在不需要国际广告活动或授权协议的情况下，立即就在海外市场获得了数百万新用户。移动运营商通过将奈飞捆绑到其"套餐"中，获得了优于国内竞争对手的竞争优势。

此外，奈飞与许多付费电视平台包括康卡斯特、英国维珍传媒、法国 Altice 等数家公司也有合作，他们将奈飞捆绑到他们的付费电视服务中。Sky 天空电视台的 Sky Q 也上线了奈飞，不过奈飞并非以应用程序的形式登录 Sky Q，而是 Sky 以及奈飞的节目内容推荐将同时出现在 Sky Q 的主页之中。用户想要观看奈飞的节目可以利用其搜索工具。从奈飞 2018 年第一季度财报来看，与康卡斯特和 Sky 达成的新捆绑模式对于客户获取和留存效果的提升很明显。这样的合作

图8　奈飞的分发渠道

使奈飞得以接触新的消费者，使之更容易找到奈飞，然后注册并获取其服务，观看更多内容。①

2. 深度解析内容数据及用户数据，实现更准确的内容推荐

与高度依赖票房数据的传统娱乐巨头相比，奈飞对自身占有的影视资源数据及用户数据有更深刻的理解，通过解构影片数据与用户数据，拓展数据标签库的维度，不断将两类数据相互匹配及训练，提升机器对人与影片的理解度，

---

① 凤凰科技．Netflix 原创内容战略大获全胜 股价创历史新高．(2018 – 05 – 07)．https：//new. qq. com/omn/20180507/20180507G1S2DO. html.

构建内容个性化推荐系统，实现更人性化、准确化的用户推荐内容。

（1）超越好莱坞传统分类制的多维度标签解构影片数据

为了让机器更懂电影，奈飞自 2006 年起即开始搭建其电影标签库，训练计算机对电影有更深入及多维度的理解，而不仅仅是从电影类别、导演、演员、时长等角度去拆分电影。奈飞认为，对内容进行更精细及全面的拆解，把握内容文本的特征，以更复杂的算法把控内容文本细节，与分析用户数据同样重要。

2006 年，奈飞的产品副总裁就带领着一组工程师用数月时间写了一份长达 24 页的名为《奈飞量子论》（*Netflix Quantum Theory*）的文档，专门讲述如何用"微标签"（microtag）拆解电影。这份文档的目的是作为训练手册，让不同的人对微标签有同样的理解，以保证能够系统性地、标准统一地对计算机进行训练，实现对上千部影片的解构。如今这份手册已经扩展到了 36 页。

训练手册讲述了如何给一部影片的性暗示内容、血腥程度、浪漫等级甚至情节总结如影片结局等各内容元素评级，对主要演员的打标签维度也十分新颖与丰富，如针对其"社会接受度"打标签，每个标签都有从 1 到 5 的评级量化标签对其代表程度。以《超胆侠》电影为例，标签包括四个主要角色，至于其中的某个角色，会有演员名、角色名、他很"英雄"（heroic）、是个律师等的标签描述。

奈飞认为这些内容元素不同维度的细节，正是观众可能喜欢或感兴趣看一部电影的原因所在。这种影片标签同样也呈现在奈飞平台的前端，便于用户在浏览时加深对内容的理解。

每部影片都具有基于内容元素本身打上的类型标签，以及基于对人的情绪影响而打上的"性质"维度，这些标签既会出现在影片详情页中，也会出现在首页推荐的各行分类里，基于上文所述的奈飞对影片多维的解构，在分类推荐上便呈现出了不少非常精准、十分有意思的标题，如情感充沛的反体制纪录片、基于事实的皇室掠影、20 世纪 80 年代的外国邪恶电影、称霸荧屏的女星、重返校园主题等，涵盖所述地区、情感类形容词、内容类型、故事基础、拍摄地、时代、故事主题、主演的特点、适合年龄段等无限延伸的维度，如此详尽、细致的分类将被传统好莱坞约束的影片分类机制完全打破，使得机器对一部作品的解读更加全面。

奈飞就是用这样的方式，解构了几乎所有的电影，精细、准确的微标签和评级机制使得推荐系统更全面地认识电影、解读电影。

（2）多用户档案数据深度理解使用者，构建适配家庭场景的内容推荐

奈飞作为一个流媒体平台，用户的行为基本上都在平台内完成，使得奈飞更方便地收集与实时分析用户的各类行为数据。通过跟踪用户的观看习惯和行

为，以及形成的推荐与反馈，奈飞不仅能知道用户看过什么，也能知道他们是怎么看的：什么时候看的，看了多长时间，在哪里暂停，在哪里反复，在哪里关闭，等等。针对内容喜好度，奈飞也为每部影片设置了"好评"与"差评"的评价标准，这使奈飞能便捷获得各类行为数据以及具体作品的评价数据，它们无一不是用户喜好的体现。

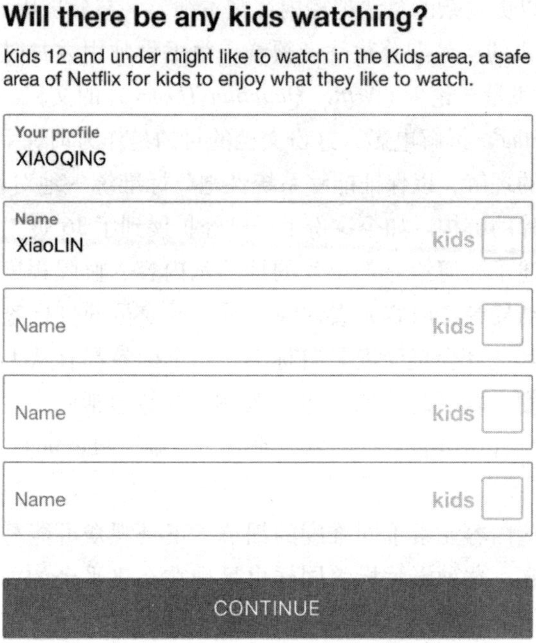

Will there be any kids watching?

Kids 12 and under might like to watch in the Kids area, a safe area of Netflix for kids to enjoy what they like to watch.

Your profile XIAOQING	
Name XiaoLIN	kids ☐
Name	kids ☐
Name	kids ☐
Name	kids ☐

CONTINUE

图9　奈飞的多用户档案功能

具体而言，奈飞推荐系统在用户层面的数据源包括以下部分：用户对影片的评价数据，项目点播热度数据，包含时长、时间、设备类型的点播数据，用户往列表添加项目的数据等，而对应的每个内容项目下又有丰富的元数据，以及每个项目的展示位置和效果数据、用户搜索数据，来自外部的票房或影评数据等，在实际运用中的数据类型实际上更加丰富。

为了进一步细化对用户的理解，实现更精细的服务，奈飞还推出了多用户档案功能，即一个家庭的多个用户（最多五人）可共用一个账号，并且可以在账号下为每个具体成员设置其个人档案，尤其是可以对儿童成员做标记。在具体使用时，用户需要选择其相应的身份档案，奈飞会根据不同用户的使用行为提供个性化服务。这样的功能一方面对家庭用户有强吸引力，家长可以通过账号内的限制管理功能限制儿童成员的观看内容；另一方面，也使得奈飞对实际使用者的身份角色及所处人生阶段与状态有深刻的理解，丰富其用户数据库的维度。

图 10　奈飞中儿童类型账号的页面

奈飞通过分析以上的各类用户数据，再不断与解构好莱坞得来的影片数据进行匹配，持续提升奈飞的推荐精度与准确度。① 此外，奈飞的内容推荐系统也背靠其组建的实验室，研究并模拟人类大脑的运作模式，通过人工智能升级影片推荐系统的准确度。

（3）个性化标题图像技术为用户定制内容呈现形式

除了对影视内容本身做个性化推荐以外，结合用户观看历史数据，利用机器学习算法，奈飞可对首页推荐内容的标题图像，针对用户的喜好进行个性化设置。有统计显示，通过推荐相关度最高的内容，显著增加了会员参与度，每年为奈飞节省大约10亿美元。

奈飞在给用户呈现内容时，采用定制的个性化影片标题图像，即给不同用户推荐的每部剧集都选择不同的封面图片，以提高用户的点击量，增加观看时长。

奈飞曾经在内容呈现上直接使用由内容合作伙伴提供的通用影片标题图像，但是它们往往是缩小版本的电影 DVD 封面，缺乏个性。为此，奈飞专门进行了测试，希望了解哪种类型的图像最有可能引起人们的关注。参与度衡量指标包括点击率、合计播放时长和短时间便跳出的观看次数百分比。

剧集的题目很多时候并不足以给用户提供足够的信息，以吸引用户的观看，

---

① 人人都是产品经理. Netflix，为何能成为个性化推荐的王者？. （2018 - 07 - 20）. https：//baijiahao. baidu. com/s？ id = 1606478341158622706&wfr = spider&for = pc.

图 11　《怪奇物语》的不同呈现的内容标题图像

如果图片能够投其所好的话，则可以提高用户感兴趣的概率。有的用户喜欢某个演员，那么在剧集图片里展示该演员的剧照会更有效；有的用户喜欢喜剧，那么通过图片来告诉用户这是一部喜剧，则更有可能吸引用户；此外，不同用户可能有着不同的审美，那么对其展示更符合其审美的图片也会有更好的效果。

3. 前沿技术革新内容生产，提供新体验

奈飞对人工智能的应用并不局限于内容个性化推荐，而是全方位的。例如，用人工智能技术来提高用户的观影体验，具体的做法是，利用人工智能技术改善视频编码方式，根据不同移动设备的屏幕尺寸来优化播放效果和观影体验。这样的人工智能技术可以减少传输视频所需的数据量，让低带宽用户能够获得更优秀的观影体验。奈飞还利用其来完成以往不可实现的节目制作：《风的另一边》是奥森·威尔斯于 20 世纪 70 年代制作的电影，但是未完成的状态。奈飞先将电影剪辑到一起，再用 Technicolor 进行 4K 扫描，并通过人工智能技术来提高像素的分辨率，完成了成片。

近年，奈飞还结合前沿的技术与设想，创作出了观影过程中观众需要进行选择以推进故事发展进程的互动式剧集《黑镜：潘达斯奈基》，奈飞为互动叙事打造了专属软件——Branch Manager（分支管理器），用来管理分支叙述结构中的观众选择数据及影片剧情的导向，奈飞还投资了被称为"状态追踪"的新技术，结合语音、眼球追踪和虚拟现实技术，用来记录观众在观看互动电影《黑镜：潘达斯奈基》时所做出的选择。

奈飞对于互动式内容的创新开发为其数据挖掘与内容中的广告植入提供了机遇，一方面将利于奈飞获取用户更多维的偏好数据，另一方面则为奈飞提供了不影响用户体验的广告植入方式，在无广告的付费订阅模式下，找到商业合作的全新入口。

如在互动式电影《黑镜：潘达斯奈基》中，许多互动选择都是采用了相同类型且相互关联的决策机制，如处于竞争关系的两个不同品牌的麦片、不同类型的两张音乐专辑等，这些在影片互动中的决策数据，表明了用户在现实世界中的决策，比如产品偏好、音乐品味和与人类行为的互动等，这些新数据的分析，超出了纯观看行为数据分析，拥有更强大的模式发现和趋势分析洞察力，随着时间的推移，这些从用户决策中积累起来的数据将成为奈飞强大的数据资产以及营销工具，有助于奈飞深化与各类第三方机构包括音乐平台、品牌方等的合作，提供程序化的深入植入广告，如将产品与具体特定类型的内容、特定的人群联系起来。

图12　《黑镜：潘达斯奈基》中选择麦片品牌的情节

4. 整合多方构建广告自动化流程平台，提升自身内容的全球推广效率

由于奈飞全平台无商业广告（原创内容生产时的广告植入除外），在营销方面，奈飞主要关注的是如何将平台的独家内容推广到更多受众视野中，即奈飞的营销则是为其独家的影视作品做广告。

目前奈飞的订阅用户遍布全球190多个国家和地区。奈飞对于各个内容项目的推广涉及全球的各线上、线下媒体渠道，涉及数以百万计的宣传物料，其中涵盖数十种语言，以及关于数百种影视内容的广告。为了提升如此海量的创意开发的效率以及与本地的适配性，奈飞致力于开发大量工具来助力自身统筹安排全媒介渠道的物料设计与投放，通过建立云共享平台、推动自动化流程的实现，提升效率。

　　广告技术团队的开发工作整合了市场营销、运营、财务、技术和分析团队之间深入的合作，其目标是帮助奈飞的营销合作伙伴通过自动化来明智地使用他们的时间和金钱。具体而言，奈飞的广告技术团队主要致力于协助营销团队能够按照市场的正确比例，来创造和收集人们对奈飞独家内容的需求，使得推广更加成功。从技术层面而言就是使营销团队实现规模化的创意开发和本地化。

　　广告技术团队创建一个统一的内部平台，来统一管理在所有渠道投放的广告和各种宣传活动，比如脸书、YouTube、Instagram、电视、户外等；开发了能够衡量和优化线上、线下渠道进行的营销活动效果的技术。平台通过数据的打通以及算法的利用，能够帮助营销团队更好地理解广告的影响力，提高营销效率。

　　广告技术团队建立了一个简化的、强大的物料创建和交付的流程，使其涉及的流程自动化，使其能够规模化地运营，为全球范围内正在开展的所有奈飞营销活动提供大量视频、数字化的和印刷的物料。

　　从整个广告物料到交付投放的具体流程来看，创意团队经过创意的审查和反馈后，会将一个作品的预告片确定下来。各地区需要在这个预告片上加上各种组合字幕、配音、收视卡、奈飞标志等。

　　营销团队与多个合作机构一起，根据这些预告片来制作各本地化版本的视频文件，然后将这些物料根据社交平台的规格（文件类型、分辨率、编码等）进行编码。在实际操作时，为了一个作品的营销而创建的视频物料数量可超过5000个不同的文件，覆盖不同的语言和各种广告格式。

　　广告技术团队针对这个流程设置了多个自动化节点，开发出相应的系统及工具：数字物料管理系统，为奈飞的合作伙伴和外部机构提供用户界面来上传、下载、共享各种数字物料。云端的视频剪辑工具，使得代理机构合作伙伴可以使用剪辑工具，剪辑短片中的短视频来创建海报、视频。营销物料的视频组装工具，只需点击一个按钮，该工具就会自动创建预告片的本地化版本，并提供所有输入信息，例如，主预告片文件以及字幕，配音和语言/地区的其他相关信息，减少在各种语言中创建这些本地化物料所产生的时间、精力和费用，来创造巨大的收益。奈飞云端编码服务，营销团队可利用其指定投放平台，实现图层按照平台规格自动化编码。管理全球性的营销活动生命周期的应用程序，实现对正在进行中的广告活动的指标、瓶颈和物料从开始到交付的工作流程监测。这个应用程序将成为市场营销中各个子团队使用的中心枢纽，用于协作并了解物料创建和生产的工作流程。

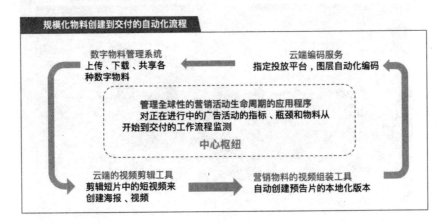

图 13　奈飞建立的规模化物料创建到交付的流程自动化平台

（四）运营社交媒体实现对用户的长效服务

奈飞的社交策略分为平台内的社交功能及平台外的社交媒体运营两部分。对于基于用户订阅的商业模式的奈飞而言，增强用户间的互动活力，搭建平台与用户日常互动的动力，才能提升用户对平台的黏性及忠诚度，为此，奈飞以日常服务笼络用户，实现拉新和用户的长期存量转化。

1. 平台内社交功能：为强关系社交建立互动场景

在 2004 年脸书出现之前，奈飞就曾经希望强化平台的社区性，推出以电影分享为切入点的社区 Netflix friends，希望以弱关系社交拓展用户，增强黏性。但当时流媒体以及社交网络都不如现在的渗透率高，社区具有封闭性，基于电影兴趣的弱关系社交很难延续，用户留存率一直未超过 10%，到 2010 年，奈飞正式放弃了这个社区。

事实上现在的奈飞平台没有评论功能，社交场景在奈飞平台内几近于无，用户很难在奈飞上发展及留存新关系，更多的只是把奈飞作为熟人关系的社交场景的扩张，但这种扩张的确有利于平台顺着熟人关系链吸纳更多用户成为平台订阅用户。

基于此，奈飞推出了 Chrome 浏览器扩展程序 Netflix Party，它主打视频播放时的强关系社交——同场相伴看片的体验，偏功能性，用户可以利用其在奈飞的影视内容播放界面创建群组聊天，一起追剧、综艺。这一功能也增强了奈飞对用户社交数据的挖掘，便于其更好地分析与服务用户。

图14　奈飞在 Chrome 浏览器的扩展程序 Netflix Party

2. 通过社交媒体运营，深化平台、用户、明星间的联系

奈飞重视通过运营自己的社交官方账号强化与用户的联系，吸纳用户围绕在自建的社交账号矩阵周围，一方面强化用户对奈飞的认知，另一方面通过发布、分享优质有趣的独播影视的相关内容，将未观看消费者引流到奈飞订阅服务上，同时为平台与用户拓展了交流渠道，强化平台与用户或粉丝间的黏性，平台也更好地服务用户。

目前奈飞的社交媒体账号上聚集了一群爱看剧集、电影截图的粉丝。而运营粉丝背后的逻辑便是：奈飞没有停留在仅仅使用内容营销的手段，而是努力增加用户的参与感和互动黏性，不断与观众对话。

（1）强调平等对话的幽默好玩的互动风格

奈飞在美国建立了社交媒体运营团队，主要是推特和 Instagram 两个平台账号的运营，专门招聘科幻、喜剧（奈飞的两大头部品类）爱好者，团队成员在市场营销、新闻、公关与娱乐圈有相关从业经历，且年龄层次不一。奈飞发的社交媒体内容浸透了奈飞自由兼具责任感的企业文化精神，包括"不要安利，要好玩""冒险才能出色"等。

奈飞的推特官方账号最早在 2017 年春天《纸牌屋》热播开始，采取朋友分享式的语言风格，那时奈飞发了一条动态——竞争是困难的。这条动态意外收到了大量粉丝回复，它暗示了巴西政治现状，同时也充分展示出与粉丝平等对话的定位，这与品牌高高在上与粉丝对话完全不同。在社交账号的日常内容中，奈飞会简单地转发引用素材，比如：它分享了《水形物语》导演总结的关于《罗马》的个人十大笑点，也会"处心积虑"地与创意公司合作生产出一套《天鹅绒圆锯》里 Jake Gyllenhaal 非常夸张的表情模板。而大多数的电视社交媒体账号风格更偏向于推广实时的观影信息，比如：ABC 通常会提醒观众现在该收看《单身汉》（The Bachelor）了，但它不会像粉丝一样巧妙地恶搞剧情，显然，奈飞社交媒体账号的风格属于后者。

目前单从粉丝量级来看，奈飞运营社交媒体的能力与其他内容品牌拉开了不小差距。奈飞美国账号有 678 万推特和 1860 万 Instagram 粉丝；对比之下，HBO 只有 245 万推特与 340 万 Instagram 粉丝；Hulu 是 69.8 万推特粉丝与 47.9 万 Instagram 粉丝。更传统的电视广播网络，如 CBS、ABC 和 NBC 各自连 200 万推特粉丝都不到，Instagram 粉丝也离 100 万有着不小差距。可见奈飞强调与粉丝平等趣味互动的社交运营策略，对提升粉丝对奈飞的喜好度与忠诚度有明显效果。

（2）账号矩阵服务不同细分人群

奈飞的主账号早在 2008 年 10 月就开始运营。随着它的原创自制内容不断扩张，奈飞创建了几个新的账号以组成一个账号矩阵，分别展现喜剧、家庭、科幻等不同主题。在不同国家地区，奈飞也建立了多个相对独立的社交媒体团队，所有团队都保持积极、向上、有趣的统一写作风格，同时又保留独特的地方文化特色。

（3）全季发布的剧集模式强化社交分享的网络效应

奈飞平台的独播剧集都是采用全季发布的模式，成千上百的剧集所构成的网络效应，具有能够不断激起社交网络讨论热潮的潜力，这样的方式促进奈飞剧集话题热度保持强大且长久。正如奈飞首席内容官泰德·萨兰多斯在公开场合分享的："社交媒体能够更有效地创造出一种集体观影感受。观众不仅喜欢观看某部电影，而且是一遍又一遍地去回味它。他们喜欢在 Instagram 上发布相关的内容，还喜欢在脸书上去讨论它。这真的是一种全球爆发式的惊人体验。"

（4）以明星构建循环效应

奈飞剧中的明星演员也在社交媒体上积极与观众互动，尤其是那些年轻明星，比如《致所有我曾爱过的男孩》（To All the Boys I've Loved Before）的主演 Noah Centineo，《怪奇物语》的 Millie Bobby Brown 等，都成了社交网络红人。奈飞通过促进明星与观众的互动，为他们积攒粉丝，从而捧红新星，而后让他们的代表作品持续曝光在大众视野下，逐渐形成一种良性循环，奈飞的造星模式正逐渐成型。

奈飞还进军了播客（podcasts）行业，2019 年，奈飞发布了一档名为《人类算法》(*The Human Algorithm*) 的新播客，节目中奈飞员工和最火的 奈飞明星在节目里与粉丝讨论剧情。这不仅仅是将社交媒体上的官方发声、品牌人设与粉丝狂热延伸到另一个媒介平台，更重要的是，奈飞正在通过自己孵化的新生代明星，吸引更多互动，构建一个平台化的良性循环。

三、经验与启示

历经二十余年的发展，奈飞从一家硅谷系的科技企业发展成好莱坞新六大制片厂之一。这家生于硅谷、荣于好莱坞的企业将科技与娱乐产业紧密融合，以流媒体服务的简单产品形态进入全球千家万户的生活中。尽管技术实力突出，奈飞在推进流媒体业务与技术融合的过程中，并未过于放大技术的能力，而是始终与人心的选择站在一起，在"自由与责任"的企业文化信仰下，强化员工个体的责任感及可交付性，并从内容资源、技术赋能、用户运营三个层面增强用户个人体验感，持续提升用户对平台的忠诚度，推进全球扩张进程。

修炼内容的内力，构筑在融媒体市场中的核心竞争力。"内容为王"的法则在融媒体的环境下仍旧适用，从用户的视角特别是年轻群体的视角来看，除了对海量资源的追逐以外，精品、独有的内容也更有助于留存他们的注意力。事实上，并非每个企业都拥有丰厚的资产可投入海量版权争夺中，此时结合自身的优势与特点，深度挖掘垂类人群喜好，引入"小而精"的专业创作人员，对于资本有限、内容版权沉淀匮乏的企业而言，是毋庸置疑的突破之道。通过持续开发长尾原创性内容，打造内容库的专一性与特色度，是中下层级的融媒体机构与巨头型企业间建立内容竞争优势、吸纳流量的关键之法。

全方位优化用户体验，深化融媒体的智能化。在媒体服务、终端产品日新月异的今日，个性化、流畅、新颖的用户体验是构建智能化的融媒体的基础。深化用户对融媒体服务的体验层级，建立用户的忠诚度，是融媒体竞争中的关键软实力。企业需要形成对用户体验感的关注与持续更新，持续提升技术开发实力，创新内容生产形式，革新用户体验；推进数据化实力，打通用户数据及各业务数据，形成对用户及内容的深度理解，并作用于内容运营、作品推广、终端体验升级之上，全方位优化用户体验。

从用户到粉丝的社交运维，沉淀融媒体的温度感。面对社交化的传播环境与年轻化的消费市场，把握具有创新性且接地气的社交推广策略，从多维层级强化与用户情感连接，不断促活用户、沉淀粉丝，是融媒体机构聚拢受众，连接互动网络的有力抓手。对企业而言，需要借助社交媒体以及积累的名人资源，持续输出贴近用户口味的社交内容，在日常化的氛围中持续维系与用户的联系，促进用户"粉丝化"，弱化科技感、商业感，传递温度感、服务力。

第四节　YouTube

一、媒体融合发展历程及现状概述

（一）机构简介

YouTube 成立于 2005 年，是一个视频分享平台，随着平台的内容体量、用户规模不断增大，YouTube 已逐渐成为全世界内容创作者及观众的聚集地，目前已经在超过 100 个国家和地区推出当地版本，涵盖 80 种语言。2019 年 5 月，YouTube 的月活用户数量已高达 20 亿。

面对融媒体的市场竞争，YouTube 在海量、丰富的 UGC 内容优势的基础上，一方面推动内容的精品化，挖掘并培养平台优质内容创作者，另一方面积极耕耘 PGC 内容；而基于兼具量与质的平台内容资源，推出多样化的媒体组合、在 AVOD 及 SVOD 模式间进行探索；在变现模式上，YouTube 还利用多元的广告形式及谷歌的一站式广告服务平台，结合谷歌的大量广告资源，提供客户体系化、融合化的广告服务；在技术升级方面，YouTube 利用技术赋能，通过字幕、版权保护系统及推荐算法，提升用户体验及确保内容创作者的权益，成为互联网领域发展融媒体业务的代表平台。

（二）发展历程

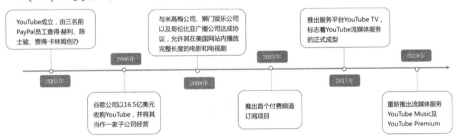

图 1　YouTube 发展历程

YouTube 成立于 2005 年 2 月，由三名前 PayPal 雇员查得·贺利、陈士骏、贾德·卡林姆创办；YouTube 创办的初衷是方便朋友之间共享视频，后来逐渐成为网民的回忆存储库和作品发布场所。像许多以新技术创业的公司一样，You-Tube 开始时亦是由天使投资者创建，办公室只在一间简陋的车库内。YouTube 最早是借由风险投资发展的新兴科技公司，并从 2005 年 11 月收到红杉资本的 350 万美元投资，2006 年 4 月又自此额外拿到 800 万美元，总计收到约 1150 万美元的投资。

2005年5月，YouTube进行公开测试并于6个月后改为正式版本。2006年夏天 YouTube 网站开始蓬勃发展，这时站内已经有4000部条短片，并吸引每天600万多人前来浏览，YouTube 成为一个在万维网上成长最快速的网站，并被 Alexa 统计为排名第五的最热门网站，甚至超过当时 MySpace 的成长率。2006年7月16日，YouTube 公司自行统计并宣布该网站每天24小时有超过65000部新视频被上传，同时全球每天有近1亿次的浏览记录、100万人次观赏站内的视频。2006年11月，谷歌公司以16.5亿美元收购 YouTube，并把其当作一家子公司来经营。

YouTube 一直以来都有进军融媒体市场的野心。2008年 YouTube 与米高梅公司、狮门娱乐公司以及哥伦比亚广播公司达成协议，允许其在美国网站内播放完整长度的电影和电视剧，YouTube TV 展现雏形。2013年，YouTube 推出首个付费频道订阅项目；2017年推出服务平台 YouTube TV，标志着 YouTube 流媒体服务的正式成型；2018年，YouTube 将前身为 YouTube Red 的服务重新整合，推出以 YouTube Music 及 YouTube Premium 为体系的订阅服务。①

（三）发展现状

1. 组织架构

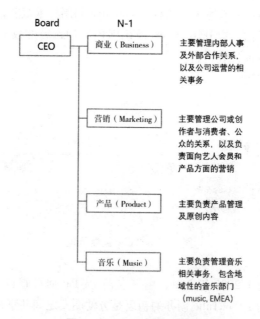

图2 YouTube 组织架构

---

① Vlad Savov. Google announces YouTube Music and YouTube Premium. (2018 – 05 – 17). https://www.theverge.com/2018/5/17/17364056/youtube – music – premium – google – launch.

根据 theofficialboard. com 所公示的 YouTube 公司内部结构，可以明显看到 YouTube 对内部的组织结构进行了重组及整合。原本的组织架构分为十个一级部门，在 CEO 底下涵盖商业、产品、传播及公共事务、音乐、原创内容、广告营销、内容合作伙伴管理等部门，而重整后第一层级的结构被大幅精简，剩下四个部门，即商业（Business）、营销（Marketing）、产品（Product）和音乐（Music）。其中，商业部门主要负责各种合作关系的处理以及对内部员工的管理；营销部门主要负责产品、会员的营销和针对内容创作者、艺术家营销；产品部门主要负责产品管理和自制内容的管理；音乐部门则负责音乐相关事务，包括欧洲、中东及非洲（EMEA）等地的音乐业务。

2. 产业框架

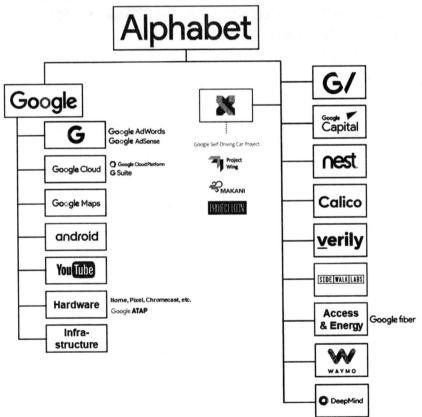

图3　Alphabet 大集团的完整产业结构①

---

① CB Insights. How Google Plans To Use AI To Reinvent The ＄3 Trillion US Healthcare Industry. (2018 – 04 – 19）. https：//www. cbinsights. com/research/report/google – strategy – health-care/.

2006 年，谷歌击败了包括微软、维亚康姆、雅虎在内的竞争者，成功以 16.5 亿美元的价格收购 YouTube。

2015 年，谷歌宣布重组，成立控股母公司 Alphabet，谷歌成为其下属全资子公司。根据重组计划，谷歌保留了诸多互联网核心业务，包括谷歌搜索、应用软件、YouTube、Android。而新成立的部门，包括投资与研究部门、智能家居部门和无人机部门，则归母公司管理。在全新的组织架构中，YouTube 成为谷歌旗下负责整合音视频资源的重要分公司。

3. 用户规模

TechCrunch① 与 Statista② 的数据显示，2017 年 YouTube 的月活用户数量（logged – in YouTube viewers）已达到 15 亿，在主流视频内容平台中排名第一，同时在与世界顶尖社交平台的对比中也仅仅落后于脸书。而根据 YouTube 官网的数据，截至 2019 年 1 月这一数字已经达到 19 亿，并且呈持续增长态势，另外，Statista 的数据也显示在 2019 年 5 月，YouTube 的月活用户数量已增长至 20 亿的规模。

4. 经营现状

单位：亿美元

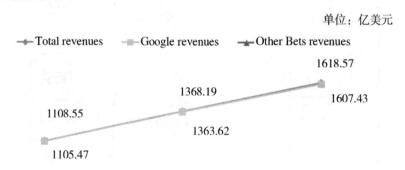

图 4　2017—2019 年 Alphabet 总营收及分板块营收状况

---

① Lucas Matney. YouTube has 1. 5 Billion Logged – in Monthly Users Watching a Ton of Mobile Video. (2017 – 06 – 22). https：//techcrunch. com/2017/06/22/youtube – has – 1 – 5 – billion – logged – in – monthly – users – watching – a – ton – of – mobile – video/.

② J. Clement：Global logged – in YouTube viewers per month 2017—2019, 2020 年，检索于 https：//www. statista. com/statistics/859829/logged – in – youtube – viewers – worldwide/。

YouTube 母公司 Alphabet 2019 年全年营收为 1618.57 亿美元①，主营业务分为 Google revenues 及 Other Bets revenues 两大板块，自 2017 年至 2019 年，总体收入（Total revenues）主要由 Google revenues 支持，而 YouTube 业务被分在谷歌板块中。在谷歌板块中，主要营收来源由广告（Google advertising）、云业务（Google Cloud）与其他（此板块包含 YouTube 的非广告收入）组成。2019 年，Google 板块总收入为 1607.43 亿美元，广告收入占比 83.9%（1348.11 亿美元），自 2017 年（86.5%）以来广告收入占比有些微下降的趋势。

单位：亿美元

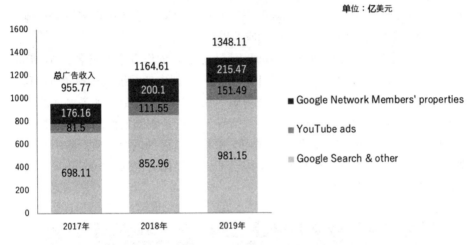

图 5　2017—2019 年谷歌广告收入情况

谷歌板块的广告收入主要由谷歌搜索、YouTube 广告和经由 AdMob、AdSense 以及 Google Ad Manager 进行广告合作的谷歌联盟成员的收入构成。2019 年的财报首次单独公开 YouTube 的广告收入，从 2017 年至 2019 年，YouTube 的广告收入增长快速，于 2019 年已达 151.49 亿美元的规模。财报中指出，YouTube 广告收入的主要增长来源为直接回复（direct response）及品牌广告产品（brand advertising products），此两项产品受益于广告形式的改良以及广告主增加的广告支出。

在成本方面，根据谷歌 2018 年财报，谷歌的成本主要为内容采购的成本。而在 2019 年财报中显示，源于数据中心和其他方面的运营成本显著增加。此外，YouTube 的内容获取成本也随着 YouTube 收入的增长而增加。

---

① Alphabet. 2019 10 – K.（2020）. https：//abc. xyz/investor/. 后文数据如无特别标注，皆出于此财报。

二、媒体融合的策略及特点分析

（一）由量到质，推动 YouTube 内容精品化

10 亿的全球用户规模背后代表的是强大的内容生产力。在 2012 年 YouTube 用户每分钟上传的视频市场就已达到 72 小时。7 年以后，YouTube 用户上传内容时长成倍增长。根据 Statista 的统计数据①，截至 2019 年 5 月，YouTube 每分钟有来自多方面生产者上传超过 500 小时的视频内容。可以说 YouTube 已经在量的积累上做到了极致，而在如今融媒体时代，如果想要让用户积极主动地为内容付费，势必要对内容质量进行相应的提升。

为了提升 UGC 的内容质量，YouTube 针对内容创作者推出了名为 YouTube Creator Academy 的培训平台。该线上平台向内容创作者系统地展现了 YouTube 的运营模式并且提供内容创作、视频剪辑、粉丝运营、营销变现等方面的课程内容及创作资源，给予内容创作者相关指导。无论是刚刚使用的用户还是经验丰富的 YouTuber 都能全天候地进行学习，以提高自己的内容品质。除了官方的课程外，YouTube 还专门为 YouTuber 构建了内容创作者论坛，YouTuber 可以在论坛中进行讨论和互动。

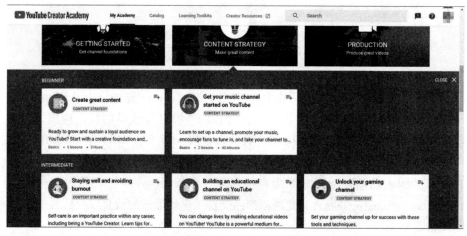

图 6　YouTube Creator Academy 界面

随着大家的订阅者数量达到不同水平，YouTube 还会为内容创作者提供不

---

① J. Clement. Hours of Video Uploaded to YouTube Every Minute 2007—2019. https：//www. statista. com/statistics/259477/hours－of－video－uploaded－to－youtube－every－minute/.

同的升级服务。比如 YouTube 会邀请内容创作者参加"创作者日"活动、各类本地聚会以及在 YouTube Spaces 召开的研讨会,内容创作者可以借由这种类似于沙龙的集会活动来互相学习、启发。累积了一定的粉丝数量后,YouTuber 即能在 YouTube Spaces 内拍摄视频、就频道定位享受咨询服务、成为宣传大使甚至有机会参加 YouTube NextUp 影片大赛。当 YouTuber 在过去的 12 个月中,拥有至少 100000 名订阅者和 400000 小时的订阅时长时,该内容创作者还可以申请 YouTube 提供的合作伙伴经理服务。这些合作伙伴经理将为内容创作者制订个性化计划,帮助其实现频道目标,例如,通过一些实践案例引导内容创作者并且教授其搜索和发现、分析或品牌交易等优化策略。

另外一些内容创作者依托专业化的 MCN 开始进入网剧、电影的制作行列之中。电影制作已经不再是电影公司或者媒体集团的专有职能,MCN 在内容领域垂直上行,也开始涉足不同形式的专业化内容制作。以 YouTube 头部 MCN Fullscreen 为例,2014 年 Fullscreen 即推出一部纪录片电影,由拥有 250 万以上关注者的 YouTube 人气组合 Our2ndLife 主演;之后在 2015 年,Fullscreen 推出科幻电影 *Lazer Team*,该电影由 Fullscreen 在 2014 年收购的影视制作公司 Rooster Teeth 制作①。

而在 PGC 方面,YouTube 则新推出了 YouTube Original 作为精品化节目的补充。在 YouTube Original 频道中,订阅者可以欣赏到获奖演员出演的剧情片、顶尖 YouTube 内容创作者制作的喜剧,还有对多次获得白金唱片奖的音乐人进行介绍的纪录片。其实早在 2016 年年初,YouTube 就已经开始为 YouTube Original 做准备:2016 年年初,YouTube 正式推出了筹备半年之久的四部自制剧,仅对当时的 YouTube Red 会员开放。这四部自制剧分别为 *A trip to Unicorn Island*、*Dance Camp*、*Lazer Team* 和 *Scare PewDiePie*。另外,YouTube 也积极进行创作人才的储备,为 YouTube Original 铺路。如在 2015 年,YouTube 大量签约了 You-Tube 平台上的网络红人和内容制作者,其中包括"FineBrothers""Prank vs. Prank""JoeyGraceffa"等团队,还有当时隶属于梦工厂旗下的 Awesomeness TV。据称,这些内容制作者生产的内容占据了 YouTube 网站 90% 的浏览量。与此同时,YouTube 还挖走了 MTV 电视内容制作总监 Susanne Daniels,让他来负责 YouTube 的原创内容,并直接向 CCO(首席内容官)Robert Kyncl 汇报工作。Daniels 在此之前是一位具备丰富经验的电视节目制作人,出品了《军嫂》(*Army Wives*)、《恋爱时代》(*Dawson's Creek*)和《吉尔莫女孩》(*Gilmore Girls*)等

---

① 陈苡扬. YouTube 大平台下的 MCN 浮沉[J]. 媒介,2018(8):34.

热门电视剧。①

（二）多样融合的流媒体产品组合

图7　YouTube 目前经营的流媒体产品

YouTube 基于平台上累积的庞大 UGC 或 PGC 内容资源，推出集成化的视频流媒体及音乐流媒体，提供多样化的媒体类型组合，包括支持多种硬件设备的电视流媒体服务 YouTube TV 和专注于音乐内容的 YouTube Music。

1. 打造有竞争力的电视流媒体服务

YouTube TV 是 YouTube 旗下的直播电视流媒体服务。它能够在多种硬件设备上使用，包括 Apple TV、Roku、Android TV、Amazon Fire TV、Chromecast 等，设备类型包括智能电视以及智能手机、平板电脑、Xbox 和电脑，并且最多支持6 个独立的家庭成员资料。其云端 DVR 是业内最好的 DVR，具有无限存储空间，可以为用户存储 9 个月的内容资源。YouTube TV 还拥有丰富的频道内容，包括 70 个以上的基础频道及附加频道，同时覆盖全美国大多数市场的所有本地网络（ABC、CBS、Fox 和 NBC）。另外 YouTube TV 还包括 YouTube Original 的自制内容供用户选择。

---

① 创界网. YouTube 推四部自制剧，国外视频网站如何玩自制内容.（2016 - 02 - 16）. https：//www. tvoao. com/a/180708. aspx.

表 1 YouTube TV 与市场上其他流媒体电视对比

会员	YouTube TV	DirectTV Now/ AT&T TV Now	Hulu with Live TV	Fubo TV
基本价格	50 美元/月 70 + 频道	50 美元/月 45 + 频道	45 美元/月 60 + 频道	55 美元/月 100 + 频道
受欢迎频道（Top 100）总数	63	45	58	62
是否包含 ABC、CBS、Fox 及 NBC 频道	√	√	√	只有 CBS、Fox 和 NBC（缺少 ABC）
可录制节目供之后使用（cloud DVR）	√（保存 9 个月）	√（20GB，可保存 30 天）	√	√（30GB，升级 500GB 需 10 美元/月）
有无包含更多频道的升级套餐（step - up packgs）	×	√	×	√
可同步使用的账号（simultaneous streams per account）	3	2（可用 5 美元开通 3 个账户）	2（可用 15 美元开通无限使用的选项）	2（可用 6 美元开通 3 个账户）
可在使用云端录制的内容时（cloud DVR）快进或跳过广告	√	×（可用 15 美元开通功能）	√	

YouTube TV 的用户界面非常简单，共有三个顶级标签，分别是"内容库""首页"和"实时"。库是 DVR 内容所在的位置。主屏幕显示精选和实时缩略图。"实时"选项卡是一个有相似外观的界面，其中显示了当前正在播放和即将播出的节目。用户可以从任何页面的顶部进行搜索，这使得直接跳转到所需内容相对容易。

YouTube TV 的核心竞争优势在于 YouTube 超过 10 亿的庞大用户群和大量的广告库存和广告销售经验，这意味着 YouTube TV 有极强的用户覆盖能力和盈利转化能力。

2. 依靠音乐视频资源突围音乐流媒体市场

YouTube Music 是一款提供全新的音乐流媒体内容服务的产品。全新的 You-Tube Music 除了 YouTube 上规模庞大的混音作品、现场演出、翻唱、MV 等资源外，还包含官方歌曲和专辑，除此之外也会提供歌单和艺术家广播。同时它还有一系列增值服务，通过每月花费 11.99 美元购买 YouTube Premium 会员或是单独花费 9.99 美元购买 YouTube Music Premium，用户就可以享受无广告、离线下载和锁屏后播放等功能。

YouTube Music 的竞争力在于，它可以提供从音乐到视频更快速切换的服务。以往如果用户在视频平台听到一首好听的歌，需要转到音乐平台去把它放入自己的播放列表，而借助 YouTube 本身丰富的内容资源，YouTube Music 算是把视频和音乐做了一个整合。

之前，YouTube Music 需要从 Google Play 单独下载，但现在不再需要这一步操作。YouTube Music 还将预装到所有运行 Android 10 的设备上，并且预计将取代 Google Play 对谷歌旗下的音乐流媒体产品进行进一步的整合。

3. 整合已有资源，拓展垂直内容板块

除了在内容质量优化和流媒体组合上做出尝试外，YouTube 还在原有的内容基础上拓展了多元的垂直细分板块。

YouTube 于 2015 年推出独立的游戏直播流媒体 APP YouTube Gaming，旨在成为 Twitch 的竞争对手。虽然带来了许多不同于 Twitch 的创新功能，但更多的观众仍选择在 YouTube 网站上观看游戏类的直播与视频内容。2019 年 5 月，YouTube 宣布停止 YouTube Gaming APP 的服务[1]，取而代之的是在 YouTube 网站上单独的 Gaming 板块。在帮助页面中，YouTube 将所有 YouTube 游戏迷引导到较新的内容板块。它还合并了 YouTube 和 YouTube Gaming 订阅，尽管粉丝们会丢失自己保存的游戏列表，但他们依旧可以在 YouTube Gaming 中找到自己喜欢的游戏主播和游戏视频。

YouTube Gaming 将根据粉丝想观看的内容在页面顶部显示个性化内容，如热门的直播游戏、粉丝订阅的最新游戏视频、直播和时下流行视频的专用内容列表。另一个功能"正在崛起的游戏创作者"将突出那些仍在努力吸引观众的有前途的游戏内容创作者。

除了游戏外，YouTube 近日还推出了一个名为 YouTube Fashion 的新内容板块，旨在利用时尚和美妆类内容吸引数百万观众使用其平台。根据 Statista 的统计[2]，2018 年美妆时尚类视频就在 YouTube 上产生了超过 1690 亿次浏览量。在

---

① YouTube 说明：YouTube Gaming 近期异动说明，2019 年，检索于 https：//support.google.com/youtube/answer/9135119？hl = zh – Hant&visit _ id = 637278846006519123 – 1735464066&rd = 1。

② J. Clement：Annual Beauty – Related Content Views on YouTube From 2009 to 2018，2019 年，检索于 https：//www. statista. com/statistics/294655/youtube – monthly – beauty – content – views/。

2014 年至 2018 年间，YouTube 平台上时尚与美容相关的频道数量增长超过 6 倍，光是在 2018 年就创造了超过 10 亿次的浏览量。这反映出 YouTube 用户对时尚与美妆类内容的喜爱，并且这一族群具有极强的黏性。

　　新的垂直内容板块 YouTube Fashion 将尝试更好地组织和汇集来自时尚和美容博主、业内专业人士、出版商和时装公司等创造的一系列内容。在这一专区推出之前，Instagram 已经是很多人心目中的美妆时尚类目的地平台，而且已经开通电商功能和支付系统，使品牌能够直接在 Instagram 上进行销售。2018 年 Instagram 推出的长视频平台 IGTV，成为 YouTube 的潜在竞争对手。在与美妆时尚类品牌的合作上，YouTube 也远远落后于 Instagram。根据 Vogue Business 2018 年的一份报告①，YouTube 在美国的广告收入约为 53 亿美元，而 Instagram 则达到了 91 亿美元。不过，YouTube 在美妆时尚方面也有自身相对的优势，例如，以培育美妆类 KOL 而闻名，如 Yuya、Bethany Mota、Michelle Phan、Zoe Sugg、James Charles、Tati Westbrook 和 Jaclyn Hill 等人，他们的化妆评测和教程获得了很高的关注度。YouTube 甚至推出了一个针对美妆类别的新广告单元，利用 AR 让用户在线试妆。②

　　YouTube 希望通过将所有这些视频集中到一个地方来推动更多的浏览量，同时它也将为行业提供一站式服务，为广告客户和营销人员提供新的机会，为他们提供更具体的宣传重点。当然，这样做的真正价值取决于该选项的受欢迎程度，但如果 YouTube Fashion 流行起来，对于那些希望接触到感兴趣的观众的品牌来说，也具有巨大的潜力。

　　（三）融合化的商业变现

　　作为广告收入可观的流媒体视频平台，YouTube 拥有体系化、多样化的成熟商业变现模式。一方面体现在多元化的广告形式，通过对不同广告类型的积极探索与尝试，YouTube 不仅增加了客户的广告效益，也确保了用户的观看体验；另一方面，谷歌还将 YouTube 整合到一站式的广告管理平台中，为客户带来多种资源的不同组合及分配模式。

　　1. 试水 SVOD③ 后重返 AVOD④ 模式

　　YouTube Original 的主管 Susanne Daniels 最近公开表示，YouTube 正在控制

---

①　Maghan Mcdowell. Fashion Doesn't Know What to Do With YouTube. Derek Blasberg is Trying to Help.（2019 - 07 - 22）. https：//www. voguebusiness. com/technology/derek - blasberg - fashion - youtube - louis - vuitton - naomi - campbell.

②　夏至. 为了让品牌和 KOL 走得更近，YouTube 推出了一个美妆时尚专区.（2019 - 09 - 10）. https：//zhuanlan. zhihu. com/p/81918250.

③　订阅视频点播模式。

④　广告视频点播模式。

自身在视频订阅业务方面的扩张，将运作重点转向附带广告的免费视频业务。"我们已经决定，平台的核心业务是 AVOD 业务而非 SVOD 业务，原创自制节目应当是核心业务的一部分。"和 *Kevin Hart*：《练个啥呢》（*What The Fit*）一样，YouTube 2018 年推出的另一档自制科学实验类节目《慢动作的人》（*The Slow Mo Guys*）也是用 AVOD 的方式推出的。此前，YouTube 的自制内容板块一直在 SVOD 模式上发力，并把自制内容的访问权作为 Premium 会员权限的一部分。但是显然，会员付费所取得的收益并不够理想，于是他们决定另谋出路。

Daniels 分享了 2019 年业务过渡规划："用户们将逐渐地看到业务转型带来的变化。YouTube 的原创自制内容要到 2020 年才会全部完成 AVOD，所以 2019 年我们将部分实现 AVOD，部分保留 SVOD。去年已经在朝这个方向发展，我们在 2018 年做了一些 AVOD 项目，已经很成功了。"Daniels 补充："最理想的情况是，在 2019 年，一些节目同时以 SVOD 和 AVOD 两种方式服务受众，我们正在与合作伙伴协商具体的实施办法。"

然而向 AVOD 模式转型并不意味着 YouTube 放弃原创剧集内容，相反，为了向 AVOD 模式转型，挖掘无剧本原创内容的价值成为 YouTube Original 未来的工作重点，借助明星强大的驱动力，制造粉丝流量。"我们将更加着重推荐类似威尔·史密斯为了庆祝 50 岁生日，在大峡谷直播跳伞那样的现场活动。或者在凯蒂·佩里家中到处装满摄像头，连续记录 5 天。"除此之外，2019 年 YouTube 还将引入一档全新的无剧本项目——小罗伯特·唐尼监制的 10 集纪录片《出示证据》，他将与苏珊·唐尼共同出演，探讨人工智能如何改变我们现在及未来的工作、生活方式。

同时 Daniels 和他的团队还通过对用户数据的分析来丰富自己的经验。他们同时研究了来自谷歌、尼尔森和 Parrot Analytics 的多个数据源，分析在当下拥挤的内容环境中，YouTube 中的哪些内容最能引起受众共鸣，并依此选择更具性价比的内容。Susanne Daniels 说："我们统计用户的数据，关注谁正在看视频。我们统计浏览量，以及每一季每一集的独立 IP 页面浏览量。我们统计每集的视频时长和观众观看时长，统计他们看了多少集。我们关注如果他们开始看一集，会不会把所有剧集都看完？"①

2. 多元化的广告形式

广告收入的上升得益于近年来不断拓展的广告形式。目前 YouTube 官网上明确发布的广告形式已非常丰富，绝非只有国内视频网站常见的 15 秒、30 秒视频广告形式，而且考虑到用户体验，其形式更为灵活、易于接受。

---

① 网生内容产业观察. 当视频网站都在追求会员内容付费，Youtube 却回归免费模式？. (2019 - 02 - 19). https：//www.sohu.com/a/295834615_ 247520.

　　例如，从 2010 年开始，YouTube 的视频广告一直在采用一种叫 TrueView 的广告模式。通过这种模式，视频观众可以在广告播放 5 秒后选择"跳过"（Skip）广告，直接观看视频内容。而广告主也不必为那些选择跳过的观众支付广告投放费。所以，从某种意义上而言，TrueView 在提升不少视频观众观看体验的同时，也为品牌做了一次以兴趣为筛选标准的观众匹配，从而提高了广告主的投入效率，实现了双赢。

　　根据 2020 年 6 月最新的官网说明，YouTube 的广告形式包括展示广告（display ads）、重叠式广告（overlay ads）、可跳过视频广告（skippable video ads）、不可跳过视频广告（non - skippable video ads）、导视广告（bumper ads）及赞助卡片（sponsored cards）等。

表 2　YouTube 的多元广告类型

广告类型	广告形态	支持设备	广告案例
展示广告（display ads）	出现在精选视频（feature video）的右侧和视频推荐列表上方。对于较大的播放器，此广告可能会显示在播放器下方	桌面	
重叠式广告（overlay ads）	半透明的重叠式广告，出现在视频的下 20% 部分	桌面	
可跳过视频广告（skippable video ads）	可跳过的视频广告使观看者可以选择在 5 秒后跳过广告。广告在主视频之前、之中或之后插入。如果客户启用这个广告选项，则可能会看到可跳过广告和导视广告的组合播放	桌面、移动设备、电视和游戏机	
不可跳过视频广告（non - skippable video ads）	用户必须先观看不可跳过的视频广告后才能观看视频。这些广告可以在主视频之前、之中或之后展示	桌面和移动设备	
导视广告（bumper ads）	观看视频之前，必须观看长达 6 秒的不可跳过视频广告	桌面和移动设备	

右上角 续表

广告类型	广告形态	支持设备	广告案例
赞助卡片 （sponsored cards）	赞助卡片显示的内容可能与客户的视频有关，例如，视频中的产品。 观众会在几秒钟后看到该卡片的预告片，并可以单击视频右上角的图标来浏览卡片	桌面和移动设备	

另外，Google Ads 还提供可以在 YouTube 上以及在谷歌视频合作伙伴上运行的网站和应用中展示的视频广告形式，包括可跳过的播放中广告（skippable in – stream ads）、不可跳过的播放中广告（non – skippable in – stream ads）、视频探索/发现广告（video discovery ads）、导视广告（bumper ads）、播放外广告（outstream ads）及报头式广告（masthead ads）等。

除了 YouTube 上的 TrueView 广告外，广告主还可以在 YouTube TV 上投放广告。YouTube TV 用户在观看直播电视或使用点播选项时不能跳过广告，但如果他们观看在 DVR 上的录制节目则可以跳过广告。

YouTube 电视使用与谷歌搜索广告相同的出价技术，因此广告主需要为观看次数付费。有线电视广告中一个广告位就可以卖到数千美元，但据 WordStream 报道，YouTube 电视广告的每次观看费用低至 0.03 美元。

3. 融合化的广告管理平台

YouTube 广告背后依托的是统一的广告管理平台——Google Ads。广告主可以通过选择地理位置、语言和相关群体标签（性别、年龄、兴趣、人生阶段、购买意向）精准定向受众人群。同时广告主也可以自主选择广告位以及定向的设备，包括计算机、智能手机、其他移动设备和电视屏幕设备（例如 Chromecast 定位用户）。广告上线后，广告主可以通过 Google Ads 的监测系统实时了解广告的表现以便后期的优化调整。

全新的 Google Ads 代表了谷歌将提供全方位广告服务。和它的前身 AdWords 一样，它允许客户在谷歌的不同平台上投放多种广告，包括搜索页、YouTube 视频网站、谷歌地图、Google Play、Android 应用商店以及合作伙伴网站等渠道。谷歌的系统会根据广告商的目的在不同的平台上进行分配。

谷歌低调推出了两个重要的 TrueView 功能。第一个功能是根据到达的真实观看（TrueView for reach），通过高效的 CPM（每千人成本）广告投标配合有趣的视频创意，让商家的广告能够更好地进行推广。而第二个功能是根据行为的

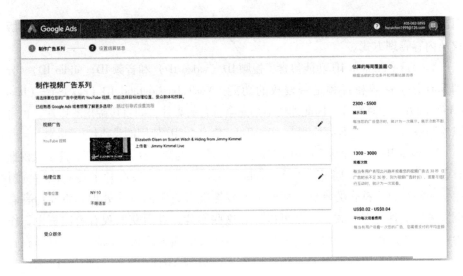

图 8　Google Ads 系统界面

真实观看（TrueView for action），帮助商家记录在谷歌上搜索关于服务和产品的潜在受众，进而在 YouTube 上准确投放广告。

而针对视频广告投放的主要阵地 YouTube，谷歌则推出了全新的智能竞价策略——Maximize Lift，它能够自动调整拍卖时的出价，以最大限度地提高商家广告视频播放过程中对消费者品牌感知的影响。利用最新的三个功能可以建立一套完整的以视频广告为中心的投放方法，保证流量到用户的有效转化。

（四）技术赋能

YouTube 依托于谷歌强大的技术实力，以技术赋能平台，一方面，利用实时生成多种语言字幕的自动字幕系统满足用户跨语言、不同场景下的观看需求；另一方面，利用平台的推荐算法进行用户兴趣及内容的匹配，为用户呈现个性化的推送结果。另外，YouTube 还通过技术提升版权识别的效率，展现了对于内容创作者权益的重视，为内容创作者提供了一个良好的创作环境。

1. 自动字幕系统（automatic captioning system）

谷歌在 2009 年为 YouTube 上线了一个自动字幕系统（automatic captioning system），借助人工智能技术，在视频里实时生成字幕。

2017 年，由 Accessibility、Sound Understanding 和 YouTube 三个团队通过深度神经网络（DNN）模型共同完成了在自动字幕增加音效信息的技术，进一步提升了观众的观看体验。

2. 版权保护系统（Content ID）

随着 YouTube 上用户及内容的累积以及日渐增大的影响力，版权问题逐渐引起重视。谷歌从 2007 年开始即投入 Content ID 的开发，以提供一套完整的版权及内容管理方式。

　　YouTube Content ID 功能包含了视频 ID（video ID）和音频 ID（audio ID），分别具有分辨视频和音频是否侵权的功能。YouTube Contend ID 是以热图（heat map）的方式比对影片，因此即使不是完全符合的影片，如直接翻拍的影片，也可以侦测得出来。而在音频检测上，YouTube Content ID 使用的是声纹检测。

　　Content ID 可以全天 24 小时在每段影片上传的同时比对版权资料库。版权拥有者只要将一份参考档提供给 YouTube，它就会在每一段影片上传时比对资料库，一旦搜寻到符合的资料，便会依版权拥有者设定的方式处理。版权拥有者可以采用三种处理方式，一是可以追踪这些影片，进而获取观看者的资讯，作为行销分析之用；二是留置这些影片，并在其中插入广告，以增加版权拥有者的收入；三是若版权拥有者不想这段内容被放到 YouTube 上检视，可以选择封锁这些影片，封锁又可细分为区域封锁及完全封锁等方式①。

图 9　YouTube Content ID②

　　① CSDN. YouTube 怎么判断影片内含侵权内容？解析 Content ID 内容识别系统的原理及功能．（2016 – 08 – 19）．https：//blog. csdn. net/iteye_ 5904/article/details/82671999.
　　② Daniel Abdollahi. YouTube's Content ID.（2019 – 03 – 19）．https：//startupik. com/youtubes – content – id/.

3. 推荐算法

YouTube 用户每日观看小时数高达 10 亿小时，而每分钟就有超过 500 小时的视频上传到 YouTube 平台中。其数据量之大，若真要做到针对每位 YouTube 用户的个性化推荐与设计，的确有一定难度。

对此，YouTube 工程研发副总裁克里斯多·古德罗（Cristos Goodrow）表示，YouTube 的工作之一，就是帮助用户在大量内容中主动提供他们想看的，从而改善他们的服务体验，提高其满意度，而至今全球 YouTube 用户的观看时间高达七成来自推荐视频。

目前 YouTube 的推荐机制基于深度神经网络。随着机器学习技术的成熟发展，为了维持使用者观影新鲜感、提高满意度，YouTube 持续优化个人使用体验，确保每个人都获得最新、最热门的内容推荐；同时，YouTube 也将"定制化"的概念运用到生成每个用户的界面上，并于 2016 年推出更新的 YouTube 移动版首页，接口设计比以往都更干净简洁，也在首页显示与用户更相关的 You-Tube 个性化推荐视频。

古德罗指出，为了提供更好的用户推荐，团队搭建了结合候选生成模型（candidate generation model）与排名模型（ranking model）这两个神经网络的推荐系统。前者将数百万个视频数据缩小分成数百个与用户相关视频的数据子集，这些资料子集把许多变因都考虑进去，包括：浏览历史、搜寻历史以及人口变项信息（如年龄等）。而后者则会透过提名特征（nominating features）来下评分讯号（scoring signals）的权重。

相关热门推荐视频评分结果判断标准包括：人口统计信息（demographic information），例如，地理位置、最受欢迎的视频（most popular videos）、用户和视频所使用的语言、近期观看记录、使用者和该视频频道的过往联结。

三、经验与启示

盘活内容存量，充分挖掘内容创作者潜力。纵观 YouTube 所有的流媒体产品，不难发现它们都依托于 YouTube 平台，且不同程度地运用了 YouTube 本身具有的内容资源。例如，前文所提到的将 YouTube Original 的内容加入 YouTube TV 的内容资源库中，以及将 YouTube 平台上的音乐视频资源二次利用转化为 YouTube music，区别于其他流媒体播放器的最强卖点，还有 YouTube 对已有 UGC 内容进行集成和整理，依照内容主题整合成为不同的内容分区。通过对内容存量的盘活，YouTube 既完成了拓展流媒体业务的目标，又最大限度地节省了额外的版权购买或内容制作的成本，并且获得了在未来寻求市场增量的筹码。另外，YouTube 也十分懂得利用其最丰富的内容创作者资源。Strategy Analytics

公司的分析师古德曼说，尽管 YouTube 在制作原创节目和授权电影方面投入了大量资金，但它只占其内容总量的很小一部分。他说："与 YouTube 上的其他消费相比，观看原创内容和电影的数量只是沧海一粟。"换句话说，奈飞和亚马逊以及其他网络视频媒体服务并不是在与 YouTube 上的一个实体竞争，而是与数以百万计的视频内容创造者竞争。①

差异化模式，专注细分市场。差异化是 YouTube 流媒体战略的另一突出特点。作为一个凭借 UGC 内容和 AVOD 模式发展起来的平台，YouTube 最大的优势在于让用户免费地观看到来自世界各地的多元化的内容，正如前文所介绍的，在尝试了会员内容付费的商业模式后，YouTube 最终决定回归到自己的优势地带，即利用广告来对视频进行商业化变现，目前这一差异化的做法十分有效。在内容方面，YouTube 也寻求一种差异化打法，以避免和奈飞的正面 PK。You-Tuber 通过不断对众多音乐、游戏和美妆进行培育和补贴，以及与更多体育赛事和体育频道进行合作，目前的 YouTube 平台以及其流媒体产品中积累了大量音乐、游戏、时尚和体育类内容，也受到了更多青少年群体的青睐。根据美国投行 Piper Jaffray 发布的 2019 年秋季调查报告，37% 的受访青少年最青睐在谷歌（GOOG. US）旗下的 YouTube 平台上观看流媒体视频，略高于长期领先的奈飞，后者的这个比例为35%。对青少年细分市场的有的放矢，帮助 YouTube 取得了阶段性的胜利，也大幅降低了内容制作的成本。②

成熟的商业变现模式，发展多元化广告形式及全方位服务平台。YouTube 通过探索多类型的广告形式，为有广告需求的客户提供多种选择类型，并在增强广告效果的同时强化用户体验。除了多元化的广告类型外，YouTube 还被整合在谷歌统一的广告管理平台中，给客户提供融合化、体系化的广告营销服务。

技术赋能，提升用户体验并确保内容创作者权益。YouTube 基于人工智能开发自动字幕系统，让用户可以无障碍地观看不同语言的视频，提供给用户更好的观看体验；YouTube 的推荐系统为用户推送个性化的内容，为用户在海量的视频中筛选出其感兴趣的内容；而 YouTube 的版权保护系统有效地提升版权辨识的效率，也显现出 YouTube 对于内容创作者权益的重视。

---

① 腾讯科技. 全球视频霸主之争：YouTube 成 Netflix 最大劲敌.（2018 - 12 - 10）. ht-tp：//news. iresearch. cn/content/201812/279996. shtml.

② Annie Palmers. Teens Choose YouTube over Netflix for the First Time, according to new survey.（2019）. https：//www. cnbc. com/2019/10/08/teens - prefer - youtube - over - netflix - piper - jaffray - survey - finds. html.

第四章

海外报业机构的媒体融合运营

第一节　华尔街日报

一、媒体融合发展历程及现状概述

（一）机构简介

《华尔街日报》（*The Wall Street Journal*）创刊于 1889 年，是美国乃至全球影响力最大的财经类报纸。其母公司道琼斯（Dow Jones）是一家全球新闻和商业信息提供商，创立于 1882 年，旗下除《华尔街日报》报系外，还拥有提供实时财经报道和市场评论的道琼斯通讯社以及知名投资刊物《巴伦周刊》等。2007 年《华尔街日报》被新闻集团收购。

《华尔街日报》涵盖美国国内和国际新闻，就商业发展和趋势、经济、金融市场、投资、科技、生活方式、文化和体育等广泛的话题提供分析、评论和意见，尤以对商业、财经领域的深度分析报道而闻名，是美国付费发行量最大的报纸①，在国际上也具有广泛的影响力。

（二）发展历程

作为一家享誉全球百年的财经类的报纸，《华尔街日报》历经数次改革，一直紧跟时代潮流。②

---

① News Corp – OPERATING COMPANIES，检索于 https：//newscorp. com/business/dow –
jones/。
② 张利平．《华尔街日报》的媒介融合战略［D］．武汉：武汉大学，2014.

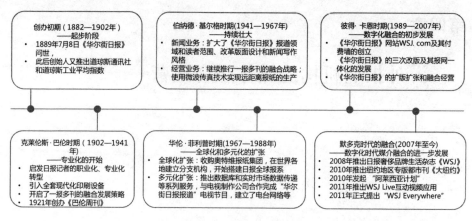

图1 《华尔街日报》发展历程

1. 创办初期（1882—1902年）——起步阶段

1882年，三位年轻记者查尔斯·亨利·道（Charles Henry Dow）、爱德华·琼斯（Edward Jones）和查尔斯·博格斯特莱斯（Charles Bergstresser）创立了道琼斯公司，为商业客户收集、摘抄商业信息，利用市内快递将手工编写的简讯送交华尔街上的每一位订阅者。随着商界对信息的需求日益增大，他们决定将原来的小规模经营改变为出版报纸，1889年7月8日《华尔街日报》问世，起初它仅有4个版面，当时每份的售价为两美分。

在道琼斯创办初期的20年间，其创始人推出了定义道琼斯及其财经新闻的三个核心产品——《华尔街日报》、道琼斯通讯社和道琼斯工业平均指数（the Dow Jones Industrial Average），奠定了《华尔街日报》及道琼斯发展的基础。

2. 克莱伦斯·巴伦时期（1902—1941年）——专业化的开始

1902年，财经新闻人克莱伦斯·巴伦（Clarence W. Barron）买下道琼斯。因美国经济恐慌，道琼斯及其日报发行量大幅下降，危机时刻，克莱伦斯·巴伦主持了《华尔街日报》的第一场重大变革，提出"优良报道与写作的七大要点"，以启发日报记者的职业化、专业化转型，同时引入了全套现代化印刷设备，拓宽新闻采集业务。这一时期还通过发行《华尔街日报》太平洋海岸版，开启了日报一报多刊的融合发展策略。

此外，克莱伦斯·巴伦创办的《巴伦周刊》于1921年问世，直到现在仍是与《华尔街日报》相互扶持的经营合作伙伴。这一时期的改革促使《华尔街日报》成功度过20世纪30年代经济大萧条，逐渐发展成为美国第一大财经报纸。

3. 伯纳德·基尔格时期（1941—1967年）——持续壮大

1941年，伯纳德·基尔格（Bernard Kilgore）成为《华尔街日报》的执行总编，1945年被任命为道琼斯的首席执行官。在他的带领下，《华尔街日报》进入了"基尔格革命"时期，这次改革主要体现在新闻业务和经营业务两方面：新闻业务方面，基尔格扩大了《华尔街日报》的报道领域和读者范围，同时改革版面设计与新闻写作风格，使《华尔街日报》的核心内容和品质在克莱伦斯·巴伦改革的基础上进一步发展，成为更加专业的财经报纸。经营业务方面，继续推行一报多刊的融合战略，并通过使用微波传真技术，实现远距离报纸的生产，打开了新的读者市场。经过这一改革，《华尔街日报》从纽约地区报纸逐步发展成为全国性主流大报，进入了发展壮大的黄金时期。

4. 华伦·菲利普时期（1967—1988 年）——全球化和多元化的扩张

20 世纪 60 年代至 80 年代，《华尔街日报》经历了威廉·科尔比和华伦·菲利普两位领导者，这一时期道琼斯和《华尔街日报》开启了其全球化和多元化的扩张战略。

一是全球化的扩张，主要表现在将其传统信息服务业务和商务出版业务向国内、国际进行拓展。在国内，道琼斯于 1970 年收购了拥有 9 份日报、3 份周日报的奥特维报纸集团；在国际上，1967 年道琼斯通讯社就开始逐步向欧洲、亚洲、拉丁美洲、大洋洲和非洲的各大金融中心派送记者，《华尔街日报》和《巴伦周刊》紧随道琼斯通讯社开始在世界各地建立分支机构，开始了全球化运作。1976 年，《华尔街日报》推出首份国际版、第一份面向亚洲读者的商业综合性日报《亚洲华尔街日报》，至此，《华尔街日报》全球报系逐步搭建起来。

二是多元化扩张，这一时期道琼斯建立了《道琼斯通讯社新闻》的电子发布平台，推出电视报道、数据库和实时市场数据传递等系列服务，奠定了其搭建全球网上商业信息系统数据的基础。此外，日报的电台还向电子媒体延伸，与电视制作公司合作完成《华尔街日报报道》电视节目，建立了华尔街日报电台网络等。通过全球化扩张与多元化扩张，《华尔街日报》发行量和广告收入在这一时期取得了快速的增长，电子化、数字化的开端和日报全球报系的协同作业奠定了《华尔街日报》多媒体融合的基础，《华尔街日报》也由此真正从一份纽约的地方金融小报发展为全国性大报乃至全球商业报系。

5. 彼得·卡恩时期（1989—2007 年）——数字化融合的初步发展

20 世纪 80 年代末、90 年代初，美国再次进入经济萧条期，美国报业危机也拉开序幕。这一时期，《华尔街日报》面临着更加严峻的挑战，1989 年，彼得·卡恩被任命为道琼斯总裁，随着数字互联网技术的迅猛发展，《华尔街日报》也启动了其数字化融合战略，具体表现在《华尔街日报》网站 WSJ. com 及其付费墙的创立、《华尔街日报》的三次改版及其报网一体化的发展和《华尔街日报》的扩版扩张和融合经营。2006 年，道琼斯建立了从事网站群创新研发的专门实验室，开始着力构建《华尔街日报》数字网络；同年，道琼斯从路透集团购得其 Factiva 股份，全资拥有了杰出商业信息系统 Factiva 数据库。通过这一时期的发展，《华尔街日报》逐渐从一个依赖印刷媒体的公司转向一个以品牌和内容为中心的多元化媒体公司。

6. 默多克时代的融合（2007 年至今）——数字化时代媒介融合的进一步发展

2007 年，由于传统媒体业的式微，《华尔街日报》的母公司道琼斯集团连年亏损，财务状况恶化，班克罗夫特家族各支矛盾加深。在美国《1996 年电信法案》放宽对广播电视与报纸交叉持有的限制后，默多克重新将目光投注到曾经被迫退出的美国报业市场。2007 年，新闻集团以 56 亿美元的价格收购道琼斯，将《华尔街日报》纳入了新闻集团报业帝国的版图之中。

进入默多克时代以后，背靠实力雄厚的新闻集团、道琼斯和《华尔街日报》以商业报道为核心，拓展政治新闻和一般新闻为代表的报道广度，采用最先进的技术和工具，进一步扩大欧洲和亚洲市场。2011 年正式提出"无处不在的《华尔街日报》"（WSJ Everywhere）这一媒介融合策略，为实现这一融合目标，日报不仅推出无处不在的 WSJ. com 国际版扩展网站，服务更多的国际受众，还于 2008 年推出日报延伸品牌《WSJ》作为针对高端读者群的奢侈生活杂志，2010 年推出纽约地区专版都市刊《大纽约》，2011 年推出名为"华尔街日报播报"（WSJ Live）的互动视频应用，以提供来自道琼斯近四个小时的直播节目，2012 年推出新的 WSJ Live 视频网站等方便用户从一个中央平台来观看、分享视频。在"无处不在的《华尔街日报》"的融合战略指导之下，《华尔街日报》将以日报品牌为核心的内容产品进行了不同地域、不同发布平台和不同媒体形式的拓展，覆盖数字时代受众生活的各个方面，其媒介融合程度也迅速加深。

（三）发展现状

1. 道琼斯业务架构

《华尔街日报》背靠道琼斯，其业务架构也与道琼斯有着紧密的联系。根据新闻集团 2019 年年报，道琼斯的主要产品包括《华尔街日报》、Factiva、《道琼斯风险与合规》、《道琼斯通讯社》、《巴伦周刊》和《市场观察》。[①] 按照新闻集团年报的描述，道琼斯将其主要产品分为两类：面向个人消费者的产品和服务，以及面向机构的专业信息产品和服务。

---

① NEWS Corporation Annual Report. （2019）. https：//newscorpcom. files. wordpress. com/ 2019/08/news－corp－fy19－10－k－as－filed. pdf.

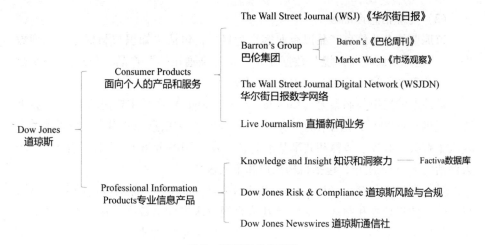

图 2　道琼斯业务架构

（1）面向个人 C 端的内容产品和服务

道琼斯面向 C 端个人消费的内容产品包括《华尔街日报》，以及《巴伦周刊》集团旗下的《巴伦周刊》和《市场观察》（*Market Watch*），服务方面主要指面向 C 端的媒体营销服务——华尔街日报数字网络（WSJDN）和公关活动——直播新闻业务。

《华尔街日报》是道琼斯的旗舰产品，拥有纸质版、网络版、移动端等多种版本，此外还通过第三方订阅和非订阅平台提供商（如 Apple News＋）发布内容。

巴伦集团（Barron's Group）专注于《华尔街日报》以外的道琼斯消费品牌，包括《巴伦周刊》和《市场观察》（*Market Watch*）。《巴伦周刊》为投资者和其他对投资感兴趣的人提供新闻、分析、调查报告、公司简介和有洞察力的统计数据。《市场观察》是一个针对活跃投资者的投资和金融新闻网站，还提供实时评论、投资工具和数据。

华尔街日报数字网络（WSJDN）为广告客户提供了通过多个品牌接触道琼斯受众的机会，这些品牌包括 WSJ. com、Barrons. com 和 MarketWatch. com 网站。

直播新闻业务指道琼斯公司每年都会举办的一系列会议和活动，包括《华尔街日报》Tech D-Live 大会、首席执行官和首席财务官理事会（CEO 和 CFO Council）等高管会议、女性系列会议、未来系列会议、全球食品论坛和《巴伦周刊》（*Barron's*）峰会。这些新闻直播活动会邀请来自工业、金融、政府和政策部门的一些有影响力的领导人，为广告商和赞助商提供了机会，并且还会向参加会议的个人收取参会费。

（2）专业信息产品

道琼斯的专业信息产品以企业客户为目标，包括"知识与洞察力"系列数据库、"道琼斯风险与合规"数据库及"道琼斯通讯社"产品，分别占 2019 财年专业信息产品收入的 45%、31% 和 24%。

道琼斯的知识与洞察力（Knowledge and Insight）产品主要包括 Factiva 数据库，提供来自 200 多个国家的 33000 多个全球新闻和信息源的内容，可以帮助专业人士查找、监控、解释和共享基本信息。截至 2019 年 6 月 30 日，有大约 120 万激活的 Factiva 用户，包括机构账户和个人账户。

道琼斯风险与合规（Dow Jones Risk & Compliance）产品为客户提供反腐败、反洗钱、监控禁令和制裁清单以及其他合规要求方面的数据解决方案。产品包括在线风险数据和负面新闻搜索工具，如风险数据库搜索/研究/保费和批量筛选的风险合规门户等。此外，道琼斯还提供定制的尽职调查报告，以帮助其客户遵守法规。

道琼斯通讯社（Dow Jones Newswires）向全球金融专业人士和投资者提供实时商业新闻、信息、分析、评论和统计数据。它平均每天发布超过 14000 条新闻，通过终端、交易平台和网站分发给数十万金融专业人士。这些内容还通过客户门户网站、经纪公司和交易公司的内部网以及数字媒体出版商接触到数百万个人投资者。

2. 道琼斯组织架构

道琼斯采用扁平化的组织架构，对包括《华尔街日报》《巴伦周刊》在内的旗下的资源进行统一调配和管理。《华尔街日报》与巴伦集团的团队分管两大品牌，负责提供专业的内容产品和服务，其他团队如广告、销售、技术等则对道琼斯旗下所有资源进行整合管理。

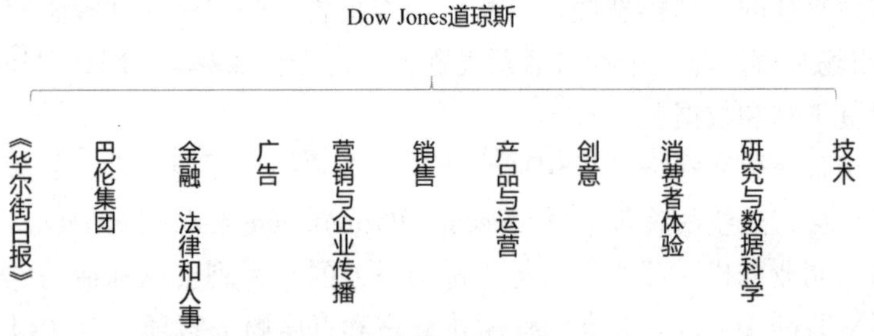

Dow Jones 道琼斯

《华尔街日报》｜巴伦集团｜金融、法律和人事｜广告｜营销与企业传播｜销售｜产品与运营｜创意｜消费者体验｜研究与数据科学｜技术

图 3　道琼斯公司内部团队

3. 用户规模

截至 2019 年 6 月 30 日，道琼斯财年收入为 15.59 亿美元，比 2018 财年收入的 15.11 亿美元增加了 4800 万美元，增幅达 3%。①

（单位：百万美元）

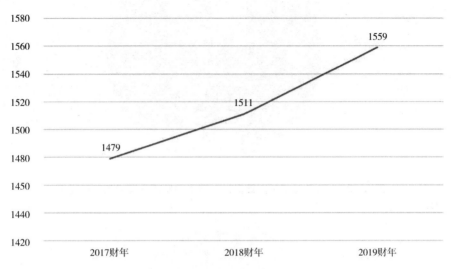

图 4　2017—2019 财年《华尔街日报》年度财政收入

《华尔街日报》全球发行的平均销售量包括订阅和非订阅类别，非订阅类包括但不限于单份（报摊）销售和酒店为分发给客人而购买的副本。2019 财年《华尔街日报》的全球平均发行量为 283.4 万，其中印刷版的为 100.5 万，仅数字版的为 182.9 万。其中全球平均订阅量为 261.7 万，占到总发行量的 92%，其中印刷版订阅量为 79.9 万，仅数字版的订阅量为 181.8 万。

---

① News Corporation Annual Report，2019 年，检索于 https：//newscorpcom. files. word-press. com/2019/08/news – corp – fy19 – 10 – k – as – filed. pdf。后文数据如无特殊说明，皆出自此。

非订阅用户数2.17万，8%

订阅用户数261.7万，92%

图5　2019 财年《华尔街日报》全球平均发行量订阅与非订阅构成

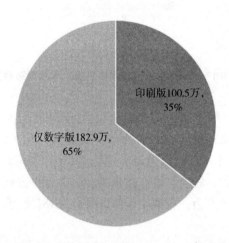

印刷版100.5万，35%

仅数字版182.9万，65%

图6　2019 财年《华尔街日报》全球平均发行量印刷版与数字版构成

二、媒体融合的策略及特点分析

（一）搭建多元化内容产品矩阵，丰富日报品牌内容

专业化的新闻产品是《华尔街日报》立足的根本。背靠道琼斯通讯社，《华尔街日报》拥有遍布全球的专业记者，每天为每个市场、地区和资产类别发布数千条新闻，提供财经类的资深报道。

除核心新闻产品之外，《华尔街日报》还拥有其他多元化的内容产品，以丰富日报品牌内容，作为日报品牌的重要延伸。主要包括各类新闻拓展应用、国际会议品牌、广播网络等。

1. 《华尔街日报》核心新闻内容

表1　《华尔街日报》传统意义上的新闻产品

《华尔街日报》 （印刷版）	商业、市场、技术、世界新闻、生活、艺术等新闻
WSJ. Magazine	引人注目的摄影和深刻的报道提供了一个独特的沉浸在时尚、技术、旅游、设计、艺术和娱乐的世界
WSJ. com	从多媒体报道到交互式图形和360视频，WSJ. com提供了一种引人入胜、视觉丰富的新闻体验。《华尔街日报》在线内容以6种语言、12种版本致力于服务国际受众
WSJ APP	IOS应用程序和精简的Android应用程序、《华尔街日报》的平板电脑应用程序

2. 各类新闻拓展应用

此外，围绕其核心新闻内容，《华尔街日报》还有许多拓展应用，包括Info-graphics（信息图）、WSJ Video（华尔街日报视频）、WSJ Podcasts（华尔街日报博客）、VIRTUAL REALITY（虚拟现实）等新闻产品。

表2　《华尔街日报》新闻拓展应用

Infographics （信息图）	以可视化的形式将新闻数据呈现在信息图表中
WSJ Video （华尔街日报视频）	华尔街日报的视频专栏
WSJ Podcasts （华尔街日报博客）	华尔街日报的播客，可随时收听重要的新闻和分析，包含 *What's news*、*The journal*、*Minute Briefing*、*Opinion*：*Potomac watch*、*Tech news briefing*、*Your Money Briefing*、*Secret of wealthy women*、*WSJ's the future of everything* 多个节目可供订阅
VIRTUAL REALITY （虚拟现实）	华尔街日报的虚拟现实新闻产品，以VR形式呈现新闻

3.《华尔街日报》国际会议品牌

《华尔街日报》国际会议品牌包括全球科技大会 WSJ Tech D – Live、首席执行官和首席财务官理事会等高管会议、女性系列会议、未来系列会议、全球食品论坛和《巴伦周刊》（Barron's）峰会等高管会议。

这些会议邀请全球知名企业高管政府工作人员、专家等出席，其中部分项目还会向报名参加的个人收取参会费。一般来说，会议开幕式由新闻集团、道琼斯公司和《华尔街日报》的高管主持，会议内容由《华尔街日报》直播并进行独家报道。通过举办一系列的会议活动，《华尔街日报》一方面丰富了日报品牌旗下资源，强化了日报品牌的影响力；另一方面增进了和全球企业高管的联系，同时也为广告商和赞助商提供了机会。

其中全球科技大会 WSJ Tech D – Live 是《华尔街日报》最重要的科技会议，顶级高管、创始人和投资者等商界和科技界最具雄心的人士聚集在这里制定全球科技议程，会议为邀请制，每年举办两次。

图 7　全球科技大会 WSJ Tech D – Live 网站截图

4.《华尔街日报》广播网络

三十多年来，《华尔街日报》广播网络成为美国广播电台商业新闻节目的主要提供者，为美国 620 家广播台提供来自《华尔街日报》、道琼斯通信和《巴伦周刊》的品牌节目，代表节目包括"《华尔街日报》报道""道琼斯金钱报道""看好你的钱包""《巴伦周刊》谈投资""今早《华尔街日报》""《华尔街日报》本周末"等。

WSJD（100.5 FM，"True Oldies 100.5"）是一个服务于印第安纳州埃文斯维尔地区的广播电台，采用的是老歌格式。大部分节目是由美国广播公司的"真正的老频道"卫星转播的。

（二）构建丰富的内容传播渠道，实现报道的多元化和灵活性

1. "自有渠道" + "第三方平台"联合进行新闻内容的分发

《华尔街日报》的新闻内容通过日报印刷版、日报 PC 网页版、移动 APP（WSJ）等自有渠道进行分发。

默多克接手道琼斯之后发起过要将谷歌驱逐出其帝国的"阿莱西亚计划"。当时的默多克认为，要拯救传统报业，网络新闻付费势在必行，相比谷歌搜索引擎带来的用户，默多克声称宁可要忠实读者。美国大量报刊网站都纷纷竖起了付费墙。2010 年也被称为"付费墙元年"。但是随着社交媒体在网民生活中的进一步渗透，被挡在"墙"外的用户也越来越多，驱逐谷歌的弊端日益显现，这一计划最终无法成功实施……通过第三方平台建立社交互动、展示日报内容，促进日报销售成为《华尔街日报》新的选择，这些第三方平台包括常见的社交媒体脸书、推特，以及 Apple News 等。从《华尔街日报》的网站和客户端可以看到，它内嵌了脸书、Twitter 等功能，当读者在看到有价值、想分享的内容时，可以直接一键分享出去，也可直接表达自己的观点，和好友一起讨论，或再次转发，实现信息的多次传播。

2. 采用"自适应付费墙"的精准付费策略以吸引更多潜在读者

最初《华尔街日报》坚信其最有价值的用户并不是那些来到网站而不付钱的读者，而是付钱为了获取最高质量新闻的读者。[1] 因此相比《纽约时报》，《华尔街日报》原本采用严格控制付费墙的战略，只提供少量文章进行免费阅读，且必须注册。直至 2016 年 8 月，《华尔街日报》才开放非订阅用户在社交媒体上浏览由《华尔街日报》订阅者和员工分享的文章的权限。

近年来，《华尔街日报》的付费墙政策也的确有所松动，他们不断尝试让非付费用户阅读相关报道，并由一系列数据得出该用户付费订阅的可能性。《华尔街日报》采用了一种机器学习的算法，对 60 种有关读者活动的变量进行分析——包括访问频率、阅读深度、设备偏好、内容偏好等。WSJ.com 的非订阅访问者都会收到超过 60 个信号的倾向得分，例如，读者是否第一次访问，他们正在使用的操作系统，他们正在阅读的设备，他们选择点击的内容，他们的位置（以及从该位置推断出的大量其他人口统计信息）。基于对以上数据的分析，算法将形成一个综合评分，计算出用户对特定内容订阅的可能性，并推算决定用户可免费获取的文章数量。这种算法能根据用户的历史记录设置付费门槛，比如哪些用户会在第几次访问时转换为订阅用户。建立这种自适应付费墙的根

---

① 陈立倩. 新媒体环境下关于传统新闻媒体品牌管理的思考——以《纽约时报》与《华尔街日报》为例 [J]. 艺术科技, 2017, 30（07）: 349.

本目的是驱动用户。简而言之，读者自己的行为，决定了他们可免费获得的日报内容①。这也意味着华尔街日报付费墙模式增强了预见性，能发现更多目标受众。

（三）通过机构重组促进编辑部融合发展，打造新型采编流程

1. 摒弃波纹式信息发布，采用 Method 全球数字采编平台

道琼斯在原本的采编之中奉行"波纹理论"，即根据各媒体特色决定新闻发布的次序。例如，当一个新闻事件发生之后，由道琼斯通讯社首先将新闻实时发布，《华尔街日报》网站随后跟进，然后道琼斯和通用合资的 CNBC 电视台、道琼斯广播电台参与进来，《华尔街日报》出场详细报道，《财智月刊》等刊物深度报道，最后该新闻进入道琼斯的 Factiva 商业资讯数据库。"波纹理论"体现的是新闻的一次采集，多渠道发布，即典型内容的多平台发布。

时至今日，《华尔街日报》的采编流程也发生了重大改变，改变的核心即在于部署了多渠道编辑和出版平台——Methode。Methode 由 Eidos Media 公司开发，是整合编辑部的技术工具，该平台从最初开发就坚持"数字第一"的理念，将新闻内容同时出版到印刷版、网站和智能手机和平板电脑等多种出版平台上。2009 年 10 月，《华尔街日报》就开始采用了 Methode，之后日报美国版、欧洲版和亚洲版生产印刷和在线日报内容的部门也全部换成新系统，随后道琼斯其他品牌的编辑操作，包括《巴伦周刊》杂志及其网站、MarketWatch. com 都陆续转换到该平台上。2013 年 10 月，道琼斯通讯社的时事新闻运作同样也转移到了这一编辑平台上，和《华尔街日报》及其他道琼斯品牌共同打造成为一个整合的道琼斯全球工作空间。至此，《华尔街日报》搭建起了全球统一的多媒体新闻采编平台，日报的融合程度不断增强。《华尔街日报》和道琼斯通讯社的记者统一进行新闻采集、写稿，日报的印刷版、在线版编辑和通讯社编辑分别为自己的平台编辑产品，在这个过程中，视频部、图片部、信息图表部和数据部等要给予相应支持，记者、编辑还要将新闻、图片等发到推特、Instagrams 等社交媒体或日报博客上。

---

① 全媒派.《华尔街日报》探索新型订阅方式：用户忠诚度决定免费权限.（2018 - 05 - 29）. https: //36kr. com/p/5136203.

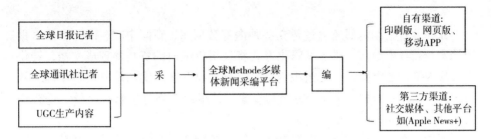

图8　Methode 多媒体新闻采编流程

2. 打造开放和共享的办公环境和流程

《华尔街日报》的编辑部是一个融合式的编辑中心。2009 年，《华尔街日报》和道琼斯通讯社迁到了纽约曼哈顿中城的新闻集团总部。新的办公楼采用现代化设计，日报编辑部被分为多个区域，整个编辑部看起来就像多个多边形紧密结合构成的蜂巢式结构，每个多边形都是专门用于新闻编辑、社交媒体、移动、信息图表、设计、视频等的区域，还有一个数字控制室供日报制作直播视频节目。编辑部还安装了巨大的新闻"集线器"，即多媒体新闻中枢，在《华尔街日报》编辑桌子上方设置巨大屏幕，显示日报各版面编辑实况。① 整个办公环境呈开放状态，将人放在采编事业的中心，强调协作感。

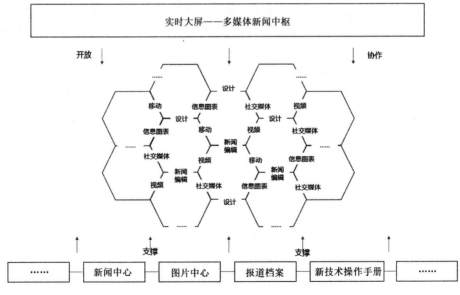

图9　《华尔街日报》编辑部蜂巢式办公结构

---

① 张利平.《华尔街日报》的媒介融合战略［D］. 武汉：武汉大学，2014.

　　此外，日报编辑部还通过建立各种内部数据库、新闻中心、图片中心、报道档案及新技术操作手册等编码化方式将日报组织内的资料整理成文档，转化为日报内部的数字资产，在组织内共享。日报还会在组织内培养大量新闻、社交媒体、技术、数据、视频等方面的专家，并组织各类专家给日报员工进行相关培训，鼓励知识的共享。

　　同样，日报的全球分社也都相继整合，如 2008 年 10 月，北京的道琼斯通讯社、《华尔街日报》和《华尔街日报》中文网的编辑、记者搬到新办公室一起办公。总体上，编辑部的融合注重通过集中办公来加强集团内各子公司之间、各公司不同部门间的协作，同时建设更加开放的办公环境、调整各部门之间的合作模式等以进一步加强融合。

　　（四）采用灵活的社交策略，充分调动读者积极性

　　《华尔街日报》采用灵活的社交策略，除了通过社交媒体发布新闻鼓励用户参与社交互动之外，还建立了自有的社交平台。

　　《华尔街日报》网页版、APP 版本等的评论区本身即为用户进行沟通交流的一个重要平台。日报中的一些内容是专门开放给观众进行对话的，观众的帖子将会更加突出，这一栏目主要由编辑、记者和多媒体制作人组成的新听众之声和社区新闻编辑室团队进行支持。它们将"评论"重新贴上"对话"的标签，以帮助创造一个欢迎并鼓励每个人分享想法的环境。① 对话一般由记者提出的问题开始，参与这些对话是《华尔街日报》成员的独家福利。在评论区，除了用户的交流之外，主持人还会花更多的时间寻找优秀的评论和故事线索，并把它们纳入新闻报道中，能更好地利用资源，也能更多地鼓励用户参与到观众对话之中。

　　2013 年 5 月，针对商务读者群，日报推出了新的社交网络 WSJ Profile。在这个平台上，每个用户可以建立一个账户，账户里面是用户建立的电子版，内容涵盖联系方式、工作经历、教育背景、个人生活经历等。此外，网站还提供私人短信服务，还有用户上传他们的研究、投资组合和博客帖子的区域，建立了良好的社交氛围。②

---

① LOUISE STORY. Goodbye "moderators", hello "audience voice reporters"：Here's how The Wall Street Journal is Refocusing the Comments to Incentivize Better Behavior.（2019 – 04 – 09）. https：//www. niemanlab. org/2019/04/goodbye – moderators – hello – audience – voice – reporters – heres – how – the – wall – street – journal – is – refocusing – the – comments – to – incentivize – better – behavior/.

② 张利平.《华尔街日报》的媒介融合战略［D］. 武汉：武汉大学，2014.

为了给日报会员提供福利，《华尔街日报》专门开设了"WSJ＋"，在这个计划里，会员可以阅读独家电子刊、参与由华尔街日报所组织的各类活动，并与《华尔街日报》的其他会员进行联系，例如，日报将组织会员共同参观大都会博物馆、观看提前放映的电影、走进日报的新闻编辑室与获奖记者和专家小组成员深入探讨等。除此之外，会员还可以从日报的全球网络中受益，享受书籍、葡萄酒、电子产品等方面的独家优惠。

（五）整合广告资源，搭建全球广告销售网

《华尔街日报》建立了日报全球广告营销网，统一负责日报全球报系及数字网络的所有内容产品的广告销售。目前，日报在世界上各个重要地都设有广告营销办公室，例如，日报美国和全球国际广告销售办公室主要设置在美国芝加哥、纽约和旧金山，在亚洲的北京、香港、首尔、上海、新加坡和东京设有广告营销办公单位，由此构建起了《华尔街日报》在国内、国际的广告销售网络。日报所有的广告内容产品及其相关信息，包括产品特色内容、发行量、受众人口统计特征数据、发行区域、各类广告费用及合同细节及广告营销人员联系方式等都清楚地呈现在日报的广告综合平台"The Wall Street Journal Media Kit"上。日报全球广告销售网将日报分散在各个平台、各个版本的广告资源集合起来，方便了广告资源的统一调配和使用，同时可以根据各地区不同的发行量和受众人口特征等信息进行区分性的广告定价，提高了资源的利用效率，是《华尔街日报》数字化媒介融合之路上的重要一步。

三、经验与启示

通过机构重组推动编辑部融合，整合报道资源打造全媒体形态采编流程。《华尔街日报》历经了编辑部组织架构的多次调整，最终建立了统一协调、明确分工的集约式平台运作机制。道琼斯合并《华尔街日报》和道琼斯通讯社编辑部，将内容采编置于统一的全球数字采编平台，整合了报道资源，能够形成合力投入独家新闻和时事新闻的生产，数字化融合程度也得到了进一步地加深。

充分考虑用户的信息需求，打造多元化的新闻产品，延伸品牌价值。高质量的内容是新闻媒体的立身之本，专业化的新闻产品是《华尔街日报》立足的根本。背靠道琼斯通讯社，《华尔街日报》拥有遍布全球的专业记者，每天为每个市场、地区和资产类别发布数千条新闻，提供财经类的资深报道。《华尔街日报》以用户对于财经信息的需求为导向，提供专业、权威的新闻内容，更围绕核心内容拓展新闻产品品类，以数字内容多媒体呈现为手段，扩大了日报媒体的品牌集群，丰富日报品牌内容，有助于形成品牌合力。

重视用户体验，以用户为核心以打造良好的社交氛围。《华尔街日报》将用户体验放在重要位置，不仅为用户提供了多元化、个性化等新闻内容，还为用户打造与日报直接交流沟通的平台，与用户进行"对话"，注重发掘用户的价值，将用户摆在重要位置，为自己品牌的会员谋得更多福利，有效培养了用户的忠诚度。

充分利用每一个可用终端的优势，实现报道的多元性及灵活性。《华尔街日报》的专业新闻内容通过自有渠道及第三方渠道进行分发，构建了灵活多元的传播渠道。付费墙的设立具有一定的自适应性，能够通过算法分析用户特质，再通过分类进行精准收费。灵活的付费墙制度将社交媒体纳入传播渠道之中，有助于扩大读者范围，吸引更多潜在付费用户。

第二节　纽约时报

一、媒体融合发展历程及现状概述

（一）机构简介

纽约时报公司（*The New York Times Company*）是一家专注于创造、收集和传播高质量新闻信息的全球媒体机构。20 世纪以来面对媒体环境的震荡，该公司调整曾经的全媒体扩张战略，集中优势打造《纽约时报》这一核心品牌，以"数字优先""订阅优先"为战略进行数字化转型，至 2019 年已经实现了数字收入翻倍的目标，数字化转型取得了重大进展。

《纽约时报》（*The New York Times*），有时也简称为"时报"（The Times），创刊于 1851 年，是一份出版于美国纽约的日报，是美国高级报纸、严肃刊物的代表，致力于提供优质的内容和卓越的新闻报道，在全世界范围内发行，享有很高的权威和影响力，自发行以来，该报的报道内容获得过 130 次普利策奖。

（二）发展历程

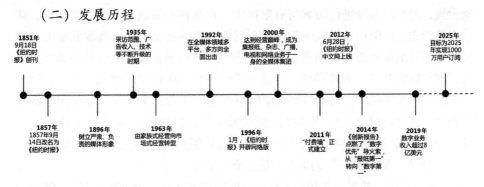

图1　纽约时报公司发展历程关键节点

1. 报业集团的诞生

《纽约时报》于1851年9月18日创刊，由亨利·贾维斯·雷蒙德和他报社的前同事乔治·琼斯筹资创办，1857年9月14日改名为《纽约时报》。1896年，阿道夫·奥克斯借了75000美元收购了濒于破产的时报，进行重塑和振兴，并确定了时报的新闻报道原则："力求真实，无畏无惧，不偏不倚，并不分党派、地域或任何特殊利益。"1897年他提出了《纽约时报》的格言："所有值得印刷的新闻。"在他的领导下，《纽约时报》报道了许多轰动一时的新闻，树立起自身严肃、负责的媒体形象，获得了国际性的认可和声誉，这一时期确定的一些办报原则一直沿用至今。1935年《纽约时报》在渡过经济大萧条的危机，度过"二战"的艰苦岁月后，获得快速成长，采访范围进一步扩大，广告收入翻番，技术设备得到极大的更新。1963年，纽约时报公司开始开拓多元化经营，并且逐步完成了由家族式经营向市场式经营的转型，并于1969年成为拥有多家美国报纸、杂志、电视台、广播电台和国外联合企业的集团型机构。至此，一个股份制、现代化、规模化的大型报业集团诞生了。

2. 全媒体战略的伸展和收缩

从1992年至2000年，纽约时报公司的发展重点在于全媒体战略性拓展，表现为在全媒体领域多平台、多方向的全面出击，经过一系列合并与收购，一度成为集报纸、杂志、广播、电视和网络业务于一身的全媒体集团，并在2000年达到经营巅峰，公司年收入近35亿美元，营业利润超过6亿美元[①]。

但是随着美国经济及媒体环境的变化，庞大的全媒体矩阵也使得时报公司无法灵活应对随之而来的媒体环境震荡，此后，纽约时报公司开始转向战略收

---

① 冀万林，张欣. 回顾《纽约时报》1997—2012年收缩转型中的教训. (2013 – 09 – 16). http://media.people.com.cn/n/2013/0916/c40606 – 22933098.html.

缩阶段，对核心领域进行防御与有限探索，在非核心领域实施收缩与退出，陆续卖掉杂志、广电以及报纸业务中的新英格兰媒体集团，从这些盈利能力差和成长性不足的业务板块中抽离，集中优势力量打造增长能力强、具备战略意义的《纽约时报》这一核心品牌。经过一系列变革，截至 2013 年第三季度，纽约时报公司的组织架构已经由转型初期的报纸集团 + 杂志集团 + 广电集团 + 数字纽约时报优化收缩为《纽约时报》纸质版 + 《纽约时报》网络版 + 移动客户端，形成了以《纽约时报》这一传统优势品牌为核心业务的精缩型媒体矩阵。①

3. 成为"数字第一"的综合性信息服务平台

《纽约时报》的数字化转型也在这一时期拉开序幕，1996 年 1 月，《纽约时报》开辟网络版。2010 年，为了维持盈利《纽约时报》探索线上订阅等经营模式。2011 年，"付费墙"正式建立。2012 年 6 月 28 日，《纽约时报》中文网上线。2014 年，一份对于时报数字化努力的内部评估《创新报告》点燃了至今仍在燃烧的"数字优先"导火索，时报经营思路从"报纸第一"转向"数字第一"，时报网站由最初纸质母版的附属品逐渐成长为独立的综合性信息服务平台。

2018 年，A. G. 苏兹伯格接任现任《纽约时报》的发行人，2019 年提前一年实现了数字业务收入翻倍的目标，并于这一年收回了对曾因 2008 年经济危机而抵押的曼哈顿总部大楼的全部控制权。时报提出在 2025 年实现 1000 万用户订阅，为了实现这一目标，时报仍在不断努力中。

（三）发展现状

1. 纽约时报公司业务

该公司的业务主要包括其报纸、印刷和数字产品及其相关业务等。

（1）报纸《纽约时报》（*The New York Times*）

印刷版于 1851 年开始出版，每周出版 7 天。此外《纽约时报》还有面向全球读者的《纽约时报》国际版，其前身为 1887 年在巴黎开始出版的《国际先驱论坛报》（*International Herald Tribune*）。印刷报纸在美国和世界各地通过个人订阅、学校和酒店批量订阅和单份销售的方式销售。

（2）网站

核心新闻网站为 NYTimes. com，建立于 1996 年。自 2011 年起对网站内容收费，采用"有限访问"的模式，用户可免费访问有限数量的文章，超过限制之后则需要付费订阅。

---

① 王立芳. 《纽约时报》的数字化转型研究 [D]. 北京：北京交通大学，2017.

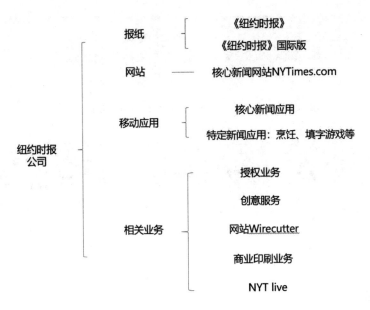

图 2　纽约时报公司业务框架

（3）移动应用

包括时报的核心新闻应用 NYT，以及特定兴趣的应用，例如，填字游戏和烹饪产品。

（4）相关业务

授权业务：授权部门将《纽约时报》和其他出版物上的文章、图片和照片传送给大约 1500 个客户，包括全球 100 多个国家和地区的报纸、杂志和网站。此外，公司还会将部分内容授权给第三方数字平台供其用户访问。

创意服务：包括与《纽约时报》品牌内容工作室相关的服务。

产品评论推荐网站 Wirecutter：该网站于 2016 年 10 月被收购，主要服务于科技产品、家居产品和其他消费品的指南。从该网站中公司可获取会员推荐收入。

商业印刷业务：利用公司多余的印刷能力为第三方印刷产品。

NYT Live：现场报道的平台，邀请来自商界、学术界和政府的思想领袖参与各种会议和活动，讨论从教育、可持续发展到奢侈品行业的各种话题，《纽约时报》对活动进行独家报道。

2. 纽约时报公司组织架构

目前，纽约时报公司业务团队的组织架构主要包括编辑部、技术部门、产品和设计团队、数据与洞察小组和营销部门。

编辑部（Newsroom）

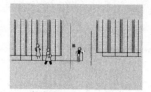

技术部门（Technology）

产品和设计团队
（Product and Design）

数据与洞察小组
（Data and Insights Group）

营销部门
（Marketing）

图3 纽约时报公司组织框架

编辑部（Newsroom）：编辑部负责提供专业新闻内容，从华盛顿国际新闻到时尚和烹饪，部门记者遍布全世界，其中包括负责国际、政治、气候、文化、音频等专业领域的新闻团队。

技术部门（Technology）：技术部门负责产品优化和开发，部门内的工程师、分析师、项目经理等通力合作，为新闻编辑室、记者、数字订户以及维持《纽约时报》运营的应用程序提供支持。

产品和设计团队（Product and Design）：负责设计、构建和维护时报的 iOS 和 Android 应用程序、时报网站、时报电子邮件新闻稿模板及多媒体体验和工具，以帮助读者在这些平台上保存、关注并与时报的新闻互动。

数据与洞察小组（Data and Insights Group）：该团队由教师、统计学家、音乐家、数据科学家、喜剧演员等不同背景的人组成，该团队成员与编辑、产品经理、设计师、工程师和营销人员跨学科合作，构建一流的分析工具和数据可视化，开发业务的预测模型并开发算法以支持相关的产品体验等。

营销部门（Marketing）：该部门吸纳营销从业人员，媒体策略师，内部创意人员，研究人员，客户服务专家和品牌策略师等。该部门的主要工作是帮助读者发现新闻报道和产品，并展示时报严谨新闻的影响，以激励和吸引观众，此外该部门还通过商业、活动和销售推广《纽约时报》的报道、产品和生活方式。

3. 营收概况

纽约时报公司 2019 年总收入为 18.1 亿美元，与 2018 年的 17.5 亿美元相比增长了 3.6%。其中数字总收入增长到了大约 8.01 亿美元，提前一年完成了该公司在 2015 年定下的数字业务收入翻倍的目标。其收入主要包括订阅、广告和其他收入三部分。

单位：千美元

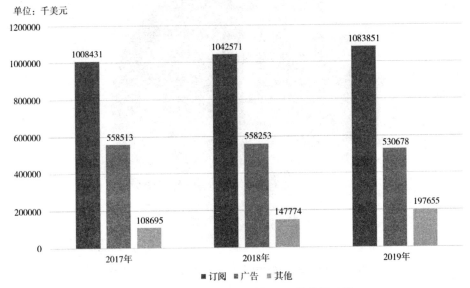

图4　2017—2019 年纽约时报公司营收概况①

　　订阅收入包括纸质和数字产品的订阅收入，其中纸质产品的订阅收入包括纸质报纸的单份和批量销售收入，数字产品的订阅分为新闻数字产品订阅和包括填字游戏与烹饪在内的其他数字产品订阅。2019 年该公司订阅总收入为 10.84 亿美元②，较 2018 年增长了 4%，其中纸质产品订阅总收入为 6.23 亿美元，占订阅总收入的 58%。仅数字产品订阅收入为 4.6 亿美元，较 2018 年的 4 亿美元增长了 14.9%。

---

①　该数据根据 The New York Times Company 2018—2019 年年报整理所得。

②　The New York Times Company 2019 annual report. 后文数据如无特殊说明，皆出于此。

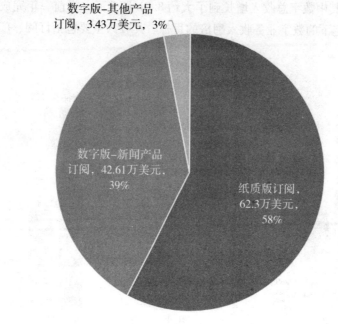

数字版-其他产品
订阅，3.43万美元，3%

数字版-新闻产品
订阅，42.61万美元，
39%

纸质版订阅，
62.3万美元，
58%

图5　2019年《纽约时报》不同类型订阅收入占比

广告收入主要来自纽约时报公司的广告产品和服务，通过第三方广告交易所的程序化拍卖产生的广告收入在该公司总广告收入中所占的比例显著降低，并且还在不断下降。

其他收入主要包括授权、商业印刷、公司总部楼层租赁、电视、NYT Live和零售商业等。受时报推出的电视节目 *The Weekly* 的影响，与2018年相比，2019年的其他收入增长了33.8%，其中数字媒体的其他收入总计7980万美元，增长了大约61%。

4. 用户规模

截至2019年12月29日，《纽约时报》的产品大约有530万付费订阅用户，其中包括约440万份数字订阅和85万份纸质订阅，超过了该报历史上的任何时期。根据审计媒体联盟（AAM）收集的数据，截至2019年9月29日的3个月里，在美国所有七天报纸中，《纽约时报》拥有最大的日报和周日印刷版发行量。

单位：千

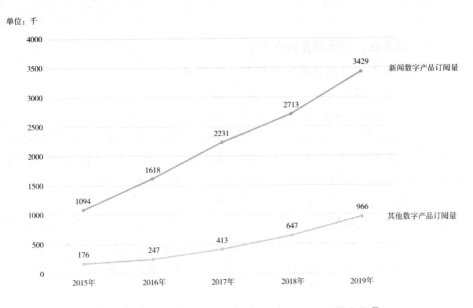

图6 2015—2019年《纽约时报》数字产品订阅量变化①

　　数字订阅增长同样显著，截至2019年12月29日，《纽约时报》付费数字订阅量约为439.5万份，较2018年12月30日增长约31%。付费数字订阅总量中包括填字游戏和烹饪产品的独立付费订阅，这部分截至2019年12月29日共计约96.6万份订阅。截至2019年12月29日，国际数字新闻订阅约占数字新闻订阅总量的17%。

　　根据在线受众评估服务公司ComScore Media Metrix的数据，2019年《纽约时报》网站每月在美国通过台式/笔记本电脑或移动设备的独立访问人数平均约为9600万。根据内部数据估计，在包括美国在内的全球范围内，NYTimes.com每月的独立访问人数平均约为1.36亿。

　　2019年标志着《纽约时报》数字化转型的加速，这一年内新增了100万的网络数字订阅，订阅数达到自2011年推出付费模式以来的最高数值，新增人数也是历年最高。这种显著的增长正是时报"订阅优先"战略的成功的证明。时报的下一阶段目标是在2025年达到1000万订阅量。

---

① 该数据根据The New York Times Company 2017—2019年年报整理所得。

二、媒体融合的策略及特点分析

（一）确立"订阅优先 + 数字优先"战略

1. 开发高质量的内容产品是订阅的基础

在报业衰退的环境之下，《纽约时报》能保持较高的数字订阅增长，得益于其高质量的核心新闻内容产品，这也是《纽约时报》付费墙立足的根基。纽约时报公司CEO 马克·汤普森认为："高质量的内容产品是我们最大的卖点。在保证内容质量的基础上，我们应该开始更多地考虑如 HBO、奈飞一样的高质量订阅服务。"①

以《纽约时报》这一传统优势品牌为核心，现已形成"纸质版 + 网络版 + 移动客户端"的精缩型媒体矩阵。未来《纽约时报》还将重点提升新闻产品质量，《纽约时报》的记者人数目前总计 1750 名，与前几年相比增加了数百名。《2020 年创新报告》中也提出，《纽约时报》将减少报道数量以保证报道品质，从而更好地服务读者。

另外，《纽约时报》还注重推出高质量的主题内容项目。例如，2019 年 8 月20 日《纽约时报》推出一期特刊"1619 项目"（The 1619 Project），该项目以长达 100 页的篇幅讲述美国奴隶制的历史。尼曼实验室称其为"《纽约时报》最杰出的、最具启发性的项目之一"。该项目在社会上引起很大反响，这期特刊也随之很快衍生出一个成熟的项目，不仅有内容报道，《纽约时报》还为其策划了一系列现场活动、播客节目、课程资料和书籍，甚至还会推出衍生商品。②

2. "计量付费"，结合内容实际对付费模式进行动态调整

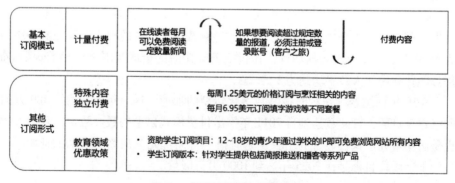

图 7　《纽约时报》订阅形式

---

① 综艺报．正在阅读：对话《纽约时报》CEO：谈谈新十年的媒体发展．（2020 - 02 - 16）．https：//new. qq. com/omn/20200216/20200216A0PUDX00. html.

② 全媒派．《纽约时报》是一家订阅优先的媒体？Q4 财报详解．（2020 - 02 - 25）．ht-tps：//36kr. com/p/1725147398145.

　　国外报业媒体的付费墙通常可以分为"硬付费墙"与"软付费墙"两类：硬付费墙是指读者与内容之间被"墙"完全隔离，付费订阅是进入网站阅读新闻内容的硬性条件；"软付费墙"部分内容对读者免费，按类型可以分为计量式付费墙（metered sites）、分类式付费墙（hybrid sites）、分离式付费墙（dueling sites）三种典型模式，其中计量式付费墙指读者可在规定期限内免费阅读一定数量的在线内容。分类式付费墙，即对在线内容进行分类，部分类别需付费阅读。分离式付费墙则是设置付费与免费两个网站，付费网站呈现全面且翔实的信息资讯，免费网站只提供部分报道。①

　　基于其专业化的新闻内容，《纽约时报》于 2011 年开始设立"付费墙"，采用"计量付费"的办法，即"软付费墙"，在线读者每月可以免费阅读 20 篇新闻，若想继续则需要支付费用。订阅印刷版的用户可以免费享有数字版的所有权益。

表 1　《纽约时报》产品基本订阅详情

名称	介绍	价格
BASIC SUBSCRIPTION 基本订阅	任何设备上不限数量的文章 无限的文章在 NYTimes.com 和 NYTimes 应用程序上享受无限的文章访问权限 用户独家报道访问独家功能和通信，以及预览新媒体发布	3.75 美元/周 每 4 周 15 美元 （2020 年 2 月之后调整为每 4 周 17 美元）
ALL ACCESS SUBSCRIPTION 全面订阅	获得无限的文章，《纽约时报》烹饪和纵横字谜在任何设备的使用权 在《纽约时报》网站和《纽约时报》应用程序上阅读不限数量的文章 纵横字谜包括一个长达 20 年的存档，可以在任何设备上使用 纽约时报烹饪特色指南、课程和 19000 + 食谱 一个奖励订阅与任何人分享	6.25 美元/周 每 4 周 25 美元

---

① 胡泳，崔晨枫，吴佳健. 中外报业付费墙实践对比及省思.（2019 - 6 - 14）. https：// cn. gijn. org/2019/06/14/paywall/.

续表

名称	介绍	价格
ALL ACCESS + PRINT SUBSCRIPTION 全渠道＋印刷版订阅	《纽约时报》纸质报纸，再加上完整的数字体验	因涉及邮费，不同地区的订阅价格会有不同，官网未公布明细

2019 年，在其内部数字团队的支持下，纽约时报公司推出了"客户之旅"这一项新服务，如果读者想要阅读超过规定数量的报道，就必须登录账号。该方式是对传统"计量付费"方式的进一步拓展，根据纽约时报公司第四季度财报电话会议信息，新的"客户之旅"服务为公司带来了几百万注册用户，且这批用户更易被成功转化为付费订阅用户。①

此外，纽约时报公司宣布，从 2020 年 2 月起核心数字内容产品的订阅价格从每 4 周的 15 美元涨到 17 美元。这也是自 2011 年《纽约时报》数字内容收费以来首次涨价，但此次上调只会影响 75 万名的纯数字订户，大约占到全部纯数字用户的四分之一。对此，汤普森解释道，九年来运营成本不断上升，公司对其新闻内容和数字产品的投资也在提高。他们相信，即便订阅价格上涨，《纽约时报》仍然物超所值。②

在"计量付费"的付费墙之外，纽约时报公司还能根据具体情况打破单一的定价方式，采取了更加灵活的收费模式。例如，公司依据内容的不同推出了以每周 1.25 美元的价格订阅与烹饪相关的内容，每月 6.95 美元订阅填字游戏等不同套餐。

在教育领域，公司同样采取了灵活的销售模式，针对学生以及老师推出了"资助学生"订阅项目，12～18 岁的青少年只要通过学校的 IP 即可免费浏览网站的所有内容。③

2020 年 4 月，纽约时报公司宣布与美国电信运营商 Verizon 合作，在其后三

---

① Motley Fool Transcribers. New York Times Co（NYT）Q4 2019 Earnings Call Transcript.（2020 – 02 – 06）. https：//www. fool. com/earnings/call – transcripts/2020/02/06/new – york – times – co – nyt – q4 – 2019 – earnings – call – transc. aspx.

② SARAH SCIRE. Readers Reign Supreme, and Other Takeaways From The New York Times End – of – Year Earnings Report.（2020 – 02 – 06）. https：//www. niemanlab. org/2020/02/readers – reign – supreme – and – other – takeaways – from – the – new – york – times – end – of – year – earnings – report/.

③ 全媒派. 2019 全球传媒业九大动向：破圈不忘砌墙，混战更爱协作.（2020 – 01 – 29）. https：//36kr. com/p/1725045932033.

个月内向美国的高中师生提供免费访问其网站及移动端程序的权限，以期在这段时间能让学生及时了解新闻。据推测，《纽约时报》将为学生提供标准的订阅版本，包括简报推送和播客，如 The Daily。从收件箱到播客 APP，这一系列产品将把《纽约时报》嵌入学生的日常生活。

这种"免费"提供新闻的方式有助于让数以百万计的青少年接触到《纽约时报》的内容，并将《纽约时报》作为自己了解新闻的首选，未来这些人都将成为《纽约时报》的潜在用户。①

3. 保留数字广告，开辟活动、原生广告创意市场

在数字广告业务方面，虽然业务增量不如从前，但纽约时报公司并没有放弃，正在借鉴平台模式，构建精准广告系统。据纽约时报公司 CEO 汤普森透露，2020 年，纽约时报公司将创造出全新的精准广告模式，在保证隐私和安全的基础上获取数据，向活跃用户推送广告。②

与此同时，纽约时报公司专门创立了原生广告团队，转向品牌植入内容、营销服务和播客等领域，开发独特的广告内容。纽约时报公司的原生广告团队名为 T Brand Studio，独立于《纽约时报》之外，于 2014 年成立，专为品牌方撰写新闻报道格式的文章、摄影、数据图、视频，这些内容在《纽约时报》的网站上出现，标有"品牌赞助/支付内容"的字样。原生广告的字体不同于《纽约时报》的常规新闻报道字体。

经过四年多的发展，依托自身高水准创意广告内容、多元化产品矩阵、组合式销售策略，逐渐形成了彰显独立性、创新性的高级广告创意和策划运营团队。目前已在纽约、伦敦、巴黎等城市创办分公司，并将触角延伸至亚洲。

该团队为广告商定制的原生广告具有极高的专业度，往往彰显出创意新、平台多、传播广的综合性优势。尽管该团队是完全独立于《纽约时报》的存在，但是其对广告的生产、立意和表现形式符合新闻思维，能够掌握读者的喜好，了解读者最欣赏、最关心、最感兴趣的内容。在广告形式上，超级创意空间惯于打破常规，其已具有的原生广告形式包括传统新闻报道、印刷广告、网站开发纪录片、营销活动策划、原创电影、图书、互动数据可视化作品、内容指导、播客节目、KOL 合作等多种形态，获得广告客户的高度青睐。③

除了广告业务，纽约时报公司也通过举办活动获取收入增量，和一些行业

① 全媒派.《纽约时报》的免费生意经：将权限开放给学生后，会得到什么？.（2020 - 04 - 22）. https://36kr.com/p/675821591065608.
② 全媒派.《纽约时报》是一家订阅优先的媒体？Q4 财报详解.（2020 - 02 - 25）. https://36kr.com/p/1725147398145.
③ 张希萌. 美国《纽约时报》原生广告的成功之道 [J]. 传媒，2018（13）：50 - 51.

领军品牌建立了大规模合作关系。比如,2019 年,《纽约时报》由万事达赞助,举办了一届户外美食节,邀请顶尖厨师、餐厅和美食家前来,为消费者提供美食。

4. 与第三方平台博弈以实现利益最大化

与脸书等大型平台的合作与竞争,是传统媒体进行数字化转型绕不开的话题。一方面,两者彼此需要,数字平台需要借助专业媒体的内容来提高自身平台的公信力、增加内容的丰富度,而媒体也需要借助数字平台触达更多读者。根据 Digiday 的调查报告,136 家媒体中有 92% 的媒体会在平台上发布内容。另一方面,双方为实现各自利益的最大化不断博弈。美国社交平台挤压传统媒体生存空间的势头仍在持续。媒体认为由科技巨头公司构成的数字平台颇有垄断的势头,前者(媒体)在合作中的议价空间很小。① 现在众多新闻出版商在重新商议与大型平台之间的关系,并要求平台为使用出版商的内容付费。

在与第三方平台合作的问题上,纽约时报公司正在重新考虑与这些大型平台之间的关系。一方面,纽约时报公司的总裁兼首席执行官马克·汤普森指出平台确实有利于新闻出版商,"平台宣称他们将通过向全球用户传播出版商的名字、标题甚至新闻内容,为出版商提供帮助。从某种意义上讲确实如此,有了平台的支持,复杂的内容分发业务简单化了②"。但同时平台也从专业媒体的内容中获益。"首先,我们秉持的基本原则是,数字平台已经通过《纽约时报》的账号、品牌露出和头条新闻获得了实实在在的收益,这一点应当反映在回馈给我们的收益上,以此作为支付给记者的报酬,这才是记者们所希望得到的。"③

2020 年 6 月,纽约时报公司将退出与苹果新闻的合作。纽约时报公司称苹果新闻服务在与读者的直接关系方面没有给它什么帮助,纽约时报公司更希望将读者直接导向自己的网站和移动应用,以便"为高质量的新闻报道提供回报资金"。纽约时报公司首席运营官梅雷迪思·科皮特·列文(Meredith Kopit Levien)在给员工的备忘录中写道:"在《纽约时报》和平台之间建立健康模式的核心,是让读者回到我们的阅读环境中去,让我们控制新闻报道的展示方式、与读者的关系以及我们核心的商业规则,我们与苹果新闻的关系不符合这些

---

① 全媒派 . 2019 全球传媒业九大动向:破圈不忘砌墙,混战更爱协作 . (2020 - 01 - 09) . https://36kr.com/p/1725045932033.

② 综艺报 . 正在阅读:对话《纽约时报》CEO:谈谈新十年的媒体发展 . (2020 - 02 - 16) . https://new.qq.com/omn/20200216/20200216A0PUDX00.html.

③ 全媒派 . 《纽约时报》是一家订阅优先的媒体? Q4 财报详解 . (2020 - 0 - 25) . https://36kr.com/p/1725147398145.

条件。"①

（二）在内部组织的"融合"与"分离"的调试中，再造流程

1. 确立"数字优先"的生产理念和"全媒体"思维

每天，《纽约时报》分布在世界各国的记者接连工作，搜集、处理本区的最新消息，跟进最新进展。编辑通过视频会议进行工作交接，列出选中的头版文章，提醒需要关注的事件动向，如同"奥运会的马拉松接力赛"一般。②"数字优先"的理念在这个过程中也得以贯彻。纽约总部的工作人员实时跟进，《纽约时报》有多位编辑全天候负责进行各种设备和装置上的新闻编辑和推送，据统计，有将近1500万个行动装置会收到《纽约时报》的推送新闻。③

在新闻产品的生产中，融合生产的参与者不仅仅是编辑和记者，数字设计、推广团队成员、产品经理、读者体验部门、数据分析师等同样需要深度合作。在这样的新型团队里，由读者体验部门和数据分析师提供读者阅读习惯和偏好数据、新闻编辑确定受众导向的新闻内容，推广团队商议适合推广节奏的内容形式，图文、音频、视频，再与数字设计、产品经理共同完成新闻产品的制作，最终形成市场导向明确的新闻产品，由推广团队落地到相应的受众平台。在这条新闻生产链条上，新闻编辑、数字设计、推广团队成员、产品经理、读者体验部门、数据分析师互相合作、实现无缝整合对接，形成适应多平台的、全流程互动的新闻内容生产模式。④

---

① 腾讯科技. 纽约时报宣布终止和苹果新闻合作 　"无偿"提供资源回报令人失望. （2020 – 06 – 30）. https：//new. qq. com/omn/20200630/20200630A040QH00. html.

② 全媒派. 跨越 50 年的日记：《纽约时报》媒体人的一天. （2019）. https：//mp. weixin. qq. com/s? src = 11&timestamp = 1641882439&ver = 3551&signature = nNWKfhC3D3x44C4lcNoO4oe1CMyH5NtZwoSD4UYqVHCvaN74WCy – dEcB – A – rWnfVE9dRleTwdaC8LWdA6EroYPU57nsN5WxH19CfyTRis3fTEdzifU ∗ uPsCJB11o6g7l&new = 1.

③ 传媒评论.《纽约时报》媒体实验室：探索新闻生产的时尚范式. （2018 – 04 – 10）. http：//www. sohu. com/a/227810444_ 644338.

④ 国际出版周刊.《纽约时报》数字化核心：打造新闻采编部战略团队. （2014 – 12 – 05）. https：//cul. qq. com/a/20141205/025230. htm.

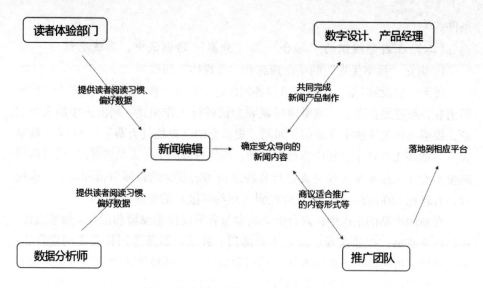

图8　全流程互动的新闻内容生产模式

美国媒体一直强调记者应当向"全媒体记者"转型。但并不是要求记者真的单枪匹马完成报纸新闻撰写、网络视频制作发布等所谓"全"媒体工作，而是指工作思维的全面化和融合化，这比工作中大包大揽更切实际，同时也更加符合现代新闻生产规律。因此，他们仍然坚持记者的角色分工，文字记者就是主要负责写新闻，而视频记者则必须擅长拍摄剪辑，但各个工种在进行信息采集和呈现时必须考虑其他工种的创作需求，或者为其他工种准备相应的素材，或在内容呈现上体现出相互配合、互为补充的特点。例如，文字记者在采访时，就需要考虑故事的哪些情节或者桥段可以留给视频去表现，而为了视频呈现又需要提供哪些文字素材给视频团队。因此，对于整个团队来说，都需要用一种更加宏观和融合的思维去考虑如何更好地讲述和呈现故事。①

2. 整合编辑部、独立印刷中心，在融合式的推进中不断调整

作为提供新闻内容的核心环节，编辑部的转型往往是整个报业数字化转型的关键。2007年，纽约时报公司搬入新办公大楼，对编辑部的办公环境进行了重新规划和设计，实现了编辑部工作空间的融合。新的编辑部位于大楼的3~5层，为原来的报纸编辑部和网络编辑部统一的办公空间。"新建成的编辑室更加宽敞明亮，充满现代感，每个格子间的挡板放低，方便工作人员交流；印刷版和数字版成员的工位交叉放置，意味着再无纸版与网版的区别；有的工位上配

---

① 顾洁. 美国报业发展现状与转型策略——对美国四家主流报纸的考察 [J]. 传媒，
2019（06）：19－21.

备多台显示器，方便随时关注各个终端的稿件情况。总之，全体采编人员的共同工作目标是采制新闻报道同时供稿给时报的报纸、网站、移动端以及一系列独立产品。"① 新的编辑室办公环境打破了印刷版与数字版乃至采编部门与其支援部门之间的壁垒，加强了部门人员的合作，有利于新闻生产的顺利推进，实现了生产流程再造与人力资源通用。

通过整合分离的编辑部，并在架构中进一步突出数字版地位的进程，让纽约时报公司的印刷业务从呆板的纸刊服务中解脱出来，释放了更多的能动性。根据 2017 年纽约时报公司发布的《2020 创新报告》，2016 年纽约时报公司创建了独立的印刷中心，以期发挥日常印刷生产的更大效能。这份报告呼吁印刷中心应该变得更加自主，让印刷品尽善尽美，从而解放编辑部、让数字部分获得进步。②

虽然在这份关于成立印刷中心的报告中，不断提及印刷的"分离"，但这与整合前印刷版编辑部和网络版编辑部的分离有本质区别。以数字版为核心，要求编辑部在资源统筹规划的基础之上根据印刷版和数字版不同的产品和技能需求将两者分开对待，也成为该公司调整生产方式的重点。

3. 建立 Story – X 媒体实验室提供技术保障

2016 年纽约时报公司成立了 Story – X 媒体实验室，替代原本的数字技术研发实验室 R&D Lab，继续为时报的数字技术自主研发提供保障。实验室由 6 人组成，是一个独立的传播团队，但是整个团队更紧密地嵌入了时报的整体架构之中，打破部门之间的藩篱，与各业务部门形成了良好的沟通协调机制。

Story – X 的首要服务对象即为新闻编辑部，该媒体实验室利用新兴信息技术和科技手段，从生产角度提升对内容产品的洞察力和对内容消费需求的认知，钻研新技术如何满足新闻编辑的多种需求，对未来新闻编辑的科技走向进行预测和探索。从大数据到新闻机器人，再到 VR 报道，媒体实验室围绕市场需求进行创新，生产出许多领先的新闻产品和服务，同时也提升了新闻工作的质量、效率和收入。

例如，在 Story – X 媒体实验室的支持之下，《纽约时报》实行"积木式"编辑模式。实验室研发了既可自主工作也可人工编辑的系统，优化新闻编辑室工作流程——不再以单篇文章为主体，而是为新闻编码，采用"文章积木"写作，将所有已发布过的文章整理在数据库，设立元数据，实行新闻编码，对新闻中可能重复出现的内容进行注释，以便在日后的新闻实践中，快速检索并提

---

① 王立芳.《纽约时报》的数字化转型研究［D］. 北京：北京交通大学，2017.
② 薛静.《纽约时报》披露 2020 战略计划书：数字时代，我们必须改变！.（2017 – 01 – 19）. http：//net. blogchina. com/blog/article/622684711.

取出相关信息。这种"积木式"编辑模式，提高了新闻报道的生产效率和传播效果，是对新闻生产环节的技术革新。①

（三）突出技术在高质量新闻产品中的运用

1. 历史媒资的数据化、资产化

纽约时报公司在《创新报告》中指出："在数字世界，丰富的存档是我们相较于其他新竞争者最明显的优势。但是我们几乎没有想到去挖掘我们的存档，而是把注意力都放在了新闻和新专题上。"应该找出这些文档中受读者喜爱的常青内容加以重新包装后推出，将时报打造成"既是每日发送新闻简报的日报，也是图书馆；既可以每天提供新闻报道，也可以提供相关背景和相关参考资料以及永不过时的新闻产品"。

近几年来，纽约时报公司的研发团队积极开发新工具、新方法，在对知识库元数据的建设上动作不断。他们创建了纽约时报索引库，将新闻报道和新闻人物等知识，通过添加标签的形式建立起内容丰富、功能强大的自有数据库。纽约时报公司实验室的一项重要工作就是通过给新闻编码，不断扩充索引库的知识存储。在印刷时代，文章一经出版就无法重新加工，而通过编码，可以将信息重新排列，形成新的文本和意义，实验室将已出版的文章中可能会重复使用的内容或知识进行编码，之后便可以快速提取出来，并将一篇报道的前因后果、背景材料都呈现出来。纽约时报索引库使《纽约时报》不仅是新闻媒体，还是一个资源丰富的图书馆，其中存储的知识远远超过新闻报道本身。②

2. 依托大数据、云计算等技术获取新闻线索

随着大数据、云计算等技术的进步，通过对新闻信源资源的发现和整合，实现多主体、多角度协同报道的"分布式新闻"逐渐成为国外媒体机构新闻业务的重要实践。《纽约时报》社交媒体编辑需要时刻关注脸书、Twitter 等各社交网站，通过多种技术监测手段，利用时事流量分析系统（Real Time Traffic Analysis）对热点事件进行锁定，来实现"分布式新闻"信源的搜集和跟踪。编辑会运用专门搜索的软件、搜索引擎网站自带工具等进行新闻信源的搜集和新闻线索的进一步追踪。如 Geofeedia 就是《纽约时报》编辑常用的社交平台监控软件，这是基于地图定位和信息搜索相结合的软件，帮助编辑在地图上定位感兴趣的地区，基于地理位置点击"拼贴"（Collage）按钮后，可以搜索这一区域内推特、脸书、Instagram 等社交媒体上的热门文章，由此寻找"新闻话题""目击证人"和"意见领袖"，也可以根据感兴趣的话题搜索该地区的活跃用户，进

---

① 陶奕骏.数字化时代媒体实验室的生产模式探析——以《纽约时报》Story – X 媒体实验室为例［J］.传媒，2018（20）：62 – 63.

② 付凯迪.《纽约时报》的数字技术创新与启示［J］.新闻传播，2019（13）：26 – 27.

行信源的进一步挖掘和确认，这为全面丰富的"分布式新闻"报道提供了条件。这些分布式技术为编辑进行分布式新闻话题的挖掘和便捷地捕获完整新闻提供了支撑，并通过多主体的参与提升了分布式新闻报道的准确性、完整性和全面性。①

3. 引入机器人写作等人工智能技术提高新闻生产效率

"机器人记者"又被称为自动化写作，是一项结合了人工智能、机器学习、数据挖掘等技术的应用，指"运用算法对输入或搜集的数据自动进行加工处理，从而自动生成完整新闻报道的一整套计算机程序"。目前，以"机器人记者"为代表的人工智能技术开始渗透到新闻生产与传播的各个环节。

《纽约时报》引入的"机器人记者"主要包括 Stela 和 Blossom 两个平台。Stela 的全称是故事与事件分析器，是《纽约时报》自主研发的内部数据分析系统，能够从《纽约时报》各个终端中抓取用户的浏览痕迹、停留时间等信息，生成对用户行为详细的分析清单，对用户进行精准推送②；相对于着重检测、分析用户数据的 Stela，Blossom 的主动性更强，在分析数据的基础上又向前推进一步，可以自动推荐文章，相当于编辑顾问的角色。它能够对发布在脸书等社交平台上的新闻报道进行数据分析，然后预测出更具社交推广价值的内容，并将时报数据库中类似的文章推荐给编辑。

4. 利用 VR 等技术为读者创造沉浸式新闻体验

《纽约时报》是最早进军 VR 新闻的纸媒之一，2015 年《纽约时报》将虚拟现实技术应用于新闻报道中，启动了 VR 虚拟现实的制作项目 NYT VR，并推出了首条 VR 新闻《流离失所》（The Displaced）。在推广初期，NYT VR 为增加报纸订阅客户的下载量，与谷歌合作，向订户赠送 100 万多套谷歌纸板头盔，用户只要下载手机软件，将手机放置于头盔中，就可以体验 VR 虚拟世界。报纸和头盔设备一经发放，就有近 60 万人下载了 NYT VR 客户端，为 VR 新闻的普及迈出了极为重要的一步。③

除了 VR 的拓展应用，《纽约时报》利用多媒体技术在融合新闻领域的探索也可圈可点。著名作品之一《雪从天降：特纳尔溪的雪崩》（以下简称《雪崩》）讲述了 2012 年 2 月 20 日 16 名专业滑雪者在美国华盛顿州卡斯卡德山滑雪场遭遇雪崩灾难的故事。该报道为一个专题作品，由 11 人的制作团队耗时 6

---

① 郑晓迪. 媒介融合背景下《纽约时报》内容生产策略研究［J］. 传媒，2018（18）：71－74.

② 付凯迪.《纽约时报》的数字技术创新与启示［J］. 新闻传播，2019（13）：26－27.

③ 杨毅. 融媒体时代 VR 新闻的探索与启示——以《纽约时报》为例［J］. 传媒，2020（10）：60－63.

个月完成，综合利用文字、图片、图表、视频、动画、交互设置等多种媒介元素全景式展现故事全貌。在报道发布方面，《雪崩》采用了多平台协同推进的发布策略，首先在 Twitter 等社交媒体上推广预热，然后在《纽约时报》网站和客户端首发；三天后刊发在报纸上，并在周末版上做特别报道；特别的是，《纽约时报》在网络和报纸之外又开辟了一条新的发行渠道——《雪崩》报道被制作成电子书，以每本 2.99 美元的价格在网上售卖。

5. 通过开发新型算法实现专业新闻推荐与个性化推荐之间的平衡

在互联网时代，个性化的趋势不可避免。《纽约时报》的个性化新闻探索持续多年，受到广泛关注。虽然时报的一些资深编辑持续反对个性化新闻策略，但《纽约时报》的个性化新闻仍在审慎中向前推进。

2011 年年初，《纽约时报》发布了推荐平台"推荐给你"（Recommended for You），以更加主动的方式进行定制化、个性化推送新闻。它不仅能记住读者的阅读历史，包括过去一个月读过的文章数量、最常访问的栏目、最常关注的话题以及最近读过的内容清单，还能根据这些阅读历史为读者推荐其可能会感兴趣的内容。

后来推出的"推荐"栏目是在这些基础之上的更高层次的服务，它不像传统的推荐那样只根据内容来推断，而是推断的范围扩展到了话题、国家、栏目等其他方面，因此不仅具有个性化定制的意义，还能够帮助读者找到他们自己也没有发觉的感兴趣的领域。

2018 年 5 月，《纽约时报》又推出了"您的每周版"，使用编辑策展和算法的混合方法，推送给每位用户量身定制的实验性新闻时事简讯，目的是为用户提供当周最重要的新闻、分析和功能的个性化选择，拓宽读者的阅读兴趣、推荐最佳作品。

2019 年 6 月中旬，《纽约时报》开始突出其个性化新闻的功能。在苹果手机应用主页底部导航，推出了新的应用"为你"（For You），位于 Top Stories 之间。"为你"成为个性化努力中的一个里程碑式转折点：更前沿、更中心，让读者对自己最感兴趣、更有意义的内容一目了然。《纽约时报》多年来一直在尝试有限形式的个性化，这次是努力让个性化变得更加前沿和更加中心，让读者更容易找到他们最感兴趣的东西。①

个性化推送也是《纽约时报》的发展重点之一，它是新闻与读者之间最直接也最快速的传递方式。《纽约时报》跳脱出"重大新闻才推送"的一贯模式，开始依据用户个人口味及喜好来推送个性化内容。

---

① 陈昌凤，宋云天. 算法时代的媒体策略：个性化新闻及其论争［J］. 新闻与写作，2019（08）：54 – 58.

在《纽约时报》，个性化推送可以有不同的形式。比如根据读者的阅读历史来定制内容。如果你阅读了大量《纽约时报》的政治性文章，那么算法就会认定最近有关 Donald Trump 的最新报道会合你的胃口。或者基于时间、地理位置和语言等为不同用户进行推送测试。当美国总统奥巴马把阿拉斯加州的麦金利山峰重新命名为德纳里峰时，《纽约时报》只把这条新闻推送给了处于阿拉斯加州所在时区的人们。而当《纽约时报》报道哥伦比亚的两对双胞胎时，它为在移动端选择西班牙语为阅读语言的人群推送了一条该篇报道的西语版。①

但是，个性化推荐算法也正在面临读者"过滤气泡""信息茧房"等质疑。新闻的严肃性一直是《纽约时报》所秉持的重要价值观念，也是读者选择该报的重要原因之一。"对于《纽约时报》的读者来说，'不要试图成为脸书'是他们的普遍观点。有些读者确实希望获取所有适合出版的新闻，而不是所谓的个性化推荐。"②《纽约时报》也陆续进行了一些个性化实验，比如根据用户的阅读习惯、访问时间、地理定位来决定推送内容，最终希望在传统报纸编辑选荐与网络个性化模式之间达到平衡。③ 在《纽约时报》的理念之中，在应用程序和网站上个性化放置文章，可以帮助读者找到与他们相关的信息，比如在正确的时间阅读正确的新闻，以读者喜欢的多媒体格式对重大事件和故事进行个性化补充。

定制化是《纽约时报》尝试达到平衡的一种途径。2016 年，《纽约时报》推出了突发新闻和头条新闻两种渠道的邮件和新闻推送，对邮件推送实现分类"定制"，使读者在推送提醒方面拥有更多的主动权。突发新闻指正在发生的事件的报道，头条新闻则精选《纽约时报》的长新闻和调查性报道，兼顾政治、娱乐和体育领域的新闻。《纽约时报》新闻平台执行编辑迈克尔·欧文说道："受众反感新闻推送的一个重要原因是这些消息并未引起他们的注意，我认为当有真正的重大事件发生时，人们还是愿意被'打扰'的。此外，受众实际上对于并非重大新闻的事情也有很大的关注需求，我们调查发现，有些受众只想在发生某类特定事件或某一类新闻时收到推送，而有些受众确实想看《纽约时报》的专业调查报道。因此，我们另辟蹊径把这些信息推送给受众，给他们多一个

---

① 全媒派.《纽约时报》客户端力推"个性化 push".（2015 – 11 – 11）. https：//news. qq. com/original/quanmeipai/nysb. html.
② 全媒派. 干货放送：从技法到伦理，尼曼长文报告解析个性化 Push.（2017 – 10 – 26）. http：//www. a – site. cn/article/1583055. html.
③ 传媒圈. 从内容生产到信息分发，技术如何重塑资讯生态.（2017 – 11 – 02）. https：//www. sohu. com/a/201769738_ 570245.

选择，让受众在'看什么'方面拥有更多的主动权。"①

（四）强化产品的服务性，与用户的多场景深度互动

1. 融入日常生活、休闲类服务

《纽约时报》一直以来都是美国高级报纸的代表，但古典严肃的风格也导致其受众群体具有一定的局限性。近年来，纽约时报公司在数字端不断发力服务新闻，融入广大用户的日常生活，成为他们的生活资讯"顾问"，以增强用户黏性。2017年，纽约时报公司与谷歌日历、iOS 日历合作，上线了日历 APP "The New York Times's Space Calendar"（太空日历），将值得留意的天文大事件添加到了日历中，提醒用户天文纪念日，并预告如流星雨、日食、月食等天文现象。这类内容恰好能够和日历的功能相结合，并为《纽约时报》在科技方面的报道增添新的传播渠道。② 更重要的是，在互联网时代用户注意力分散、产品经济价值和影响力日渐依赖用户行为习惯的情况下，这些生活服务类的产品能够将用户习惯融入产品设计，建立并深化与用户之间的联系。

此外，纽约时报公司还推出了 NYT Cooking（烹饪）、NYT Crossword（填字游戏）等多个以服务新闻为主的新闻产品，争取到了更多的用户。NYT Cooking 是一款烹饪教程类应用，它将《纽约时报》网站 Cooking 频道在几十年来出版的菜谱进行整合，再结合时令、话题等内容进行包装后重新推出，目前已经成为《纽约时报》所有独立产品中最受欢迎的产品之一。Crossword 则是《纽约时报》经典的填字游戏，该类游戏 1942 年首次出现在《纽约时报》上，设计之初只是为了缓解"二战"期间读者的紧张情绪，然而在其后 70 多年的发展历程中，它对《纽约时报》的意义逐渐超越游戏本身，成为美国文化的经典符号之一。截至 2019 年 12 月 29 日，Cooking 和 Crossword（填字游戏）等多产品的独立付费订阅已接近 100 万份。

---

① 人民网.《纽约时报》采用个性化推送 "看什么"由受众做主.（2016 - 09 - 07）. http：//media. people. com. cn/n1/2016/0907/c40606 - 28696427. html.

② 张咏华，曾海芳，柯文浩，刘鑫，郭玲. 传媒巨轮如何转向——移动互联网时代的国际传媒集团 [M]. 广州：南方日报出版社，2014.

图 9 NYT Cooking 官网截图

2. 利用播客、电视节目等创新内容形式，加深用户了解

和新兴媒体相比，传统媒体在新闻报道和内容创作方面具有深厚的积淀，加上过去给读者留下的"严肃""神秘"的印象，使得公众对于新闻背后的故事感到越发好奇。"人们想获得的不仅仅是故事，他们同时也想了解为什么要讲述这个故事，谁在讲述这个故事，以及故事是如何形成的。"①与此同时，假新闻的泛滥也使得公民对于了解新闻的需求进一步增强，对于公众而言，如果能够了解新闻生产的过程以及生产新闻的人，他们更有可能相信新闻的可靠性。因此，纽约时报公司越来越注重通过各种新颖的内容形式将新闻背后的创作故事展现给受众，其业务重心也逐渐向播客、电视等领域倾斜。

纽约时报公司在 2018 年的播客节目 The Daily 小试牛刀，将《纽约时报》的新闻制作过程、记者的采访经历作为节目内容推出，受到了用户的欢迎。到了 2019 年 9 月，The Daily 的下载量已经超过 10 亿次，每天有超过 200 万听众。巨大的下载量不仅转化为数千万美元的广告收入，更实现了为《纽约时报》付费订阅导流的目的。②

The Daily 的成功增加了纽约时报公司进军新领域的信心，2019 年 6 月在美国有线电视网 FX 和流媒体服务 Hulu 上播出的新电视节目《每周》（*The Weekly*），聚焦于《纽约时报》的报道以及幕后的报道者，该剧共 18 集，平均每集有 120 万观众，该剧的热播为纽约时报公司带来了可观的收入。

---

① 全媒派. 2020 展望 | 《纽约时报》：送给 2020 年新闻业的十大提示. （2019 - 12 - 31）. https：//36kr. com/p/1724920365057.

② 综艺报. 正在阅读：对话《纽约时报》CEO：谈谈新十年的媒体发展. （2020 - 02 - 16）. https：//new. qq. com/omn/20200216/20200216A0PUDX00. html.

继进军播客和电视两大领域之后，纽约时报公司在电影领域也开始有所涉足。发言人表示纽约时报公司计划在 2020 年推出至少两部长纪录片。值得一提的是，尽管纽约时报公司正在迅速建立起自己的节目矩阵，但它的目标其实并不是"生产出数百种电视产品、数百部电影或其他东西"。相反，纽约时报公司采取较为谨慎的策略，限制出品的数量，而是在质量上下功夫。"我们只制作 30 集特辑，但每一集都是今年纽约时报公司最强大的新闻项目。"①

与此同时，纽约时报公司也在积极探索如何通过书籍来扩大媒体的品牌影响力。除了入局播客、短视频、电视节目和电影之外，电子书也以轻薄便携、质优价廉的特质成了该报追逐的"新宠"。2020 年上半年，公司出版了一本名为 "Answers to Your Coronavirus Questions" 的电子书，书中收集了一些关于新冠病毒的优质报道，系统性整合了各种常识，堪称一本疫情防控期间的"百科全书"，该书凭借及时的新闻服务性，在出版后一周之内，在 Apple Books 上被下载了 3 万次，一跃成为免费书籍排行榜的第一名。

目前，电子书业务是纽约时报公司多元化目标的重要部分。对于纽约时报公司而言，电子书业务主要目的不是变现，而是为了将报纸的品牌影响力拓展到新的平台，延伸到新的受众群体中。另外，纽约时报公司也会把电子书作为高级订阅用户的特别福利。②

3. 借助品牌周边深化用户关系，实现 IP 变现

纽约时报公司从 1998 年开始售卖品牌相关纪念品，并在 2013 年在零售业务上进行了大笔投资，将产品从品牌周边商品拓展到艺术、收藏品和高端产品。③

除了商业价值，纽约时报公司还重视周边商品在构建用户关系中的情感价值。副总裁大卫·鲁宾认为，周边商品具有独特的情感价值，是帮助用户加强与品牌之间的联系，表达对品牌感情的一种方式。④

2017 年，纽约时报公司重新调整了周边商品业务。将带有《纽约时报》品牌符号意义的商品作为商店的主营业务。除了书、笔记本，新上线的周边商品还包括售价 65 美元的雨伞、55 美元的毛衣等。这些带有《纽约时报》品牌特色

---

① 全媒派. 玩播客、做电视、拍电影……为了拉新促活，《纽约时报》真的很努力. (2019 - 11 - 19). https：//36kr. com/p/1724699852801.

② SARAH SCIRE. Why The New York Times considers books — like podcasts and TV — ripe for expansion. （2020 - 04 - 02）. https：//www. niemanlab. org/2020/04/why - the - new - york - times - considers - books - like - podcasts - and - tv - ripe - for - expansion/.

③ 任琦，王清儿.《纽约时报》构建用户关系的创新策略［J］. 中国记者，2019（02）：114 - 116.

④ Max Willens.《纽约时报》卖周边，靠的就是品牌自信｜德外独家. (2017 - 10 - 07). https：//mp. weixin. qq. com/s/ - 9X0x4v - MrC - Iys3g1eghw.

的物件象征了《纽约时报》所代表的一种生活方式，而用户的购买则代表了对这一生活方式的认同。纽约时报公司开发品牌周边商品，不仅为品牌增加了营收，更有助于深化用户关系，增加用户对品牌的认同感。

图 10　NYT Store 官网主页

三、经验与启示

根据转型实际确立"数字优先、订阅优先"的理念，推出差异化的订阅方式，满足不同程度的需求。从传统报业媒体到现代化数字化媒体机构，在这条转型之路上观念的转变是第一步也是关键一步。在"数字优先、订阅优先"战略的指导下，《纽约时报》整合分离的编辑部并进一步突出数字版，着力发展播客、电视节目等数字化新闻产品。建立了灵活有效的付费墙，采用计量付费的订阅模式，并结合内容实际对付费模式进行动态调整，推出"客户之旅"、填字游戏及烹饪内容独立订阅、教育优惠等服务，以便于最大限度吸引潜在订阅用户，推动了《纽约时报》数字化转型的加速和核心数字订阅业务的持续增长。

高质量的独立新闻是"订阅优先"战略实施的基础。《纽约时报》在不同主题和形式上的原创性和高质量的报道，使时报区别于其他新闻机构，这也是其新闻值得付费的核心所在。传统报业集团在将核心业务转向数字化的过程中，必须能够确保内容的质量。无论是付费订阅服务还是垂直领域，高质量的内容产品都是新闻媒体的根本竞争力。

实施内容创新策略，延长新闻内容的生命线。纽约时报公司在新闻产品类型、展现形式等多方面进行创新，如利用播客、电视节目等讲述新闻生产背后的故事，整合新闻报道资源出版电子书等，既加深了用户对时报的了解，使《纽约时报》的形象变得更加立体，同时又延长了新闻内容的生命线，使得新闻的价值不仅仅局限在一次性报道的成品上，能够促进资源利用最大化。

强调内容质量的同时重视用户体验。优秀的用户体验能够成为新闻架构重要的卖点。不论是订阅模式的便利性、新闻产品形式的创新还是服务型新闻产品的推出，都表明纽约时报公司始终坚持用户至上的理念，把用户体验放在核心位置，通过各种方式满足用户需求，而非仅仅提供新闻报道。这也是传统媒体数字化转型之中必不可缺的一点。

以技术敏感开展创意实验，赋能传统新闻产品生产。纽约时报公司依托Story-X媒体实验室的前沿技术创建平台，在数字化转型时代中，将技术作为融合发展的重要推动力，进行了诸多创意实验，密切关注可穿戴设备、物联网、全息投影等前沿技术发展动态，在虚拟现实、人工智能、算法推荐、场景匹配等技术基础上，研究适用于新闻领域的个性分析、即时推送、人机互动等技术应用，开辟了新的空间。媒体应当时刻保持对技术的敏感性，紧跟时代潮流，用新技术赋能新闻产品生产。

第五章

海外终端制造机构的媒体融合运营

第一节　苹果公司

一、媒体融合发展历程及现状概述

（一）机构简介及发展历程

苹果公司（Apple Inc.），原称苹果计算机公司（Apple Computer, Inc.），是总部位于美国加州库比蒂诺的跨国科技公司，如今的业务包括消费电子、计算机软件、在线服务和个人计算机的设计、开发与销售。

图1　苹果公司的发展历程

1976 年，苹果公司初步创立，当时苹果公司的主业是开发和销售个人计算机。2003 年，苹果公司推出历史上第一个内容服务——在线音乐下载服务软件iTunes Store，每首歌曲收费 0.99 美元。2007 年，苹果公司将最初的"苹果计算机公司"改名为如今的"苹果公司"（以下简称苹果），并推出了第一款 iPhone手机，象征其业务重点开始转向消费电子领域。2008 年，苹果推出聚合性应用服务 App Store。

苹果从 2014 年开始布局自己的内容服务，首先体现在音乐上，苹果收购了流媒体订阅服务 Beats Music，并基于此在 2015 年推出 Apple Music。之后，苹果一直在建设自己的内容生态，并在其 2019 年的春季发布会做出了重大突破，一

口气推出了三 项内容服务：游戏订阅服务 Apple Arcade、新闻杂志订阅服务 Apple New＋以及流式视频点播订阅服务 Apple TV＋，逐渐形成融媒体业务布局。

（二）业务架构

苹果如今在硬件和技术服务方面都已形成相对完整的体系，而随着 2019 年对内容布局的加码，可以预想苹果未来将致力于打造全方位的"苹果生态"。

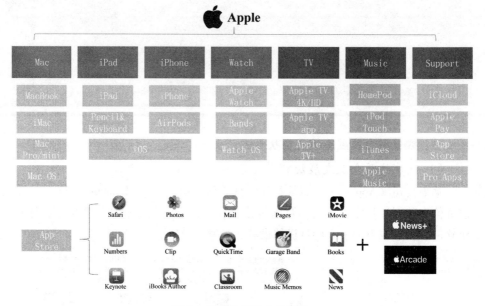

图 2　苹果公司的业务架构

1. 服务业务板块

苹果的服务业务板块分为线上服务和线下维修服务两部分，其中线上服务包括内容服务和技术支持服务。

表 1　苹果公司的服务业务梳理

服务业务板块	具体内容
App Store 数字应用商店	苹果公司在旗下 iPhone、iPad、Mac、Apple TV、Apple Watch 等各类终端运营平台上设有 App Store，使客户可以发现和下载应用程序
内容订阅服务	苹果公司还提供基于订阅的数字内容流媒体服务 Apple Music：在线音乐流媒体订阅服务 Apple TV APP：媒体 OTT 服务视频点播订阅服务 Apple Arcade：内置在 Apple Store 中的游戏订阅服务 Apple News＋：内置在 Apple News 中的新闻和杂志订阅服务

服务业务板块	具体内容
Apple Care	Apple Care 包括 Apple Care +（"AC +"）和 Apple Care 保护计划，它们是收费服务，可扩展覆盖范围电话支持资格和硬件维修，在特定条件下提供附加保险和防盗保护功能
iCloud	苹果公司提供的云服务
Licensing	苹果公司许可使用其某些知识产权，并提供其他相关服务
其他	Apple Card：苹果提供的联名信用卡服务 Apple Pay：苹果提供的无现金支付服务

2. 与流媒体相关的订阅服务

苹果的流媒体服务涉及视频、音乐、游戏和阅读四大种类，其中视频和音乐均对第三方硬件设备有所开放。

表 2　苹果公司与流媒体相关的订阅服务梳理

平台名称	订阅板块	内容	支持设备
Apple TV APP	Apple Channels	VOD 订阅服务，HBO、Starz、Epix 等互联网电视订阅服务，Hulu、PlayStation Vue 和 DirecTV Now 等传统有线付费电视服务 Canal + 和 Charter Spectrum 等	iPhone、iPad、Apple TV、Mac、AirPlay、PC、三星、Roku、亚马逊 Fire TV、LG、
	Apple TV +	自制剧集订阅服务：《早间秀》《看见》《为全人类》《惊奇故事》《奥普拉读书俱乐部》……	
Apple Music APP	Apple Music	6000 万首歌曲，主流唱片公司的版权覆盖、签约很多独立音乐人和原创音乐厂牌，如 Beggars Group 和 Merlin Network，以及部分独家的音乐内容，例如，泰勒·斯威夫特的"1989 世界巡回演唱会"录影	iPhone、iPad、Mac、Apple Watch、Apple TV、HomePod、Android、Sonos、CarPlay、Amazon Alexa、PC

平台名称	订阅板块	内容	支持设备
Apple Store	Apple Arcade	至少 35 个开发商和发行商推出的游戏：Konami 的街机经典版 "Frogger" 和 "Toy Town"；Capcom 的水下探险游戏 "Shinsekai：深入深度"；开发人员 Simogo 发行的 Annapurna Interactive 的 "Sayonara Wild Hearts" 等	iPhone、iPad、Mac、Apple TV
Apple News	Apple New +	300 多款杂志的订阅，涵盖了时尚、娱乐、科技、运动、理财、商业等各个领域，其中包括《滚石》《名利场》*Vogue* 在内 200 多家北美主流杂志内容版权	iPhone、iPad、Mac

（三）用户规模及营业额

硬件用户方面，2019 年 1 月，苹果公司发布消息称现在有 14 亿台活跃的 Apple 设备，包括 iPhone、Mac、iPad、Apple TV、iPod 和 Apple Watch，其中不包括 AirPods 等附件产品。首席财务官卢卡·梅斯特里（Luca Maestri）在接受《金融时报》采访时说，在这些设备中有 9 亿台在用的有源 iPhone，比上年增长了 9%。[①]

流媒体服务用户方面，苹果流媒体音乐服务 Apple Music 从 2015 年发布以来其订阅用户数呈现出持续增长态势，根据 Statista 的数据，截至 2019 年 6 月，Apple Music 在全球拥有超过 6000 万订阅者。

---

① Dami Lee. Apple Says There are 1.4 Billion Active Apple Devices.（2019 - 01 - 29）. https：//www. theverge. com/2019/1/29/18202736/apple - devices - ios - earnings - q1 - 2019.

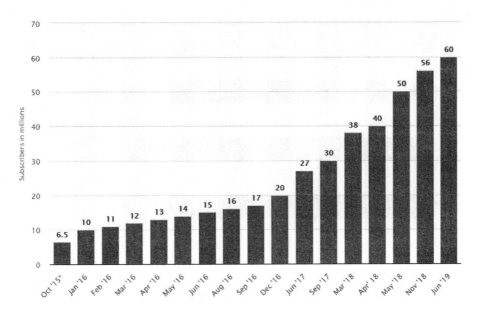

图 3　2015 年 10 月—2019 年 6 月全球 Apple Music 订阅用户数量①

　　2019 年新推出的两项内容服务 Apple New + 和 Apple TV + 的订阅情况亦表现乐观。据《纽约时报》报道，自 2019 年 3 月份推出以来，Apple News + 在可用的头 48 小时内就有超过 20 万人订阅了免费的为期一个月的试用版。根据 Ampere Analysis 的数据，自 2019 年 11 月推出以来，截至 2020 年 1 月，Apple TV + 在美国的订户为 3360 万，而 Disney ＋的为 2320 万，Hulu 的为 3180 万。②

　　根据苹果 2019 年财报数据，近三年 iPhone 依然是苹果公司的第一收入来源，其净收入占比在 60% 左右，但在 2019 年有下降趋势。服务则是苹果公司的第二收入来源，其净收入占比在 15%～20% 之间，且在近三年里一直呈现增长趋势，这与苹果近期的内容战略步调一致。

---

①　Statista. Number of Apple Music Subscribers Worldwide from October 2015 to June 2020. （2019）. https：//www. statista. com/statistics/604959/number – of – apple – music – subscribers/.

②　ANNIE GAUS. Apple TV + Has 34 Million Subscribers：Report. （2020 – 01 – 24）. https：//www. thestreet. com/investing/apple – tv – plus – 34 – million – subscribers – report.

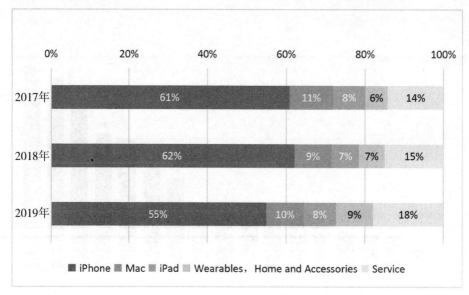

图 4　2017—2019 年苹果公司各部分收入占比图①

二、媒体融合的策略及特点分析

（一）围绕 Apple TV 打造品牌化融合服务

多年来，苹果一直想要复制移动领域的成果，拥有在客厅电视领域的话语权，在一系列失败的尝试后，苹果于 2006 年开始用机顶盒设备 Apple TV 打入家庭娱乐领域，为其内容推广铺路。随着 2019 年 iPhone 首次销量下跌，苹果公司开始通过加码内容产业来提高硬件产品渗透率，并在 Apple TV 中统合了 VOD 订阅服务、OTT TV 订阅服务、有线电视订阅服务、流媒体订阅服务，另外还在电视里融合了音乐和游戏订阅业务，从而全方位提高自身服务价值。

苹果在 2019 年的春季发布会上推出了新的 Apple TV 应用，其将内置在苹果自有的终端设备上。除此之外，Apple 还一反往日对自身生态的封闭态度，宣布 Apple TV 应用将嵌入各品牌智能电视中，比如 LG、索尼、三星，甚至还嵌入了其内容竞品方生产的流媒体播放与电视设备中，如亚马逊、Roku 的设备。

---

① Apple. 10 – K – 2019 –（As – Filed）.（2019）. https：//s2. q4cdn. com/470004039/files/
doc_ financials/2019/ar/_ 10 – K – 2019 –（As – Filed）. pdf.

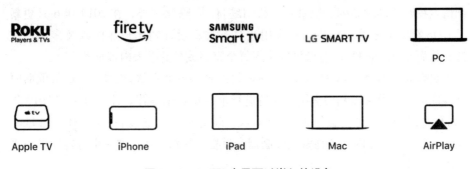

图 5 Apple TV 应用可以嵌入的设备

Apple TV 应用中包含一项新的流媒体内容聚合服务——Apple TV Channels，该服务不仅集成了 HBO、Starz、Epix 等公司提供的 VOD 订阅服务，还包括 Hulu、PlayStation Vue 和 DirecTV Now 等互联网电视订阅服务以及 Canal + 和 Charter Spectrum 等传统有线电视付费服务。用户可以直接在该应用程序中开通以上服务，苹果将收取其中的中介费用。

图 6 Apple TV Channels 集成的一些主要服务

除此之外，Apple TV 应用还包含了苹果原创剧集内容订阅服务 Apple TV +。该服务于 2019 年 11 月上线，在 100 个国家和地区推出，服务的价格为每月 4.99 美元。苹果公司为忠实的客户提供了很长的介绍期：购买新的苹果设备的任何人都将获得一整年的免费 Apple TV +，并且该服务可以让用户与多达 5 个家庭成员共享订阅。

Apple TV + 的内容亦主打合家欢路线，适合在客厅观看。Apple 曾公开表示对年轻化的受众群体的重视，一旦他们习惯于苹果的内容类型和供应模式，将极有望成为苹果内容长期订阅用户，为此苹果规避了少儿不宜和暴力的内容，从目前已公布的项目看来，苹果的剧集往往包括适合全家人一起观看的女性向剧情电视剧、动画系列、纪录片、科幻题材。① 除此之外，在 2019 年 6 月更新了 tvOS 新版本之后，Apple TV 应用还具有重新设计的用户界面以及多用户支持，从而使 Apple TV 所有者可以访问每个家庭成员的个人内容推荐。②

更新后的 tvOS 还支持 Apple Music 订阅者将能够在 Apple TV 上播放歌曲时阅读歌词，以及可以利用多用户支持进行个性化音乐推荐。针对苹果在 2019 年 9 月份推出的游戏订阅服务 Apple Arcade，新的 tvOS 系统支持 Xbox One 和 PlayStation 4 控制器在内的各种游戏控制器在设备上玩游戏③，进一步对客厅经济进行内容加持。

（二）内容占有来源多样化，自制 + 合作双管齐下

1. 逐步搭建自制内容体系，打造原创精品内容路线

苹果自 2015 年推出 Apple Music 之后便开始尝试探索自制内容领域，2016 年 1 月，苹果投资了第一部原创脚本连续剧 *Vital Signs*。同年 6 月，苹果从 CBS 的"James Coreden 深夜秀"中购买了无脚本电视连续剧《拼车卡拉 OK》。此后，苹果便不断在 Apple Music 中加入原创的视频内容。2017 年 6 月，苹果正式成立全球视频部门，并任命索尼影视电视的资深人士 Jamie Erlicht 和 Zack Van Amburg 为主要负责人。2018 年 3 月，苹果公司签署了一份位于加利福尼亚卡尔弗市的四层楼房的租赁合同，其中包括 12.8 万平方英尺的办公空间，用来容纳全球视频娱乐部门。据《泰晤士报》报道，该集团约有 40 名员工，因为范安伯格（Van Amburg）和埃里希特（Erlicht）除了为电视项目开绿灯外还在招工。

苹果公司在好莱坞的聘用包括 WGN 美国和 Tribune Studios 的前总裁兼总经理 Matt Cherniss，作为开发部的负责人；亚马逊影业公司执行官摩根·旺德尔（Morgan Wandell），作为国际开发主管；作为创意主管的李嘉欣（Michelle Lee）曾是环球电视台 True Jack Productions 的杰森·卡蒂姆斯（Jason Katims）的制作合伙人；索尼电视的安吉莉卡·格拉（Angelica Guerra），作为拉丁美洲内容编辑的负责人。

在 2019 年春季发布会上，苹果推出了其自制内容订阅服务 Apple TV +，并一口气宣布了 24 部自制的最新影视作品，总耗资超过 10 亿美元，意味着苹果开始大举进入原创影视制作市场。

面对奈飞等已经在市场中具备稳定地位的流媒体服务巨头，有分析指出，

---

① 东西文娱. 苹果进军原创内容背后：探索硬件收割内容红利模式 寻求下一个暴利周期. (2018 - 01 - 24). https：//mp. weixin. qq. com/s/5qahdP06GxTPX - 9kJ8RFGA.

② Janko Roettgers. Apple Announces Revamped User Interface for Apple TV. (2019 - 06 - 03). https：//variety. com/2019/digital/news/apple - tv - tvos - update - multiuser - 1203231462/.

③ 同上。

Apple TV＋的优势在于客户获取成本与内容成本两大因素。若苹果首先锁定其 9 亿全球用户基础，那么它的"消费者收购成本为零"，同时苹果的内容成本将通过 Apple TV Channels 平台销售的订阅收入份额所抵消。

苹果采取的内容策略为主打质而非量，这与奈飞的路线也形成了鲜明对比。为了保证内容足够优质，苹果投入了巨大的成本，进行了大量的名人合作以及对经典 IP 的挖掘。

表3　Apple TV＋部分主要剧集制作团队梳理

名称	团队	内容简介
《晨间秀》	Reese Witherspoon 的制作公司 Hello Sunshine 开发。主演：威瑟斯庞、珍妮弗·安妮斯顿和史蒂夫·卡雷尔	一部有关早晨电视新闻节目的剧集，主要内容是制作该节目的男女之间权力斗争
《看见》	由 Jason Momoa（参演过《权力的游戏》《海王》）和 Alfre Woodard（参演过《卢克·凯奇》《奴隶十二年》《美国队长：内战》）主演	一部充满未来感的世界末日戏剧，See 幻想着一个没有视线的世界。毁灭性的病毒消灭了除地球上几百万人口以外的所有人口，幸存下来的人被永久性地致盲
《狄金森》	艾米莉·狄更森（Emily Dickenson）由 Halee Steinfeld 饰演，她的父母由 Jane Krakowski 和 Toby Huss 饰演	一部半小时的喜剧，关于艾米莉·狄更森（Emily Dickenson）生活的 19 世纪成年人故事
《为全人类》	由 Ronald D. Moore（参演过《太空堡垒卡拉狄加》）和 Joel Kinnaman、Michael Dorman、Jodi Balfour、Sarah Jones 共同创作的	探讨了如果俄罗斯人在 1969 年首次登上月球会发生什么情况。这激发了美国政府继续进行太空竞赛的热情
《小帮手》	由芝麻街制作人儿童电视工作室制作	一部由芝麻街制作人科迪和助手主演的教育性儿童真人偶系列剧。该节目通过聚会筹划、爬山和魔术等活动讲授了解决问题和编码的基础知识

名称	团队	内容简介
《史努比上太空》	20世纪80年代重要的动画形象——查理·布朗和花生帮	查理·布朗的小猎犬史努比实现了他成为NASA宇航员的梦想。这是10套动画短裤的限量系列
《奥普拉读书俱乐部》	由美国著名脱口秀主持人奥普拉·温弗瑞（Oprah Winfrey）主持	每两个月，奥普拉就会在世界各地的Apple Store商店中对她的精选书籍的作者进行访谈
《惊异传奇》	史蒂芬·斯皮尔伯格（Steven Spielberg）亲自参与了新系列的制作，这将由他的制作公司（Amblin Entertainment）处理。表演者是Eddy Kitsis和Adam Horowitz	重制了20世纪80年代经典的科幻剧。每个情节在完全不同的环境中遵循不同的故事。该系列具有适合家庭的年龄等级，旨在吸引父母和孩子

在签约名人方面，苹果与美国著名脱口秀主持人奥普拉·温弗瑞（Oprah Winfrey）签订了多年内容合作协议，推出由她主持的电视节目《奥普拉读书俱乐部》。此外，苹果还与导演斯皮尔伯格达成合作翻拍了《惊异传奇》，以及与知名演员、制作人瑞茜·威瑟斯彭的公司Hello Sunshine签订了3部电视作品协议，并邀请到珍妮弗·安妮斯顿加盟合作剧情喜剧《晨间秀》等。

在经典IP方面，苹果与芝麻街制作人儿童工作室签订了一系列真人动画和木偶动画内容协议，为学前儿童带来了帮助他们进行编码学习的寓教于乐的真人偶系列剧《小帮手》。另外，苹果还争取到了80年代重要的卡通形象史努比的相关动画内容制作，推出了《史努比上太空》系列动画。

为了保证内容的延续性，苹果亦在打造新的IP剧集，并进行多季捆绑制作，比如《狄金森》和《看见》均已确定会推出第二季。

2. 与UGC（用户生成内容）合作激励优质创作

（1）工具赋能

苹果为Apple Store的UGC提供了开发者计划服务，注册费用为一年99美元，该服务为UGC提供了一系列工具，从而赋能其应用的开发与运营。

苹果为加入计划的会员提供了TestFlight Beta测试工具。通过TestFlight，UGC可以轻松邀请用户测试自己的应用程序并收集有价值的反馈，然后再在App Store上发布，最多可以邀请10000名测试人员。

开发者计划会员亦可通过苹果提供的 App Analytics 软件来对自己的 APP 进行用户数据洞察与营销活动的评估与优化。使用 App Analytics，UGC 可以获得销售趋势、付款以及财务报告，可以衡量其应用的性能，并获得数据的独特见解，该软件不需要任何技术实施。

（2）为 UGC 提供更多利益支持

游戏是 App Store 中 UGC 创作的重要板块，为了确保更优质的游戏内容生态，苹果于 2019 年 9 月开通了 Apple Arcade 这一内置在 App Store 中的游戏订阅服务。

基于订阅模式，Apple Arcade 使 UGC 有能力专注于他们想要制作的游戏种类，而无须考虑迎合目前在移动应用商店中占主导地位的种类。Alto 开发人员 Snowman 的制作人 Andrew Schimmel 说："这创造了一个可以冒险的空间。你在设计时不必考虑货币化模型。"iPhone 和 Android 上最赚钱的应用程序仍然是免费游戏，通常来自腾讯、Supercell 和现在的任天堂等大型工作室。因此，Arcade 某种程度上是小型工作室的命脉。①

除此之外，Apple Arcade 还开展了对游戏开发商的一系列帮扶与激励策略。首先，苹果将为游戏开发商负担一部分开发成本，据《金融时报》报道，苹果计划在即将推出的 Arcade 游戏订阅服务上花费数亿美元，其总预算可能超过 5 亿美元。并且，在苹果公司同意暂时将其游戏制作为 Arcade 独家产品，游戏开发商可以在几个月之后在 PC 或游戏机上自由发行游戏。②

（3）技术支持

苹果公司还为开发者计划的会员提供了一系列的苹果技术支持。

表4　苹果公司为开发者提供主要技术服务一览

服务	
AirPlay	让用户以无线方式从其 iPhone、iPad 或 Mac 传输内容
Apple Pay	接受应用程序和网络中的商品和服务付款

①　Andrew Webster. Apple Arcade is A Home for Premium Games That Lost Their Place on Mobile. (2019 – 10 – 01). https：//www. theverge. com/2019/10/1/20893691/apple – arcade – subscription – gaming – price – premium – games – zach – gage – noodlecake – snowman.

②　Stefanie Fogel. Apple Spending Over Half A Billion on New Gaming Service（Report）. (2019 – 04 – 15). https：//variety. com/2019/gaming/news/apple – spending – half – a – billion – on – arcade – 1203189942/.

服务	
AirPrint	无须下载或安装驱动程序即可在 iOS 应用程序和 macOS 应用程序中打印照片和文档
ARKit	为 iOS 和 iPadOS 构建增强现实体验
CarPlay	为驾驶员带来音频、消息、VoIP、导航、特定于车辆的控件等
CloudKit	将应用程序数据存储在 iCloud 中，并使所有应用程序和 Web 上的所有内容保持最新。会员资格包括每个应用程序最多 1PB 的免费存储空间
Core ML	将多种机器学习模型类型集成到应用程序中
面部识别和触摸识别	使用户可以轻松、安全地访问应用内容
FairPlayFlow	内容提供商、编码供应商和交付网络可以加密内容，安全地交换密钥并保护 iOS、tvOS 和 macOS 上的播放
GameKit	添加排行榜、成就、对接会、挑战等
HealthKit	提供明智的健康和健身解决方案
HomeKit	允许用户在家中与所连接的附件进行通信和控制
MapKit	将 Apple Maps 集成到应用程序和网站中
MusicKit 许可	用户从网站以及 iOS 或 Android 应用程序播放 Apple Music 及其本地音乐库
SiriKit 和快捷方式	帮助用户通过语音或点击快速完成与您的应用相关的任务
PassKit	让用户查看您应用程序中的通行证，将其添加到电子钱包，通过电子邮件发送或在网络上发布
ResearchKit&CareKit	创建可为研究人员、医生和患者提供医学见解的应用程序
系统扩展 &DriverKit	提供其他功能，例如，网络扩展和端点安全性，为 Mac 创建设备驱动程序

（三）苹果独特的人工内容策划

几乎所有苹果推出的聚合性内容服务都包含了人工内容策划板块，用来为用户推荐个性化内容，在如今算法推荐的大趋势中形成了苹果文化的鲜明特征。人工策划的好处在于，一方面增强了服务的人性化体验，另一方面也避免了算法可能会造成的一些失误。

Apple Music 中人工编辑的板块为精选节目和现场主持人的 24/7 流广播电台。Apple Music 的编辑团队由大约 12 名具有指定流派专业知识的全职首席策划组成，由前独立音乐圣经 Pitchfork 的主编 Scott Plagenhoef 领导。策划需要选出最喜欢的艺术家和歌曲，使其在整个服务中占据重要位置——包括在播放列表、新音乐首页的大多数角落以及由 DJ 主持的现场 Beats 1 广播中。策划会定期搜寻音乐博客，放出早期表演，并与艺术家经理、制片人和唱片公司代表保持经常联系，以寻找值得推荐的艺术家。① 这种做法的逻辑与广播时代主播精选歌曲的模式极为相似，策划编辑扮演着 KOL 的角色，从而有利于强化 Apple Music 的品牌效果。

同样，为了突出人工编辑精选服务，苹果在 2017 年重新设计了 iOS App Store，并在其主屏幕上显示了特色文章和推荐列表。Apple 的编辑团队每天将有趣的故事与应用程序功能串联起来，并发布在"今日"选项卡中，用户通过点开"今日"选项卡发现新应用和游戏。相比智能推荐引擎，虽然推荐引擎可以根据用户以前的行为来推荐应用，但它无法解释使用特定应用的感受，并且无法解释为什么所推荐的应用会优于其他应用，而人工编辑则会在推荐文章中着重体现应用的特点，从而更有效率地为应用进行引流。

苹果对 Apple News 的人工编辑选拔始于 2015 年，从《泰晤士报》《华尔街日报》《美国有线电视新闻网》和《布莱切尔报告》等多家刊物中选拔编辑。在 2017 年，苹果任用了《纽约杂志》前执行编辑劳伦·科恩担任 Apple News 的主编。苹果的工作清单指出，新闻编辑将负责收集"打破国家、全球和本地新闻的最佳新闻"。他们还将与出版物进行第一手合作，以"推动与一些世界领先的新闻编辑室的关系，确保重大新闻报道能迅速浮出水面，并且企业新闻获得了较高的知名度"。苹果不仅会策划大型企业的故事，还提到了将重点放在从"最大到最小"的发布者那里来展示原始内容。根据工作清单，新闻编辑人员还将跟踪社交媒体的突发事件，"识别并向高级管理层传达关键内容的趋势"。

---

① Ben Lovejoy. Behind the Scenes of Human Curation at Apple Music，As Company Ups the Ante on Licensing. https：//9to5mac. com/2016/07/18/apple－music－human－curation－licensing－fees/.

三、经验与启示

从苹果内容业务中可以看出，无论是硬件还是软件，都继承了苹果独特的产品思维。苹果通过硬件产品积累的产品开发、营销推广等一整套理论体系被成功地运用在内容业务中。

软硬件结合＋内容赋能，打造全方位苹果品牌生态。苹果的电视业务集成了多样化的内容生态体系，针对家庭用户，内容主打合家欢，应用也相对应地集合了账户共享功能。此外，苹果还推出了自制内容服务 Apple TV＋，以及聚合性内容服务 Apple News＋、Apple Arcade，加上之前的 Apple Music，从视频、阅读、游戏和音乐四大内容产业全方位加码内容布局，从而与其硬件形成密切联系，进一步推动苹果产品生态闭环。

科技中亦有人性关怀，树立鲜明品牌形象。在内容策划上，苹果坚持采取人工与算法推荐相结合的方式以确保内容品质，从而确保与苹果一贯的品牌形象相一致。苹果在推出媒体业务前已经进行了思路清晰的战略布局：针对怎样的用户群体、需要提供哪些有针对性的服务、如何保持品牌形象，是一种非常完善的商业思维，对很多传统媒体尤其是国内的媒体而言是一种优秀的借鉴。

第二节　索尼

一、媒体融合发展历程及现状概述

（一）发展历程及部门架构

作为世界上最大的电子产品制造商之一，索尼在视听设备、电子游戏、通信产品和信息技术等领域取得了非凡的成就。目前索尼公司将旗下业务主要分为六大业务：游戏及网络服务业务（G&NS）、音乐业务（Music）、影视业务（Pictures）、电子产品和解决方案（"EP&S"）业务、半导体业务（Semiconductors）、金融服务业务（Financial Services）。其中游戏与网络服务、电影、音乐主要负责媒体内容业务，电子产品专业解决方案主要负责硬件产品。此外，索尼仍有规模大、收益良好的半导体、金融服务业务。

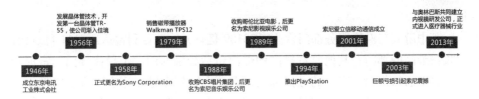

图1 索尼历史发展概况

表1 索尼六大部门及其业务范围

业务		业务范围
媒体内容业务	游戏与网络服务	游戏机、软件、网络服务业务
	电影	电影制作	电影制作、获取和发行
		电视制作	电视节目的制作、获取和发行
		媒体网络	电视和数字网络的运作
	音乐	录音音乐	实物和数字录制音乐的分配以及艺术家现场表演的收益
		音乐出版	歌曲单词和音乐的管理和许可
		视觉媒体和平台	制作和发行动画作品以及音乐和视频产品的各种服务,手机应用 APP 开发
硬件产品	电子产品专业解决方案	数码影像产品	紧凑型数码相机、摄像机和可互换单镜头相机
		专业的解决方案	广播用和专业用产品
		医疗类	医疗用和研究用产品
		电视机	液晶电视
		音视频	家庭音频、蓝光光盘播放器和刻录机以及基于内存的便携式音频设备
		移动通信	手机和互联网服务业务
	半导体类	图像传感器和相机模块
	金融服务	人寿保险和非人寿保险业务以及银行业务

(二)经营状况

据 2018—2019 年度财报,截至 2019 年 3 月 31 日,索尼集团上财年集团营业额达 86656.87 亿日元,同比增长 1.4%,营业利益 8942.35 亿日元,同比增长 21.7％。①

其中游戏与网络服务部门营业额 23109 亿日元，营业利益达到 3111 亿日元，为收益最高的部门；其他收益较高的部门包括金融部门、半导体部门、索尼音乐。移动通信仍然是唯一的亏损部门，在下个财年家庭娱乐和声音、影像产品和解决方案以及移动通信部门已重新调整为电子产品和解决方案（" EP&S"）部门。

FY2018 Results by Segment

		FY17	FY18	Change	FX Impact (Bln Yen)
Game & Network Services (G&NS)	Sales	1,943.8	2,310.9	+367.1	-9.4
	Operating income	177.5	311.1	+133.6	-4.8
Music	Sales	800.0	807.5	+7.5	+0.6
	Operating income	127.8	232.5	+104.7	
Pictures	Sales	1,011.1	986.9	-24.2	+3.7
	Operating income	41.1	54.6	+13.5	
Home Entertainment & Sound (HE&S)	Sales	1,222.7	1,155.4	-67.3	-24.6
	Operating income	85.8	89.7	+3.8	-21.6
Imaging Products & Solutions (IP&S)	Sales	655.9	670.5	+14.6	-3.7
	Operating income	74.9	84.0	+9.1	-3.2
Mobile Communications (MC)	Sales	723.7	498.0	-225.7	-4.9
	Operating loss	-27.6	-97.1	-69.5	+2.0
Semiconductors	Sales	850.0	879.3	+29.3	+0.1
	Operating income	164.0	143.9	-20.1	-0.5
Financial Services	Revenue	1,228.4	1,282.5	+54.2	
	Operating income	178.9	161.5	-17.5	
All Other	Sales	407.2	345.7	-61.4	
	Operating income	-23.5	-11.1	+12.4	
Corporate and elimination	Sales	-298.8	-271.0	+27.8	
	Operating income	-64.1	-74.7	-10.6	
Consolidated total	Sales	8,544.0	8,665.7	+121.7	
	Operating income	734.9	894.2	+159.4	

·Sales and Revenue in each business segment represents sales and revenue recorded before intersegment transactions are eliminated. Operating income in each business segment represents operating income reported before intersegment transactions are eliminated and excludes unallocated corporate expenses (applies to all following pages).
·Both Sales and Revenue include operating revenue and intersegment sales (applies to all following pages).
·For further details about the impact of foreign exchange rate fluctuations on sales and operating income (loss), see Note on page 29 (applies to all following pages).

10

图 2　索尼各部门营收情况

二、媒体融合策略及特点分析

（一）并购——索尼从无到有的内容工程建设

索尼的软件工程最初并非自己孵化，而是通过并购的方式将成熟的内容体系归为己用。并购可以说是索尼打造内容工程的一种捷径，对成熟企业的并购不仅可以为索尼带来数量庞大的内容资产，而且可以直接利用成熟的内容生产体系为自己持续打造更多优质内容。

索尼从 1968 年便有了开展音乐业务的野心，索尼音乐业务的发展壮大史也可以说是恢宏的收购与并购史。1968 年，并无音乐软件基础的索尼入股了 CBS 哥伦比亚唱片公司，依托其成熟的音乐建设，发展属于索尼自身的音乐文化。其后的

---

① Sony. FY2018 Consolidated Financial Results, 2019 年，检索于 https：//www. sony. net/SonyInfo/IR/library/FY2018_ 20F_ PDF. pdf。后文数据如无特别标注，皆出于此财报。

40年间，索尼音乐并购了 CBS 电影与音乐部门，与贝塔斯曼音乐合并，最终在2008年收购贝塔斯曼音乐所持50%股权，正式成为如今的索尼音乐娱乐。

图3　索尼音乐娱乐历史发展

　　索尼音乐娱乐借助其他公司成熟的基础建设，成功发展了自己的音乐内容。他们在管理运营方面不拘于业界的习惯，充分发扬开拓精神，不仅制造唱片，并且亲手发掘艺人，培养艺术家，取得了不俗的成就。这一切努力，让他们在收购百代音乐之前就成为拥有230万首音乐版权的世界音乐出版大亨。2012年，索尼投资了已破产的百代音乐版权部门，并取得其40%股权，拥有了全球规模最大的音乐库。2018年，索尼音乐娱乐进一步收购百代音乐版权公司的60%股权，买下了210万首歌曲版权，加之索尼原有的230万首歌曲，成为世界最大的音乐出版商之一。①

　　而索尼在内容领域的另一把长剑——索尼影视娱乐，在并购的基础上通过成熟的影视生产体系让自己成为美国六大电影公司之一。

　　索尼在1988年收购 CBS 唱片公司后不久，就着力开始收购一家电影制片厂。哥伦比亚电影公司成为索尼的目标。1989年9月25日，索尼最终完成收购，并在不久改名为索尼影视娱乐公司。索尼的电影产业从无到有的过程，也是通过收购成熟的企业来完成的，依托哥伦比亚电影公司几十年来的好莱坞耕耘经验与技术，索尼很快便建立起了自己的影视帝国。

　　索尼影视娱乐拥有完善的内容生产体系，负责视觉特效技术的 Sony Pictures Imageworks，负责影视营销的 TriStar Pictures，专营动画的 Sony Picture Animation，擅长文艺的 Sony Pictures Classics，以及负责电视剧制作发行的 Sony Pictures Television 等。

---

　　① 维基百科《索尼音乐娱乐》，检索于 https：//zh. m. wikipedia. org/zh－tw/% E7% B4% A2% E5% B0% BC% E9% 9F% B3% E6% A8% 82% E5% A8% 9B% E6% A8% 82。

表2　索尼影视娱乐子公司及其职能

公司	主要职能
Sony Pictures Entertainment	负责电影、电视节目、数码娱乐节目的制作与发行，在67个国家进行电影娱乐产品销售
Columbia Pictures	好莱坞最主要的制片厂之一，拥有包括12部"奥斯卡最佳影片奖"得主电影在内的5000多部影片
Screen Gems	制作和发行低成本的科幻、恐怖、儿童、喜剧、民族类电影
TriStar Pictures	负责在美国和全球67个国家和地区销售、发行和推广SPE的电影产品
Sony Pictures Animation	负责制作动画，代表作有《天降美食》《精灵旅社》
Sony Pictures Classics	专门发行文艺片和独立制片，以及代理非美国好莱坞本土制作的海外电影
Sony Pictures Imageworks	索尼旗下视觉特效公司，好莱坞四大视效公司之一
Sony Pictures Television	制作和发行电视剧，代表作《绝命毒师》

这些公司生产了如《精灵旅社》《12怒汉》《爆裂鼓手》《绝命毒师》等无数佳作，其中《精灵旅社》口碑及票房的不俗成就让索尼影视娱乐尝到了原创IP的甜头。这些部门各司其职，负责多类型的创作、多区域的推广发行、多层次的影视技术支持，在必要时相互协同合作。

对于音乐业务来说，前期和各大音乐传媒的合并与并购为索尼带来了内容生产体系，提高了其内容生产力，而在后期的并购里又能直接收获规模庞大的内容资产；对于电影业务来说，对于哥伦比亚电影公司的收购直接丰富了索尼在影视行业的内容资产，并且通过拥有哥伦比亚电影公司一脚踏进好莱坞的大门。可以说，并购的确是索尼打造内容工程的捷径。

（二）多层次挖掘——对IP的丰富利用

索尼认为IP是可挖掘的巨大宝藏，培养IP有利于积累粉丝基数，增加粉丝红利，同时利用IP联动能够扩大粉丝范围，使内容更具有变现能力。一个成熟的热门IP更具有持续产出内容的能力，这种产出，可以是本行业的也可以是跨行业的。只有手握这些成熟的热门IP，索尼才能在内容市场上游刃有余。索尼影视娱乐积极依托手上的优质IP内容，将其自用或出售，更大程度实现内容价值。

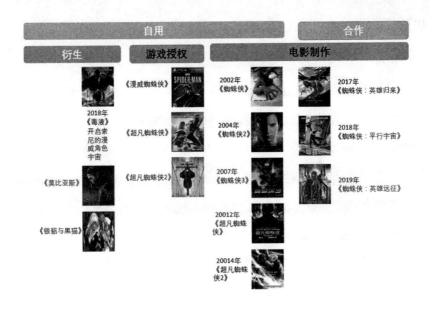

图 4　索尼对蜘蛛侠 IP 的运营

　　索尼对 IP 价值的挖掘以蜘蛛侠 IP 为典型。最初蜘蛛侠"三部曲"反响热烈，成为哥伦比亚电影史上最卖座的"三部曲"，却由于当时规划并未长远，无奈中断。而后重启的《超凡蜘蛛侠》系列在票房惨败中无奈终止，最终依靠漫威的复联系列让"小蜘蛛"再次发光发热。漫威成功的"宇宙"电影模式给了索尼影视启发，索尼影视借助"蜘蛛侠"这股热风，启动了同宇宙中热门反派"毒液"大电影，开启了属于索尼的"漫威角色宇宙"。据悉，索尼手握漫威900 多个角色的 IP，《莫比亚斯》与《银貂与黑猫》也在随后启动拍摄。同时，索尼也对蜘蛛侠的 IP 进行了游戏开发，延后电影上线的《超凡蜘蛛侠》系列、《漫威蜘蛛侠》系列游戏补充了蜘蛛侠 IP 在索尼游戏业务中的空缺。

　　除去大热的漫威角色，索尼仍然拥有众多成功的 IP。索尼拥有"007"系列电影的海外发行权，007 全球票房曾屡创佳绩，为索尼赢得可观收入；与《毒液》同年上映的《勇敢者的游戏》票房大卖，令这一 IP 变得炙手可热；《精灵旅社》《蓝精灵》《黑衣人》《天降美食》等传统大 IP 也是索尼影视的宝藏。

　　索尼游戏业务也一直拥有价值不菲的游戏 IP。2005 年，PS 游戏《战神》上线，大开杀戒的奎托斯不仅在游戏中杀得血流成河，也将当年的游戏圈搅了个天翻地覆，最终拿下 460 万份销量。2017 年的新战神同样风头正旺，拿下 TGA最终桂冠和 GDC 最佳游戏。外媒 GamesIndustry. biz 制作了 2018 年游戏大数据显示，索尼 2018 年上新游戏 19 款，其中新 IP10 款，从另一方面体现了索尼对游戏 IP 的重视。①

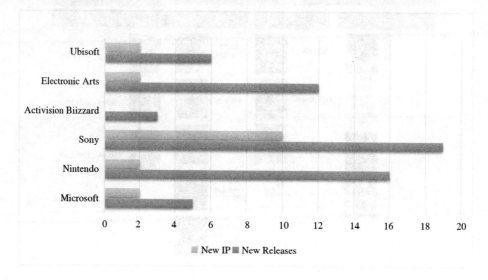

图5　2018 年海外各大游戏厂商新 IP 与新游戏对比

　　索尼在影视与游戏业务中，通过对游戏与影视 IP 的打通以及自身 IP 的培养建设，成功打造了一系列热门 IP，为索尼的内容生产提供了源源不断的动力。索尼手握这些 IP，无论是将其对外授权，还是拥其自用都可以创造不菲价值，令索尼在 IP 市场显得游刃有余。

　　索尼成立了 PlayStation Productions 将 PlayStation 游戏编成电视电影节目，该工作室将根据游戏制作电影和电视节目，再利用索尼工作室帮助分发内容，这些内容成为索尼的独家品牌，而不会像其他游戏巨头那样对外授权，其中由汤姆·赫兰德主演的改编自知名游戏《神秘海域》的同名电影已经正式定档；同时索尼也积极利用影视 IP 打造第一方游戏大作，例如 SIE、Insomniac Games，以及 Marvel Games 合作发售的 PS4 游戏《漫威蜘蛛侠》在全球累计销量截止到 2019 年 7 月 28 日突破了 1320 万套②，在 2018 年的 PS4 游戏中也是评价最高的作品之一。

　　通过索尼完善的内容生产体系，将影视 IP 与 PlayStation 游戏业务协同开发，对 IP 内容进行了有效的挖掘，实现两大内容部门的双赢。

---

① James Batchelor. 2018 游戏市场大数据：索尼新 IP 最多．（2018 – 12 – 18）．https：// www. gamersky. com/news/201812/1135392. shtml.

② 游侠网．PS4 蜘蛛侠总销量 1320 万！超越蝙蝠侠阿甘之城．（2019 – 08 – 20）．https：// new. qq. com/omn/20190820/20190820A0DA3500. html.

（三）打造硬件与内容的两个车轮

索尼创始人之一的盛田昭夫将"软件"业务与"硬件"业务一同定位索尼集团的核心业务，认为"硬件和软件是索尼集团的两个车轮，必须使它同时运转"。

硬件作为内容的输出载体，本质上只是管道，对人的影响力有限，且只能一次销售。而内容对人可以产生实在的影响力，海量的内容借助硬件输出，可以长期为消费者服务从而带来持续性收益。

游戏机业务是索尼软硬结合的典型。1993年，索尼着眼于前途广阔的娱乐业，开启软硬件结合的又一次挑战。索尼充分利用内部网络，将热心于游戏机开发的人才聚集到一起，通过硬件技术以及软件技术的结合，开发了能够以计算机的速度处理三维CG的32位游戏机——"PlayStation"，并将CD-ROM开创性地用于游戏软件产品。2000年，"PlayStation2"面市，总销量超过了6000万台，与这成功的销售额相对应的软件游戏到2003年年底，总计发售超过了13张。2019年Q1财报中显示，索尼PS4主机总计销量突破1亿台。相应地，PS4游戏软件在2018—2019财年出货量达2.57亿，PS+会员人数也突破3640万，PSN月活跃用户超过9400万。①

表3　PS游戏机用户情况

PS4主机	索尼PS4游戏主机总计销量超1亿台
PS4游戏软件	PS4游戏软件在2018—2019财年总出货量约为2.57亿，数字版销量占比约37%，软件销售额达到1.29万亿日元
PS+会员	PS+会员人数也已达到3640万
PlayStation Network	每月活跃用户超过9400万

如此可观的主机销量背后是其独占游戏的不断努力。索尼PlayStation在游戏行业里拥有强大的游戏工作室。这些工作室在这20多年不断为PlayStation注入新鲜的血液。

① Sony：SONY Corporation 6-K，2019年，检索于 https：//www.sec.gov/Archives/edgar/data/313838/000119312519212461/d897778d6k.htm。

表 4　索尼部分第一方游戏工作室

工作室名称	简介	代表作品
NAUGHTY DOG（顽皮狗）	1984 年创立，1996 年凭借《古惑狼》游戏同索尼开启合作，2001 年被收购	《最后生还者》系列、《古惑狼》《神秘海域》
Santa Monica（圣莫妮卡）	索尼电脑娱乐旗下子公司 1999 年创立	Kinetica 游戏引擎、《战神 1》《战神 2》
Sucker Punch	创建于 1997 年，并在 2000 年开始专注于和索尼合作，2011 年成为索尼第一方工作室	《狡狐大冒险》《声名狼藉》《对马岛之鬼》
Bend Studio	创建于 1993 年，2000 年成为索尼旗下第一方工作室。为 PSP 和 PSV 开发掌机游戏	《往日不在》《虹吸战士》
Sony Interactive Entertainment Japan Asia	1998 年以第一方身份创立	《GT 赛车》

　　游戏是主机的生命源泉。索尼通过掌管第一方游戏工作室，牢牢地握住这根生命线。主机游戏突出独占二字，这意味着，终端成了游戏内容的唯一门票。PS4 游戏主机累计销售 1 亿台，为吸纳住这庞大的用户群体，需要有足够的游戏内容。PS4 游戏分为第一方独占与第三方独占游戏，优质的游戏会吸引消费者购买 PS4 游戏主机，而购买 PS4 游戏主机的消费者则会在其庞大游戏海中受到诱惑，这是一个良性的循环。截至 2019 年 12 月 31 日，索尼游戏软件售出 11.51 亿套。[①]

　　游戏内容不仅能为索尼带来更多硬件的销售，同时还能创造新的收入来源。索尼基于庞大的用户群体与多达 2000 余款的 PS4 游戏，推出了 PS + 与 PS NOW 两款付费服务。PS + 会员是 PlayStation 游戏机的付费会员服务，通过开通 PS + 会员，消费者可以获得每月免费游戏、更低的购买折扣等特权。PS NOW 服务是一款 19.9 美元/月的无限畅玩的订阅服务，以流媒体形式存在，可提供下载服务，付费订阅用户年均增长超过 40%。这两个服务都是以 PS4 游戏主机为终端。

----

① 3DM 编译．索尼官方数据：PS4 累计游戏销量达 11.81 亿套．（2020 - 02 - 01）．https://www.3dmgame.com/news/202002/3781019.html.

　　为了更好地推动"软硬结合"，在通过更多优秀的游戏吸引终端用户以外，索尼也对硬件进行调整更新，提高对游戏内容的承载力和适配度。2013 年出产的 PS4 游戏主机已经不能适应当下 4K、高帧率的新要求，为此，索尼对硬件进行改进，推出更为强悍的 Pro 主机。新主机的出现，解放了游戏厂商的生产力，更为优质的内容得到了硬件支持。同时在配件上，索尼通过人体工程学设计的游戏手柄不断改进，加入蓝牙等功能也是为了玩家有更好的游戏体验，正是与日俱进的游戏体验，PS 系列游戏机才能带着辉煌历经四代，准备踏入第五代的荣光。

　　虽然目前索尼 PS4 已经步入暮年，年轻的 PS5 快要到来，但是即使在更迭的时代，PS 仍然有《战神》《最后生还者 2》等优秀的大作奉上，PS 游戏机在这些工作室的努力下不断焕发着新的生机。

三、经验与启示

　　内容与硬件结合增强独特优势。索尼在游戏与网络业务中充分体现了软硬件结合的优势。高性能的游戏机和优质游戏相辅相成，互相赋能，这造就了 PS4 游戏机的销售神话，也使得游戏与网络业务成为索尼公司营收最高的业务。

　　打造完善的内容生态体系，增强协同性。索尼的影视业务拥有专营各类题材的下属公司，也有负责视觉特效的技术公司，为内容生产提供了环境条件。索尼专业解决方案业务为影视、音像等提供了专业设备；PS4 承载了索尼游戏业务所制作的游戏，内部游戏也为影视娱乐、音乐业务提供改编题材。半导体业务也为家庭影视业务及众多电子产品提供帮助。总而言之，索尼构筑了完善的内容生态体系，是一个以试听、电子游戏、通信信息为核心的，内部结构清晰、互相补充的大集团。

　　增强内容 IP。IP 和版权是索尼内容业务的重点，无论是影视娱乐注重原创性，还是音乐业务大量收购管理版权，都体现出索尼"版权为王"的思想。索尼收购百代音乐后，打响了"版权为王"的商业斗争，版权收入预估成倍增长，《精灵旅社》原创动画的成功、《黑衣人》《蜘蛛侠：英雄远征》的大卖，还有独占作品为 PS4 带来的热销，这些都让索尼尝到了版权、IP、原创的甜头，抢占 IP、发展原创也成为它往后继续发展的重点。

后 记

　　我们从 2000 年年初开始谈跨媒体，2010 年谈全媒体，再到现在的融媒体，媒体融合实践已经陆续开展了 20 多年。从概念来看，国外学界与业界对跨媒体（Cross－Media）、全媒体（Omni－Media）、融媒体（Melted－Media）的表述，在一定程度上反映出了三者的区别和递进关系：跨媒体强调媒体间的跨越、拼盘式的连接；全媒体追求媒介形态的齐全、覆盖式的包围；融媒体是一种化学反应，是"融化"式、"融合"式的嵌入，是打通技术、网络、内容、终端各个环节，再造生产、消费、营销、服务流程的创新。在国内，跨媒体、全媒体和融媒体的实践，一方面当然得益于中央关于传统媒体与新兴媒体融合发展的顶层设计和政策推动；另一方面则显然来源于传媒产业中各类机构的积极实践与探索。

　　笔者用 2018—2020 两年的时间，选择了传统传媒集团、融合网络运营商、互联网机构、报业以及终端制造机构这五类角色中 14 个代表性案例，分析其"融"的历程，将其业务架构、发展规模、融媒体突出的特点、潜在的问题一一指出，也希望通过对这些案例进行资料分析和要点提炼，能给国内的同行们以参考和借鉴。通过近 20 万字的梳理，笔者认为媒体融合还有以下需要持续关注的要点。

　　要点一：搭建以数据为核心的智能化融媒体基座，通过平台化、工具化的应用，实现媒体运营效率的全面提升，不断提升产业边界的拓展能力。早期我们所谓的"融"都是从全能记者的角度去考虑，强调生产者以最小的成本、最高的效率完成策、采、编、发全流程的"融"。但这只是媒体内容流程的一个侧面，真正的融媒体的竞争，比拼的是媒体对市场变化的应对能力、对客户需求的服务能力、对核心资源的利用和延伸能力——真正的比拼是数据的占有、算力的提升、算法的优化。所以，打破数据壁垒、开发数据技术、搭建智能化的数据平台是海外融媒体巨头在融合转型过程中的共同选择。首先是两大运营商，康卡斯特和 AT&T，二者都具备优质的网络条件和数据入口，掌握了大量的数据资源，因此都自建了相应的融媒体内容传输平台、营销的程序化购买平台；其次是三家互联网，亚马逊、奈飞、脸书，也都在不同的场景下掌握了大量的内容数据、用户数据，并且运用数据工具的程度、平台化的程度十分可观；最后即便是相对更为传统的迪士尼和BBC，也通过自建或合作的方式，迅速提升自身的技术实力。

要点二：坚定内容为王的策略，以规模最大、效率最高的逻辑占有更多、更好的内容资源，形成内容战略高地。作为媒体融合的初始变量和战略高地，数据、技术的问题我们已经清楚。但是海外巨头融合发展的第二大战略高地，还是看似老生常谈的"内容"。首先表现在融媒体机构对于内容规模的重视上：其中，迪士尼、AT&T和康卡斯特是相对传统的操作方式，通过大量的兼并与收购，不断聚拢内容资源；几家互联网机构则不惜重金遍寻优质团队自制好莱坞级的内容精品，同时广泛吸纳、孵化个人内容创作者和团队。其次表现在以融媒体的思维方式对内容运营流程进行重塑和整合上：无论是传统媒体BBC，还是互联网媒体奈飞，都在运用更加扁平化的流程、更加互联网化的思维，重建内容流程，加快内容决策的效率和准确性。最后表现在内容场景化的运营模式上："场景"这个概念并不新鲜，甚至是国内传媒产业的热词之一，但是以"场景"运营内容，却是很多机构并没有做到位的一点。在我们呈现的案例中，亚马逊可谓佼佼者，一个突出的亮点在于，亚马逊深知自身内容最终将在具体的场景——个人的或者家庭的场景中呈现在用户面前，于是从数据运用、产品设计、服务提供等各个角度出发去打造家庭的内容场景，而不再是简单的内容呈现。国内的有线数字电视运营商是很早就开始尝试营造智能化电视终端的机构，现在看来，早期的互动增值业务、信息类业务，其实正是面向"家庭"需求的设计。今后，影视娱乐化内容、资讯信息类服务、生活社交类应用，不可避免地将去争夺"家庭"场景，融媒体不做相应的布局，无异于万里江山拱手让人。

要点三：在融合的过程中以最大的可能抓住自身优势、保留自身特色。虽然我们说媒体融合的最后，无论何种身份与血统，都会越来越趋于一致，但是不同的媒体集团、不同的行动主体，基于各自不同的优势与资源，也必然采取不同的行动路线，保留自身在定位、业务、产品等方面的特色与差异化。在本书的14个案例中，我们看到：BBC、迪士尼始终没有丢掉它们的内容优势，探索的是如何为自身的内容资源寻找更大的价值空间；康卡斯特和AT&T的融媒体业务建立在它们的网络优势之上，以直接接触消费者、服务消费者为核心提升自身的网络把控力；脸书以社交为出发点，强调的是社交功能与内容产品的融合；奈飞以数据为支撑，不断优化用户体验，实现千人千面；亚马逊则是软硬件齐头并进，在智能终端上发力，紧密围绕家庭娱乐、家居、教育场景，开发融合化的阅读、音乐、影视、游戏服务。

在过去的20年，笔者和所在的科研团队持续关注着海外传媒行业的风云变化，不断回应学界、业界的需求。我们围绕海外媒介集团、海外数据平台、模型和数据生态、海外内容评估与交易、海外Martech新营销等领域建立了丰富的案例库，具有较为深厚的研究基础。中国传媒大学广告学院媒介研究所、《媒介》杂志，陆续推出了《海外频道标杆》《传媒巨人的烦恼与辉煌》《海外传媒大佬的数字化生存》《解构传媒新贵》《媒介帝国主义》《传媒大佬的2.0转型》《世界，也是融的》等关注海外传媒机构的重量级选题。这些研究基础一方面如实记录了海外传媒集团、世界知名媒体、互联网机构从数字化到跨媒体，再到全媒体、融媒体的发展历程，以及它们在竞争的主基调中遇到的问题、解决的方式等，另一方面也展现了当前国内业界需要关注的海外媒介发展的新趋势，如：数据化、工具化、融合化、社群化、DTC（直接面向用户，包括C端的用户和B端的用户）。从翻天覆地的变化中，我们见证了一批无名小卒成长为产业领军者，也目送了一批曾经辉煌的巨头惨遭淘汰、被资本吞噬。

本书是笔者和团队协作的成果。中国传媒大学广告学院周艳教授、吴殿义副教授从本项研究的起步阶段到最终形成书稿，提供了非常多的指导。中国传媒大学广告学院网络与新媒体系（智能融媒体运营方向）的同学们通过《海外新媒体运营专题研究》这门课程，以及内容银行重点实验室的小组学习活动，参与了相关案例的资料采集和整理工作：

第一章：第一节——陈可缨、崔阳阳，第二节——李及言，第三节——林沛杰；第二章：第一节——朱容州、陈苏城，第二节——林沛杰，第三节——尚晓东；第三章：第一节——周晓琳，第二节——胡睿忱，第三节——周晓琳，第四节——胡睿忱；第五章：第一节——赵轩，第二节——施扬峥、王仁铎。陈苏城、龙思薇对全书进行了审校。